DuMont Dokumente:

eine Sammlung von Originaltexten,
Dokumenten und grundsätzlichen Arbeiten
zur Kunstgeschichte, Archäologie,
Musikgeschichte und Geisteswissenschaft

In der vorderen Umschlagklappe: Orte Italiens, die im Buch genannt werden

In der hinteren Umschlagklappe: Italien im Zeitalter der Renaissance

32┌/4

Herbert Alexander Stützer

Die Italienische Renaissance

DuMont Buchverlag Köln

Umschlagabbildung Vorderseite und vordere Klappe: Michelangelo (1475–1564), Gott erschafft Adam. Detail der Sixtina-Decke (vgl. Abb. 143). 1508–1512. Vatikan
Umschlagabbildung Rückseite: Michelangelo, Kopf der Sibylle Delphica. Detail der Sixtina-Decke. Vatikan

CIP-Kurztitelaufnahme der Deutschen Bibliothek

Stützer, Herbert Alexander
Die italienische Renaissance. – Köln : DuMont,
1977.
  (DuMont-Dokumente)
  ISBN 3-7701-0990-2

© 1977 Du Mont Buchverlag, Köln
Zeichnungen im Text: Ursula Plag, Tübingen
Alle Rechte vorbehalten
Druck: Rasch, Bramsche
Buchbinderische Verarbeitung: Boss Druck, Kleve

Printed in Germany   ISBN 3-7701-0990-2

Inhalt

Eine Bitte als Vorwort   7

1   DER HUMANISMUS   8
Petrarca – Vater des Humanismus 8 – Drei Staatskanzler von Florenz: Coluccio
Salutati, Leonardo Bruni und Poggio Bracciolini 11 – Lorenzo Valla und sein epi-
kureisches Weltbild 14 – Giannozzo Manetti und die Würde des Menschen 15 – Leon
Battista Alberti und Cristoforo Landino 16 – Platonismus bei Marsilio Ficino und
Pico della Mirandola 19

2   MALEREI DER FRÜHRENAISSANCE   24
Masaccio als Begründer der Renaissance-Malerei 24 – Paolo Uccello erprobt die
Möglichkeiten der Perspektive 29 – Drei große Naturalisten: Andrea del Castagno,
Antonio del Pollaiuolo und Domenico Veneziano 33 – Monumentale Würde und
Wirklichkeitstreue bei Piero della Francesca 37 – Mantegna als Repräsentant der
Renaissance in Oberitalien 42 – Leonardo da Vinci als Theoretiker und Praktiker
der Renaissance-Malerei 50

3   PLASTIK DER FRÜHRENAISSANCE   66
Lorenzo Ghiberti als Schöpfer zweier Bronzetüren des Florentiner Baptisteriums 66
– Jacopo della Quercia auf dem Weg zur Klassik 72 – Berühmtester Bildhauer der
Frührenaissance: Donatello 75 – Luca della Robbia und seine neue Technik 89 –
Andrea del Verrocchio und Leonardo da Vinci als Plastiker 92

4   GOTISCHES IN DER RENAISSANCE   100
Der Malermönch Fra Angelico 100 – Filippo Lippi als Madonnenmaler 104 – Neo-
gotisches bei Sandro Botticelli und Filippino Lippi 108

5   ZEITGENOSSEN IN RELIGIÖSEN BILDERN   124
Botticellis »Drei Könige« sind Mediceer 124 – Zeitgenossen in Gozzolis »Zug der
Heiligen Drei Könige« 126 – Ghirlandaio malt die Florentiner Gesellschaft 127

6   ARCHITEKTUR DER FRÜH- UND HOCHRENAISSANCE   136
Filippo Brunelleschi als Begründer der neuen Baukunst 136 – Leon Battista Alberti
und die klassische Form 142 – Paläste und ihre Höfe 145 – Kirchen der Hochrenaissance 154

7   GROSSE KÜNSTLER DER HOCHRENAISSANCE   166
    Leonardo da Vinci 166 – Raffael 172 – Michelangelo 203

8   DIE SONDERSTELLUNG VENEDIGS   226
    Architektur und Plastik 226 – Die Bellinis und Vittore Carpaccio 231 – Giorgione
    und Tizian 240

9   DAS ENDE DER RENAISSANCE   246
    Ansatz zu Neuem 246

Anmerkungen 255
Literaturverzeichnis 257
Aus den Stammtafeln der Herrscherhäuser   262
    Ferrara/Este 262 – Florenz/Medici 263 – Mantua/Gonzaga 264 – Mailand/Sforza 265
    – Dogen von Venedig 266 – Päpste 266
Verzeichnis der Abbildungen   267
Abbildungsnachweis 275
Zeittafel 276
Namenverzeichnis 282

KARTEN IN DEN UMSCHLAGKLAPPEN
Orte Italiens, die in diesem Buch genannt werden
Italien im Zeitalter der Renaissance

Eine Bitte als Vorwort

Es mag widersprüchlich klingen, wenn ein Autor seine Leser bittet, das Buch auch zu lesen. Aber es ist heute üblich geworden, in Kunstbüchern nur Bilder anzusehen oder sie als Nachschlagewerke zu benutzen, so daß die Bitte vielleicht verständlich ist.

Natürlich kann man, wenn man etwas Bestimmtes wissen will, in diesem Buch auch nachschlagen. Ein Lexikon ist es allerdings nicht. Es kam dem Verfasser vor allem darauf an, die italienische Renaissance als Ganzes darzustellen und die geistesgeschichtlichen und kunstgeschichtlichen Zusammenhänge herauszuarbeiten. Darum ist auch nicht gleich am Anfang definiert, was Renaissance ist. Es soll sich vielmehr beim Lesen das Bild dieses Zeitalters immer deutlicher abzeichnen. Dabei mag sich der kritische Leser überlegen, wie weit er dem Autor zustimmen kann.

Um die eigene Urteilsbildung zu erleichtern, sind alle Bauwerke, Plastiken und Gemälde, auf die ausführlich eingegangen wird, auch abgebildet. Das Kunstwerk gehört ja zu den verläßlichsten Dokumenten der Geschichte. Natürlich werden nicht alle bedeutenden Werke der italienischen Renaissance gezeigt. Es mußten auch namhafte Künstler unerwähnt bleiben. Jedes Buch hat seinen Rahmen, und hier wurden Künstler und Werke vor allem danach ausgewählt, inwieweit sie zum Verständnis der Gesamtentwicklung in ihrem Zeitalter wichtig sind.

Man hat einmal der Ära der Renaissance restlose Bewunderung entgegengebracht. Heute steht man ihr in kritischer Distanz gegenüber, wenn man sich auch ihrer Faszination nicht entziehen kann. Der Humanismus hat Fragen aufgeworfen, die von jedem Zeitalter ihre Antwort erfordern. Die Renaissance-Kunst läßt keinen Kunstfreund unberührt, wenn sich auch der eine mehr diesem und der andere mehr jenem Künstler verbunden fühlt. Immer aber versteht man die eigene Zeit besser, wenn man auch vergangene Epochen zu verstehen gelernt hat. Sollte es dem Verfasser gelungen sein, die Konturen des Zeitalters der Renaissance, die es in ihrer originalen Form nur in Italien gab, für seine Leser einigermaßen deutlich herausgearbeitet zu haben, so wäre ihm das eine große Freude und Befriedigung.

1 DER HUMANISMUS

Petrarca – Vater des Humanismus

Man nennt das Zeitalter, das dem Mittelalter folgte, Zeitalter der Renaissance, das heißt: der Wiedergeburt. Für viele bedeutet das die Wiedergeburt der Antike. Wie weit es zutrifft, soll in diesem Buch erörtert werden. Hinsichtlich des Humanismus, der wesentlich zum Zeitalter der Renaissance gehört, kann man ganz gewiß von dem Bemühen um eine Wiedergeburt der Antike sprechen. Und wenn man fragt, was den Rückblick auf das Altertum veranlaßte, bekommt man von Petrarca (1304–1374), dem Vater des Humanismus, in seinem *Brief an die Nachwelt* folgende Antwort: »In ganz einziger Weise trieb ich das Studium des Altertums, weil mir meine eigene Zeit immer so sehr mißfiel, daß – wäre nicht die Liebe zu den mir Teuren gewesen – ich wünschte, in jedem andern Zeitalter geboren zu sein; und um die Gegenwart zu vergessen, suchte ich, im Geiste mich in andere Zeiten zu versetzen.«[1]

Der Humanismus entstand also nicht zuletzt aus der Krise der Zeit. Weil Petrarca (Abb. 1) mit seinem eigenen Zeitalter unzufrieden war, wandte er sich der Antike zu.

Es wäre nun falsch anzunehmen, im Mittelalter habe man die antiken Schriftsteller nicht gekannt. Gewiß, die griechischen Autoren waren – ebenso wie die griechische Sprache – weitaus vergessen. Von den Schriften Platons kannte man nur den *Timaios*, den *Phaidon* und den *Menon*. Erst im 12. und 13. Jahrhundert übersetzte man griechische Texte ins Lateinische, allerdings teilweise aus dem Arabischen. Es waren Schriften der aristotelischen Philosophie oder mathematischen und naturwissenschaftlichen Inhalts, die durch die Araber ins Abendland gekommen waren. Die berühmten lateinischen Autoren dagegen wurden auch im Mittelalter gelesen und abgeschrieben.

Petrarca studierte mit großem Eifer die römischen Schriftsteller. Er suchte in Bibliotheken nach lateinischen Manuskripten, die in Vergessenheit geraten waren. Er bemühte sich auch um das Griechische. Lange war man der Ansicht, Petrarca sei des Griechischen unkundig gewesen. Heute wissen wir, daß er bei dem Mönch Barlaam von Kalabrien griechischen Unterricht genommen hat, allerdings nur kurze Zeit, so daß seine Kenntnisse recht bescheiden waren. Vermutlich konnte er die Handschriften mit Homer- und Platontexten, die durch Schenkung oder Kauf in seine Bibliothek gekommen waren, nicht übersetzen.

Was Petrarca von den mittelalterlichen Gelehrten unterscheidet, ist die Tatsache, daß ihn nicht nur der Inhalt der römischen Texte interessierte, sondern daß er sich auch für die lateinische Sprache begeisterte. Der Humanist Leonardo Bruni drückte das in seiner 1436 erschienenen Petrarca-Biographie so aus: »Francesco Petrarca war der erste, dem derartige Feinheit des Geistes zuteil wurde, daß er die antike Anmut des Stils erkannte und sie aus der Vergessenheit, aus der Dämmerung, wieder ins Leben rief.«[2]

Petrarca glaubte, in Roms Sprache dem Geist Roms zu begegnen. Er liebte das Wort nicht nur um seines Wohlklanges willen.

1   Andrea del Castagno (1423–1457), Francesco Petrarca. Um 1450

Wort und Rede bedeuteten ihm Ausdruck der Seele, der sie entspringen. Es ging ihm zutiefst um den Menschen und das Menschliche. Die Rhetorik, die Redekunst, schätzte er nicht um ihrer selbst willen. Petrarcas eigene Worte bestätigen das: »Kein geringes Zeichen der Seele ist die Rede.« – »Keine Rede kann Würde aufweisen, wenn die Seele solche nicht besitzt.« – »Wir müssen bestrebt sein, den Menschen, mit denen wir leben, zu helfen, und niemand könnte in Zweifel stellen, daß wir ihren Seelen größten Nutzen zu bringen vermögen durch unsere Worte.«[3]

Bei den römischen Schriftstellern hat Petrarca gelernt, in lateinischer Sprache zu schreiben. Vor allem aber hat er durch sie erkannt, wie man Worte wählen und Sätze bilden muß, die den anderen erreichen, worauf er ja nach seiner eigenen Äußerung so großen Wert legte. Wenn er auch als erster einen Blick für den *Stil* der antiken Autoren hatte, so tat es ihm auch der Inhalt ihrer Schriften an. In einem Kodex mit Werken von Cassiodorus und Augustinus befindet sich ein Verzeichnis der Lieblingsbücher Petrarcas, das viele Namen umfaßt, von denen hier aber nur wenige genannt werden können: von den Philosophen der jüngere Seneca; von den Historikern Livius, Sallust und Sueton; von den Dichtern Vergil, Juvenal und Lukian, mit Einschränkungen auch Horaz und Ovid. Eine besondere Vorliebe hatte Petrarca aber für Cicero, den berühmten Redner, Schriftsteller und Philosophen der letzten republikanischen Zeit, der auch Platon dem Abendland vermittelt hat.

Von den großen Gestalten der *christlichen* Antike übte besonders Augustinus großen Einfluß auf Petrarca aus. Als dieser von Avignon aus den 1900 Meter hohen Mont Ventoux bestieg, was damals ganz ungewöhnlich war, trug er wie so oft die *Bekenntnisse* des hl. Augustinus bei sich und schlug, fast zufällig, die Stelle auf: »Da gehen die Menschen hin und bewundern die Berge, die gewaltigen Wogen des Meeres, die breiten Ströme und die Bahnen der Gestirne; auf sich selbst aber schauen sie nicht.« Durch diese Worte fühlte sich Petrarca auf sein Inneres verwiesen, auf den Menschen und seine Seele.

Immer wieder ging es dem Humanisten Petrarca um den Menschen, sein Wesen und seine Bestimmung. Darum lehnte er auch die Naturkunde seiner Zeit ab, und zwar mit folgender Begründung: »Da wissen sie nun viele Dinge über Tiere, Vögel und Fische: wieviel Haare der Löwe im Scheitel trägt und wieviel Federn der Falke im Schwanze, und mit wieviel Windungen die Meerschlange den Schiffbrüchigen umschlingt. Sie wissen, wie die Elefanten sich begatten, und daß sie zwei Jahre lang im Mutterschoße bleiben, daß sie gelehrige und lebhafte Tiere sind, dem Menschen an Geist sehr nahe stehen und zwei- bis dreihundert Jahre leben können; daß der Phoenix in wohlriechendem Feuer verbrannt wird und aus seiner Asche sich wieder erhebt; daß der Seeigel bei jedem Angriff das nahe Wasser zu erreichen sucht, weil er, von diesem getrennt, nichts vermöge; daß der Jäger mit einem Spiegel den Tiger in die Falle lockt, daß der Greif von dem einäugigen Skythen mit dem Messer angegriffen wird und der Haifisch den Seemann auf dem Rücken liegend belauert. Sie wissen, daß das Junge der Bärin ganz unförmig zur Welt kommt, daß das Maultier nur selten, die Viper gar nur einmal und dann oft unglücklich Junge zur Welt bringt; daß der Maulwurf blind und die Biene taub ist und daß das Krokodil allein von allen Tieren die obere Kinnlade zu bewegen vermag – was alles gewiß zu einem großen Teile falsch ist, wie es sich schon oft erwiesen hat in ähnlichen Fällen, wo es sich um Dinge handelte, die auch in unsern Gegenden vorkommen, oder was doch von den Erzählern selbst sicher nicht gesehen und erfahren, sondern der weiten Ferne wegen leichter geglaubt und erfunden wurde. Und wenn es auch schließlich wahr wäre, so würde es doch nichts zu einem seligen Leben vermögen. Denn ich bitte dich, was nützt es, die Natur der Tiere, Vögel, Fische und Schlangen zu kennen und dafür die Natur des Menschen, seinen Zweck, seine Herkunft und sein Endziel nicht zu kennen oder gar zu mißachten?«[4]

Petrarca studierte nicht zuletzt um des Menschen willen die antiken Texte; denn er wollte bei den heidnischen und christlichen Schriftstellern des Altertums lesen, was sie über den Menschen, seine Psyche, seine Herkunft, seine Verhaltensweisen und seine Bestimmung wissen und denken. Er betrieb damit *studia humanitatis*. Schon die antiken Autoren Cicero und Gellius bezeichneten die Beschäftigung mit Dichtung, Literatur und Geschichte als *studia humanitatis,* weil sie dem Menschen und dem Menschlichen dient. Im Verlauf des Renaissance-Zeitalters bildeten sich die *studia humanitatis* als fester Begriff heraus. Man verstand darunter das Studium von Grammatik[5], Rhetorik, Geschichte, Literatur und Moralphilosophie. Einen Lehrer dieser Fächer nannte man – ebenfalls seit der Renaissance-Zeit – *humanista* (italienisch: umanista, deutsch: Humanist), während das Wort »Humanismus« erst im 19. Jahrhundert von dem bayerischen Pädagogen F. J. Niethammer geprägt wurde. Wie die Menschen der Renaissance den Begriff *studia humanitatis* verstanden, zeigt am deutlichsten die Definition des Humanisten Leonardo Bruni (1369–1444):

»*Propterea studia humanitatis nuncupantur quod hominem perficiant atque exornent.*« (Sie heißen deswegen *studia humanitatis,* weil sie den Menschen vervollkommnen und ihm zur Zierde gereichen.)[6]

Drei Staatskanzler von Florenz:
Coluccio Salutati, Leonardo Bruni und Poggio Bracciolini

Zu den Bewunderern Petrarcas gehörte der Humanist Coluccio Salutati (1331–1406). Er schrieb Traktate, besonders moralphilosophische, forschte nach alten Texten und fand dabei Ciceros Briefe *Ad familiares* (An die Freunde). Dennoch hatte er keinen Lehrstuhl für die humanistischen Fächer, sondern er diente der Republik Florenz und ihrer Regierung als Kanzler. Das Amt beanspruchte ihn sehr; denn in dieser Zeit begehrte Italien gegen Papst Gregor XI. auf, weil unter ihm – dem letzten der avignonesischen Päpste – im Kirchenstaat allzuviele Beamte französischer Nationalität den Ton angaben. In den kriegerischen Auseinandersetzungen oblag Florenz die Führung, was für Salutati erhöhte diplomatische Tätigkeit bedeutete.

Ein Kanzler mußte auch die Briefe seiner Regierung verfassen. Aus diesen wurden in der Zeit der Humanisten, die sich lateinische Autoren, vor allem Cicero, zum Vorbild nahmen, kleine Meisterwerke. Mit dem verbesserten Stil wuchs auch die Wirksamkeit der Briefe, so daß Giangaleazzo Visconti, der Herr von Mailand, erklärte, Coluccio Salutati habe ihm durch seinen erstklassigen Briefstil mehr geschadet als ein ganzes Söldnerheer.

Es ging auch Salutati als Humanisten ganz wesentlich um die Vervollkommnung des Menschen und um die Frage, die das Mittelalter so sehr beschäftigt hatte: ob die *vita contemplativa* oder die *vita activa* höher zu bewerten sei. Im Mittelalter neigte man dazu, die *vita contemplativa,* das Leben des Denkens, der Betrachtung und der Erkenntnis, über die *vita activa,* das tätige Leben, zu setzen. Man berief sich dabei auf das Evangelium (Lukas 10, 38–42), nach dem Jesus die ihm lauschende Maria über die ihn bedienende Martha gestellt hatte.

Salutati glaubte, die Vollkommenheit mehr durch die *vita activa* erlangen zu können. So schrieb er an einen gewissen Pellegrino Zambeccari, der Mönch werden wollte: »Glaube nicht, o Pellegrino, daß der Weg der Vollkommenheit darin zu suchen sei, daß man vor der Menge flieht, den Anblick von allem Schönen meidet, sich in ein Kloster oder in eine Einsiedelei einschließt. Glaubst du wirklich, daß Gott ein einsamer, untätiger Paulus genehmer sei als ein schaffender Abraham? Meinst du nicht, daß Gott mit größerem Wohlgefallen Jakob mit seinen zwölf Söhnen, seinen zwei Frauen, seinen unzähligen Herden betrachtete als die beiden Makarii, Theophilus, Hilarion? Indem du vor der Welt fliehst, kannst du vom Himmel auf die Erde herabstürzen, während ich, wenn ich inmitten der irdischen Dinge weile, mein Herz von der Erde zum Himmel erheben kann. Wenn du dienst, dich anstrengst, für deine Familie, die Kinder, die Verwandten, die Freunde sorgst, für das Vaterland, das alles umfaßt, kannst du nicht umhin, dein Herz zum Himmel zu erheben und so Gott zu gefallen.«[7]

Die betrachtende Beschaulichkeit möchte Coluccio Salutati dem jenseitigen Leben überlassen. Im Diesseits fordert er vom Menschen Tätigkeit, Arbeitsamkeit, Tüchtigkeit und damit Tugend. Er verlangt, daß der Mensch seinen Willen stärke und daß er sich der Gemeinschaft verpflichtet fühle.

Um des Lebens in der Gemeinschaft willen preist Salutati auch die Gesetze. Sie sollen die menschlichen Handlungen regeln und dem Wohl aller dienen. Das Gesetz stammt nach Salutati von Gott, aber der Mensch kann es mittels seines Verstandes erkennen und formulieren. Durch die Gesetze habe Gott der menschlichen Gemeinschaft die Möglichkeit gegeben, nach der Erbsünde das Gute wiederzuerlangen.

Leonardo Bruni (1369–1444; vgl. Abb. 2), der ebenfalls Kanzler des Stadtstaates Florenz war – und zwar seit 1427 – entwickelte manche Gedanken Salutatis weiter. Nachdem er bei dem aus Konstantinopel nach Florenz berufenen Manuel Chrysoloras Griechisch gelernt hatte, übersetzte er griechische Bücher ins Lateinische, so zum Beispiel die *Politik* des Aristoteles, der er eine Vorrede vorausschickte, in der er seine eigenen Ansichten darlegte. Hatte schon Salutati auf die Pflichten des Menschen gegenüber der Gemeinschaft hingewiesen, so ging Bruni noch weiter und erklärte, daß das Individuum seine größtmögliche Vollkommenheit erst in der bürgerlichen Gesellschaft erreiche.

Die nach Vollkommenheit strebenden Humanisten waren keine lebensfremden Weltverbesserer, sondern oft recht handfeste Realisten. So pries Poggio Bracciolini (1380–1459) in seinem Dialog *De avaritia* den Wert des Geldes, und zwar für den einzelnen wie für den Staat. Wenn wir immer nur das gerade Notwendige hätten, wäre das Leben weniger lebenswert. Den Städten fehlten alle Schönheit und alle Kunstwerke. Darum sei auch die Arbeit kein Übel, sondern ein Segen. Durch sie mache der Mensch die Welt menschlich. Auch bringe sie Besitz, der ebenso wie die Gesundheit Voraussetzung der Tüchtigkeit sei, die wiederum Bewährung in der Welt bedeute.

Gian Francesco Poggio di Guccio Bracciolini – so lautete sein voller Name – war als Schriftsteller und Übersetzer tätig. Er grub in Klosterbibliotheken viele vergessene Werke der römischen Literatur aus. Hauptberuflich diente er den Päpsten Bonifaz IX., Martin V., Eugen IV. und Nikolaus V. als apostolischer Sekretär. Von 1453 bis zu seinem Tod war Poggio Bracciolini Kanzler der Republik Florenz.

2   Bernardo Rossellino (1409–1464), Grabmal des Leonardo Bruni. Um 1446–1450

Lorenzo Valla und sein epikureisches Weltbild

Nicht selten verbindet sich mit dem Humanismus die Vorstellung, er bedeute Abkehr vom Christentum und Hinwendung zur heidnischen Antike.

Gewiß, es gab Männer wie Pomponius Laetus (1428–1497), welche das Christentum ablehnten. Über ihn schreibt Ludwig Pastor: »Pomponius Laetus lebte ganz in antiker Weise in stolzer Armut, ein zweiter Cato; er bebaute seinen Weinberg nach den Vorschriften Varros und Columellas, wanderte auf dem Kothurn oft noch vor Tagesanbruch zur Universität, wo der Hörsaal die Menge der Lernbegierigen kaum fassen konnte. Häufig sah man den kleinen, beweglichen Mann allein und nachdenkend in den Ruinen des alten Rom umherwandern, wie in Verzükkung vor irgendeinem Steinhaufen Halt machen oder gar in Tränen ausbrechen. Die christliche Religion verachtete dieser Gelehrte, und in heftigen Reden erging er sich über die Diener derselben. Als Deist glaubte Pomponius noch an einen Schöpfer, aber als Antiquar verehrte er, wie einer seiner ergebenen Schüler berichtet, ›den Genius der Stadt Rom‹, ›den Geist der Antike‹, wie man heutzutage sagen würde.«[8]

Über die Anhänger des Pomponius schrieb der Gesandte des Herzogs Galeazzo Maria Sforza an seinen Herrn, sie glaubten nicht an ein Fortleben der menschlichen Seele nach dem Tode und gäben sich als Anhänger Epikurs und Aristipps ganz der Lust hin.

Eine solche Einstellung bildete bei den Humanisten jedoch die Ausnahme. Wenn sie sich der Antike zuwandten, so wollten sie die heidnischen Autoren nicht über die christlichen stellen. Sie glaubten vielmehr bei ihnen Erkenntnisse und Weisheiten zu finden, welche die christliche Lehre bereicherten. Gewiß, es hatte sich manches geändert. Wie wir gesehen haben, glaubten die Humanisten zwar an ein Jenseits, aber sie ließen dem diesseitigen Leben einen größeren Eigenwert, als man es im Mittelalter getan hatte. Sie schätzten die Tüchtigkeit mehr als die Askese und zogen die *vita activa* der *vita contemplativa* vor. Wenn die Humanisten nach Vollkommenheit strebten, so taten sie es nicht mehr nur im Hinblick auf das Jenseits. Sie wollten dadurch das irdische Leben wertvoller, reicher und schöner machen.

Immer wieder wird als Beweis für die heidnische Gesinnung der Humanisten Lorenzo Valla (1405–1457) herangezogen. Valla lehrte als Professor der Rhetorik in Pavia. Er ging 1435 als Sekretär zu Alfons V. von Neapel und 13 Jahre später in gleicher Funktion an den päpstlichen Hof nach Rom, wo er auch an der Universität einen Lehrstuhl bekam.

Unter den zahlreichen Büchern Vallas hat ihm vor allem seine Schrift *De voluptate* (Über die Lust) den Ruf der Unchristlichkeit eingetragen. Valla knüpfte in dieser Abhandlung an den griechischen Philosophen Epikur (342/41–271/70 v. Chr.) an, der die menschliche Glückseligkeit in der Lust begründet sah.

Lust wird gemeinhin gleichgesetzt mit sinnlicher Lust. Auch Valla geht von ihr aus. Er schätzt die körperliche Liebe und sieht sie verbunden mit der Freude an der Schönheit und mit der Fruchtbarkeit, die das Menschengeschlecht erhält. Er stellte darum die Ehe über das Mönchtum.

Es ging Valla aber um mehr. Hatte man im Mittelalter die Seele höher bewertet als den Körper, so setzte er beide wertmäßig gleich; denn beide seien von Gott geschaffen. Er bejahte die ganze menschliche Natur und damit das beseligende Gefühl der Lust, denn in der Lust entfalte sich die Natur in ihrer ganzen Kraft.

Schon Epikur hatte die andauernde Lust der momentanen und die geistige Lust der sinnlichen übergeordnet. Das galt auch für Lorenzo Valla. Unterschiedliche Meinungen vertraten indes der antike Philosoph und der Renaissance-Humanist hinsichtlich des Fortlebens nach dem Tode. Für Epikur gab es ein solches nicht. Der Tod solle auch den Weisen nicht beunruhigen, denn »solange wir sind, ist der Tod nicht, und wenn der Tod ist, sind wir nicht«. Valla dagegen glaubte an einen Himmel, in dem der Mensch die im Diesseits unvollkommen erlebte Lust und Freude vollkommen erlebt und auf diese Weise die ewige Seligkeit erfährt.

So kann man Valla nicht als einen Denker bezeichnen, der das Christentum ablehnte. Er betonte nur das wieder stärker, was man im Mittelalter zu wenig herausgestellt hatte: daß nicht nur die Seele, sondern auch der Körper ein Werk Gottes ist, daß die ganze Natur göttlich ist und daß man den Tod nicht zu fürchten brauche, da ihm das Leben in vollendeter Lust und Freude folge. Der christliche Theologe wird die Frage stellen:

Wo bleiben bei dieser Einschätzung die Folgen der Erbsünde, welche die menschliche Natur geschädigt hat, und bringt der Tod nur die Glückseligkeit und nicht auch das Gericht und die vergeltende Gerechtigkeit? Valla war noch so dem Christlichen verhaftet, daß er Erbsünde und vergeltende Gerechtigkeit nicht bestritten hätte, aber in seiner Vorstellung dominierten Erde und Himmel als Welten der Lust und der Seligkeit.

Selbst Lorenzo Valla, der schon eine sehr extreme Position einnahm, stand noch innerhalb des Christentums. Aber wenn auch die Humanisten selbst noch zumeist gläubige Christen waren, so bereiteten sie dennoch in gewisser Hinsicht die neuzeitliche Abkehr vom Christentum vor. Auch das läßt sich an Valla erläutern. Wenn Jean Jacques Rousseau (1712–1778) »Zurück zur Natur!« rief, wenn er die Erbsünde ablehnte und den durch die Gesellschaft verdorbenen Menschen von Natur aus für gut hielt, dann war sein geistiger Stammvater Lorenzo Valla.

Giannozzo Manetti und die Würde des Menschen

Weil man in der Renaissance-Zeit vom Wert des Menschen überzeugt war, pries man auch seine Würde. Im Jahre 1451 schrieb Giannozzo Manetti (1396–1459) ein Buch, das den Titel trug *De dignitate et excellentia hominis* (Über die Würde und Vortrefflichkeit des Menschen). Manetti wandte sich darin gegen die Schrift *De contemptu mundi* (Über die Verächtlichkeit der Welt), die Innozenz III., Papst von 1198 bis 1216, als Diakon geschrieben hatte. Für ihn ist die Welt nicht verächtlich; denn der Mensch wurde nach der Aussage in der alttestamentlichen Genesis gottähnlich erschaffen. Er ist ein vortreffliches Wesen voller Würde; und das nicht nur, weil er als Gottes Ebenbild ins Leben trat, sondern auch wegen seiner Werke. Manetti weist dabei ebenso auf die Kühnheit der Seeleute hin wie auf die Leistungen der Wissenschaftler, Richter, Dichter und Künstler, unter denen er seinen Zeitgenossen Filippo Brunelleschi (1377–1446) namentlich erwähnt. Der Mensch muß sich seiner Freiheit würdig erweisen durch Arbeit und Tätigkeit, mittels welcher er das, was von Gott geschaffen ist, verschönert und vervollkommnet.

Im Jahre 1584 hat sich die spanische Inquisition gegen Manetti und seine Schrift gewandt, weil er vergessen habe, daß die Welt zwar gottgeschaffen, aber dennoch auch ein Jammertal sei, und daß der Mensch zwar als Gottes Ebenbild, durch die Erbsünde aber auch als gefallene Kreatur existiere.

Doch das war schon Geist der Gegenreformation und des Barock. In der Renaissance neigte man ganz allgemein dazu, in der Welt mehr die glückliche Erde als das Jammertal und im Menschen mehr die Gottebenbildlichkeit als die Gefallenheit zu sehen, so daß man an der Auffassung Manettis keinen Anstoß nahm. Schließlich wurde Manetti auch von Papst Nikolaus V., selbst ein bedeutender Humanist, geschätzt und bewundert.

Giannozzo Manetti war – obwohl bei uns wenig bekannt – eine der hervorragendsten Persönlichkeiten seiner Zeit. Er begann seine Tätigkeit als Kaufmannslehrling und als Buchhalter in einer Bank. Da es ihn aber zu den humanistischen Studien trieb, schloß er sich als Schüler an den Camaldolenser-Abt Ambrogio Traversari an, der ein geschätzter Humanist seiner Zeit war. Nicht nur, daß Manetti Griechisch beherrschte, er erlernte auch das Hebräische und übersetzte das Neue Testament und die Psalmen ins Lateinische. Er beschäftigte sich mit Theologie und liebte die geistige Auseinandersetzung, auch mit Juden und Heiden, was seine Schrift *Contra Iudaeos et gentes* erkennen läßt. Von seinem christlichen Glauben war er so überzeugt, daß er das Wort »Glauben« durch »Gewißheit« ersetzte. Dennoch berief er sich in seiner Schrift über die Würde des Menschen nicht nur auf den christlich-antiken Schriftsteller Lactantius, sondern mehr noch auf den heidnisch-antiken Cicero. Als Nikolaus V. noch Bischof von Bologna war, sagte er einmal, Giannozzo Manetti »sei ein Bürger, der keinem Bürger der römischen Republik in ihrer höchsten Blüte nachstünde«[9].

Manetti schätzte am griechischen Philosophen Sokrates, daß er wie ein einfacher Bürger lebte, daß er verheiratet war, mit jedem Athener sprach und sich für das Gemeinwesen mitverantwortlich fühlte. Auch er wollte zuerst Bürger und Mensch sein. Nächstenliebe, Mitfühlen mit den anderen, war ihm Bedürfnis. »Ich bin ein Mensch, und nichts Menschliches ist mir fremd« – dieser Satz von Terenz hatte es ihm besonders angetan.

Auch der näheren Vergangenheit fühlte Manetti sich verbunden. Er verfaßte Biographien über Dante, Petrarca und Boccaccio. Es ist kaum zu fassen, wie er die vielfältigen Aufgaben rein zeitlich bewältigen konnte, stand er doch nacheinander im Dienst der Medici, des Papstes und des Königs von Neapel.

Leon Battista Alberti und Cristoforo Landino

Es lag im Wesen der Renaissance-Humanisten, daß sie unglaublich vielseitig waren. Mancher ist ein echter *uomo universale*, ein Universal-Mensch, so Leon Battista Alberti (1404–1472). Auch er stand im diplomatischen Dienst, der ihn nach Frankreich, Belgien und Deutschland führte. 1432 bekam er ein Amt an der päpstlichen Kurie. Alberti arbeitete auch als Architekt. Nach seinen Entwürfen wurden u. a. gebaut: der TEMPIO MALATESTIANO in Rimini, der PALAZZO RUCELLAI und die Fassade von S. MARIA NOVELLA (Farbtafel 10) – beide in Florenz – sowie S. ANDREA in Mantua. Doch nicht nur als ausübender

Künstler betätigte sich Alberti, er beschäftigte sich auch mit der Kunsttheorie und verfaßte *Zehn Bücher über die Baukunst, Drei Bücher über die Malerei* und ein Buch *Über die Statue.* Als Dichter schrieb er lateinische Eklogen, eine Komödie, eine historische Erzählung und Gedichte, als Moralphilosoph eine Reihe von Traktaten, vor allem aber das noch immer aktuelle Werk *Della famiglia.* In diesem geht es um das Verhältnis von Vater und Sohn und damit von Alt und Jung, es geht um Liebe und Freundschaft, um Ehe und Kinder, um Erziehung und Berufswahl, um das Hauswesen und noch um vieles mehr.

Man wundert sich nicht, daß ein Mann, der so viel geleistet hat, die *humanitas* weitaus in der Tüchtigkeit beschlossen sah. Tüchtigkeit, das bedeutet *virtù*, Tugend. Wer sie besitzt, braucht die *fortuna*, das Schicksal, nicht zu fürchten. Die Würde des Menschen liegt in der Arbeit. Alle menschliche Tätigkeit muß aber im Dienst des Nächsten und der Gemeinschaft stehen; denn »der Mensch ist geboren, um dem Mitmenschen nützlich zu sein«[10].

Wir kennen die Auffassung von Leon Battista Alberti nicht nur aus seinen eigenen Werken, sondern auch aus den *Disputationes*

3 Domenico Ghirlandaio (1449–1494), Marsilio Ficino, Cristoforo Landino, Angelo Poliziano und Gentile de' Becchi (von links nach rechts). Detail aus: Verkündigung an Zacharias. 1486–1490

Camaldulenses, den *Camaldolensischen Gesprächen*. Sie wurden niedergeschrieben von Cristoforo Landino (1424–1504), der an der Florentiner Universität Rhetorik und Poetik lehrte und seit 1467 dem Stadtstaat als Kanzler diente (vgl. Abb. 3).

Zu den Gesprächen kamen Männer des Medici-Kreises im Juli 1468 in CAMALDOLI, einem berühmten Kloster im hochgelegenen, waldreichen Casentino in der Toskana, zusammen. Dort konnten sie – fernab von der Hitze der Stadt – über philosophische Fragen diskutieren, so auch über das Problem der *vita contemplativa* und der *vita activa*, an dem sich vor allem der Disput zwischen Leon Battista Alberti und dem jungen Lorenzo de' Medici entzündete.

Alberti zeichnet zuerst das Bild eines idealen Vertreters der *vita activa*, wenn er sagt: »Da wir ja nicht sowohl für uns allein geboren sind, als vielmehr, damit wir der menschlichen Gesellschaft dienen, so werden wir *den* des höchsten Lobes für wert erachten, der für Vermögen und Familie insoweit besorgt ist, daß alles zum Leben und Unterhalt Nötige innerhalb der richtigen Grenzen reichlich vorhanden ist; der ferner seinen Kindern und sonstigen Schutzbefohlenen eine standesgemäße Erziehung angedeihen und sie in allen edlen Künsten ausbilden läßt; der sein väterliches Erbteil, ohne daß er in den Verdacht der Habgier geriete, mit größter Sorgfalt und Umsicht mehrt und außer denen, die er ohnehin schon zu unterstützen verpflichtet ist, auch anderen sich hilfreich erweist; der sich sowohl in seinem privaten Leben freigebig gegen Einheimische und gastlich gegen Fremde zeigt, als auch der Öffentlichkeit durch prächtige Bauten oder Veranstaltung von glänzenden Schauspielen oder durch Steuerleistungen zu nützen vermag. Wenn er aber an der Verwaltung des Staates teilzunehmen wünscht, so soll er treffliche Eigenschaften aller Art mitbringen und die Kunst der Rede in jeder Hinsicht beherrschen, so daß er einerseits auf nichts anderes sinnt, als was dem Staate Nutzen und Ehre bringen könnte,

und andererseits in der Lage ist, die Hörer in gewandtem und wortreichem Vortrage für seine Pläne zu gewinnen. Er soll sich ferner weder vor der Gewalt der Feinde noch vor der Wut aufrührerischer Bürger fürchten, sondern die Angriffe der ersteren mit allen Kräften des Geistes und Körpers abzuwehren und das ruchlose und wahnwitzige Beginnen der letzteren mit größter Unerschrockenheit zu vereiteln suchen. Endlich soll er auf die Pflege der Frömmigkeit und die Wahrung von Recht und Billigkeit achten und dafür Sorge tragen, daß das ganze Staatswesen sich innerhalb der Schranken des Maßes hält. Und um alles dies zu erreichen, soll er keine Mühe, keine Gefahren scheuen, ja auch sein eigenes Leben nicht schonen.«[11]

Nach diesem Lob des aktiven Lebens ist man erstaunt zu lesen, daß Alberti das kontemplative Leben dennoch über das aktive stellt. So sagt er zu Lorenzo: »Du siehst also, daß die tätige Lebensart keineswegs gering geachtet werden darf. Denn sie entspricht durchaus der natürlichen Bestimmung des Menschen; sie schlingt mit ihren Sorgen und Mühen ein freundliches Band um das Menschengeschlecht und treibt es an, Gerechtigkeit und Frömmigkeit zu üben. Da jedoch unser Intellekt, durch den wir allein Menschen sind, nicht in vergänglichen Handlungen seine eigentliche Erfüllung findet, sondern in unvergänglicher Erkenntnis, welche jenes letzte Ziel darstellt, auf das sich alles bezieht und dessentwegen alles geschieht, das selbst aber seinetwegen erstrebt wird: wer würde sich da der Einsicht verschließen, daß die betrachtende Lebensart weit vornehmer ist?«[12]

Es schließt sich ein langer Dialog an, in dem Lorenzo de' Medici die *vita activa* und Leon Battista Alberti die *vita contemplativa* als die höhere Lebensform darzustellen bemüht sind. Am Ende aber lenkt Alberti ein, sofern er jenen Menschen als den größten preist, der beide Lebensformen in sich vereinigt. So sagt er: »Allein, bei genauerer Überlegung sehe ich doch, daß der Mensch, auch wenn er von Haus aus ein geistiges Wesen ist, den Körper keineswegs außer acht lassen darf und daß er seiner natürlichen Bestimmung nach sowohl durch die Bande der Liebe mit den anderen Menschen verbunden als auch von Begeisterung für die Erkenntnis erfüllt sein soll. Und deshalb werde ich *den* erst für einen wahren Mann erklären, der *beiden* Lebensarten in angemessener Weise gerecht wird und *beide* in sich vereinigt, indem er einerseits der Tätigkeit so viel Raum gönnt, als die menschliche Bedürftigkeit, die Rücksicht auf die Gesellschaft und die Liebe zum Vaterlande gebieten, andererseits aber sich der Betrachtung zuwendet, wohl wissend, daß er, soweit ihm nicht die menschliche Unzulänglichkeit Grenzen setzt, in ihr seine eigentliche Bestimmung erfüllt. Er wird also forschen, um des höchsten Gutes teilhaftig zu werden, und er wird handeln, damit für ihn und die Seinen kein Schaden entstehe. Beides aber wird er dann in richtiger Weise tun, wenn er nach jeder Seite so viel gibt, als genug ist. Sind ja doch die beiden Lebensformen nicht so von Grund auf verschieden, daß

sie sich nicht bis zu einem gewissen Grade verbinden ließen.«[13]

Landino schrieb die Gespräche, die 1468 in Camaldoli geführt wurden, erst 1475 nieder. Es handelt sich also nicht um eine wörtliche Wiedergabe des Gesagten, doch wird der Inhalt einigermaßen richtig übermittelt worden sein, so daß wir glauben dürfen, daß der dem aktiven Leben so verpflichtete Alberti sich hier zum Anwalt des kontemplativen Lebens gemacht hat. Darin aber läßt sich ein Zug der Zeit erkennen. Haben die Humanisten bisher den Menschen, der sich um sittliches Handeln bemüht, der sich für seine Familie, den Nächsten, das Gemeinwesen, den Staat einsetzt, dem reinen Denker, Wissenschaftler, Philosophen, Betrachter vorgezogen, so tritt letzterer jetzt wieder für viele an die erste Stelle. Das liegt nicht zuletzt an der Bedeutung, die Platon in dieser Zeit für den Humanismus bekam. An ihm rühmte Alberti in den *Camaldolensischen Gesprächen* die Einsichten, »daß es allein der Geist ist, der den Menschen zum Menschen macht«[14] und daß ein Weiser an der Spitze des Staates stehen müsse.

Platonismus bei Marsilio Ficino und Pico della Mirandola

Schon seit Petrarca bemühten sich die Humanisten um die Erlernung der griechischen Sprache und um die Kenntnis der griechischen Literatur. Etwa um 1400 kam der berühmte Manuel Chrysoloras (um 1350–1415) nach Florenz, um an der Universität Griechisch zu lehren. Doch auch in Rom, Ferrara, Padua, Pavia, Venedig und Messina lehrten Griechen das Altgriechische. Mit den Gelehrten kamen griechische Handschriften nach Italien, die von ihnen interpretiert wurden und deren Übersetzung ins Lateinische sie bisweilen anregten. Es reisten aber auch italienische Humanisten nach Griechenland, um in den Bibliotheken die griechischen Schriften zu studieren und um wertvolle Texte mit nach Hause zu bringen.

Ein besonderes Ereignis war das Konzil, das 1438 in Ferrara begann, 1439 in Florenz fortgesetzt wurde und das – nicht zuletzt durch den Druck, den die Türken auf Konstantinopel ausübten – eine Wiedervereinigung der römischen und griechischen Kirche brachte, der allerdings bald eine neue Spaltung folgte. Das Unionskonzil erhielt seinen Glanz nicht nur durch die Anwesenheit des byzantinischen Kaisers Johannes VIII. Paläologos und des Patriarchen Joseph von Konstantinopel, sondern auch durch die gelehrten Konzilssekretäre und Theologen, unter denen Georgios Gemistos Plethon (1389–1464) besonders hervorragte.

Als Theologe setzte sich Plethon für die Versöhnung der römischen und der griechischen Kirche ein. Für die fernere Zukunft erstrebte er eine Vereinigung der Juden, Christen und Mohammedaner in einer Art Weltkirche, für deren Aufbau er sich aus Platons *Staat* die entsprechenden Anregungen erhoffte. Als Philosoph nämlich war Plethon Platoniker. Für ihn war Platon (427–347 v. Chr.) der größte Denker, der in Zoroaster und Pythagoras seine Vorläufer hatte und der in den hermetischen Schriften[15] des 1. Jahrhunderts n. Chr. sowie bei den Neuplatonikern, vor allem bei Plotin (205–270), nachwirkte.

Der Platonismus, wie Plethon ihn sah, kam also durch das Unionskonzil nach Italien und veranlaßte Cosimo de' Medici, den Herrn von Florenz, eine »Platonische Akademie« zu begründen, zu deren Leiter er den humanistischen Philosophen Marsilio Ficino (1433 bis 1499), den Sohn eines Arztes, berief (vgl. Abb. 3).

Es ist unmöglich, im Rahmen dieses Buches das ganze philosophische Weltbild Ficinos aufzurollen. Es soll nur jenes zentrale Thema erörtert werden, das die Stellung und die Bestimmung des Menschen zum Gegenstand hat.

Ficino knüpfte an den Neuplatoniker Plotin an, für den sich alle Schöpfung als eine Emanation, eine Ausströmung, des Ur-Einen, des Göttlichen, darstellt. So strömt alles Niedere aus dem Höheren, und die unterste Stufe bildet die Materie. Die menschliche Seele nimmt dabei eine Mittelstellung ein, was für Plotin nicht viel mehr als eine nüchterne Lokalisation bedeutet.

Für Ficino dagegen ist die Mittelstellung das Entscheidende. Die menschliche Seele ist wie Janus zweigesichtig. Sie vereinigt durch ihre Bindung an den Körper alles das in sich, was die niederen Seinsformen enthalten. Doch auch an den höheren hat sie teil, sofern ihr Geist eine *scintilla mentis superioris*, »einen Funken des höheren Geistes«, darstellt. Die menschliche Seele partizipiert am Leben der Tier- und der Pflanzenseele, wie sie am Leben der Engel und am Leben Gottes partizipiert. Der Mensch hat eine Mittelstellung zwischen Himmel und Erde inne. Mit seinem gottähnlichen Geist vermag er am Leben Gottes und der Engel teilzunehmen, während er in seiner Körperlichkeit das Leben der Tiere und der Pflanzen führt. Er erfaßt die ewigen Dinge und ordnet die zeitlichen. Da er die Kräfte aller Seinsformen in sich vereinigt, ist er in Wahrheit ein Mikrokosmos, ein *parvus mundus*, eine kleine Welt.

Aus der Mittelstellung des Menschen folgert Ficino seine unerhörte Würde. Er ist der *vicarius Dei*, der Stellvertreter Gottes, auf Erden. Er ist Herr der Tiere, der Pflanzen, der Stoffe. Er ist unabhängig und frei, frei zum Guten und frei zum Bösen. Sofern er aber als Mikrokosmos die ganze große Welt – Pflanze, Tier, Engel und Gott – in sein Selbst einbezieht, steigt er zum göttlichen Rang auf, da er die göttlichen Kräfte wie die aller anderen Wesen in sich vereinigt.

Auf dieser geistigen Grundlage ist das Menschenbild von Giovanni Pico della Mirandola (1463–1494), dem Schüler und Freund Marsilio Ficinos, entstanden (vgl. Abb. 4). Der junge italienische Graf, der schon im Alter von 31 Jahren starb, war eine ganz erstaunliche Begabung. Er erlernte das Griechische, das Hebräische und das Arabische. Er kannte Platon so gut wie dessen Schüler und Gegenspieler Aristoteles. Er hatte sich mit Averroes, dem arabischen Kommentator, auseinandergesetzt und die Kabbala, die Geheimschriften jüdischer Mystik, studiert. Schließlich kannte er die Lehren der mittelalterlichen Dominikaner-Philosophen Albertus Magnus und Thomas von Aquin ebenso gut wie die des Franziskaner-Philosophen Duns Scotus.

IOAN•PICVS e MIRANDVLA~

4   Unbekannter Maler, Giovanni Pico della Mirandola

Von den Schriften Picos ist für uns vor allem das Buch *De dignitate hominis* (Über die Würde des Menschen) wichtig, weil es sich dem Hauptproblem des Humanismus zuwendet.

Gleich zu Beginn des Traktats läßt Pico Gott zum Menschen sprechen: »Wir haben dir keinen bestimmten Wohnsitz, noch ein eigenes Gesicht, noch irgendeine besondere Gabe verliehen, o Adam, damit du jeden beliebigen Wohnsitz, jedes beliebige Gesicht und alle Gaben, die du dir sicher wünschst, auch nach deinem Willen und nach deiner eigenen Meinung haben und besitzen mögest. Den übrigen Wesen ist ihre Natur durch die von uns vorgeschriebenen Gesetze bestimmt und wird dadurch in Schranken gehalten. Du bist durch keinerlei unüberwindliche Schranken gehemmt, sondern du sollst nach deinem eigenen freien Willen, in dessen Hand ich dein Geschick gelegt habe, sogar jene Natur dir selbst vorherbestimmen. Ich habe dich in die Mitte der Welt gesetzt, damit du von dort bequem um dich schaust, was es alles in dieser Welt gibt. Wir haben dich weder als einen Himmlischen noch als einen Irdischen, weder als einen Sterblichen noch als einen Unsterblichen geschaffen, damit du als dein eigener, vollkommen frei und ehrenhaft schaltender Bildhauer und Dichter dir selbst die Form bestimmst, in der du zu leben wünschst. Es steht dir frei, in die Unterwelt des Viehes zu entarten. Es steht dir ebenso frei, in die höhere Welt des Göttlichen dich durch den Entschluß deines eigenen Geistes zu erheben.«[16]

Wenn wir bei Pico lesen, daß der Mensch seine Natur selbst bestimmen und sich in völliger Freiheit wie ein Bildhauer seiner selbst die Gestalt nach eigenem Willen erschaffen solle, denken wir unwillkürlich an Jean-Paul Sartre. Dieser schreibt in seiner Abhandlung *Ist der Existentialismus ein Humanismus?:* »Wenn der Mensch, so wie ihn der Existentialist begreift, nicht definierbar ist, so darum, weil er anfangs überhaupt nichts ist. Er wird erst in der weiteren Folge sein, und er wird so sein, wie er sich geschaffen haben wird. Also gibt es keine menschliche Natur, da es keinen Gott gibt, um sie zu entwerfen. Der Mensch ist lediglich so, wie er sich konzipiert – ja nicht allein so, sondern wie er sich will und er sich nach der Existenz konzipiert, wie er sich will nach diesem Sichschwingen auf die Existenz hin; der Mensch ist nichts anderes als wozu er sich macht.«[17]

Nach Pico und Sartre schafft der Mensch sich selbst, nach beiden ist er frei. Das ist das Gemeinsame der beiden Philosophen. Sie unterscheiden sich indes durch ihre Gottesvorstellung. Für Pico existiert Gott, für Sartre existiert er nicht. Darum ist der Mensch für Sartre absolut frei und wählt seine Moral selbst. (Sartre zitiert in diesem Zusammenhang Dostojewskijs Satz: »Wenn Gott nicht existierte, wäre alles erlaubt.«) Für Pico ist der Mensch relativ frei; denn seine Freiheit bewegt sich zwischen den Möglichkeiten, »in die Unterwelt des Viehes zu entarten« oder »in die höhere Welt des Göttlichen« aufzusteigen. Und auch die Moral ist durch göttliches Gesetz gebunden, was Pico mit den Worten Mohammeds ausdrückt: »Wer sich vom göttlichen Gesetz getrennt hat, der wird als ein Tier hervorgehen, und das mit Recht.«

Welche Möglichkeiten hat nach Pico nun jener Mensch, der in die höhere Welt des Göttlichen strebt? Wenn er nicht nur die sinnlichen Keime pflegt, sondern auch die rationalen, »wird er als ein himmlisches Wesen hervorgehen«. Pflegt er die intellektuellen, wird er »ein Engel« und »Gottes Sohn« sein. Entfernt er sich ganz »in das Innere des Geistes«, so wird er zu einem »Gott, mit menschlichem Fleische umkleidet«. Entbrennt er aber in verzehrender Liebe zu Gott, so »ist er in Gott, und Gott ist in ihm, und daher sind Gott und er Eins«. Die Würde des Menschen liegt also in seiner Gottähnlichkeit und in seinem Eins-Werden mit dem Göttlichen.

Hier nun wird Philosophie zur Mystik. Der auf der Grundlage von Platonismus und Neuplatonismus entwickelte Humanismus des ausgehenden 15. Jahrhunderts ist ein anderer als der frühe der ersten Jahrhunderthälfte und der Jahrhundertmitte. Damals war das Ideal der Mensch der *vita activa,* der sich bildet – nicht zuletzt durch die Beschäftigung mit der Antike –, um so eine Persönlichkeit zu werden und sein Leben als Dienst an der eigenen Familie, am Nächsten, an der Gemeinschaft, am Staat zu verstehen. Jetzt dagegen gewinnt wieder die *vita contemplativa* an Bedeutung, obwohl auch die andere Lebensform noch ihre Anhänger hat. Man lobt den Menschen, der sich in die Stille zurückzieht, um als Wissenschaftler Erkenntnisse zu sammeln, um denkend den Sinn des Lebens zu ergründen, um ständig an Weisheit zuzunehmen oder sich betrachtend in das Göttliche zu versenken. Man betont dabei, daß auch der Kontemplative der Gemeinschaft diene. So verweist Leon Battista Alberti in den *Camaldolensischen Gesprächen*

darauf, daß die Männer, »die in der tiefsten Stille zu Einsichten und Erkenntnissen gelangt sind«, den aktiv im Leben Stehenden »als Richtschnur bei der Verwaltung des Staates dienen«[18].

Den Anhängern der *vita activa* und der *vita contemplativa* ist aber gemeinsam, daß sie die Werke der Antike lesen, um daraus Anregungen für ihre eigene Lebensgestaltung zu gewinnen. Vertreter beider Richtungen betreiben die *studia humanitatis,* um mit ihrer Hilfe menschlich vollkommener zu werden. Das Streben nach Vollkommenheit in einer nicht heilen Welt zum Wohle des einzelnen und des Ganzen ist das große Anliegen der Renaissance-Zeit. Das Vollkommene in einer unvollkommenen Welt sichtbar zu machen, hat sich die Renaissance-Kunst zum Ziel gesetzt. Und davon soll in den folgenden Kapiteln die Rede sein.

Masaccio als Begründer der Renaissance-Malerei

Hinsichtlich der Kunst kann man das Wort »Renaissance« nicht einfach im Sinne von Wiedergeburt der Antike verstehen. Im Gegensatz zu jedwedem Klassizismus, der sich die Formenwelt der Antike zum Vorbild nimmt, war die Renaissance-Kunst ganz in der Kunst der damaligen Gegenwart verwurzelt, die sich seit geraumer Zeit um die naturgetreue Wiedergabe von Menschen, Dingen und Landschaften bemühte und darum als naturalistisch bezeichnet wird.

Als Begründer der Renaissance-Malerei gilt Masaccio (1401–um 1428), der eigentlich Tommaso di Ser Giovanni Cassai hieß und schon in jungen Jahren starb. Nach Giorgio Vasari (1511–1574), dem berühmten Künstlerbiographen, der sich auch künstlerisch betätigte, war Masaccios Lehrer jener Tommaso di Cristofano Fini (1383–um 1447), der Masolino genannt wurde. Wegen des Altersunterschiedes von 18 Jahren hat man wohl angenommen, daß der an der Schwelle von der Gotik zur Renaissance stehende Masolino der Lehrer Masaccios gewesen sei. Vermutlich haben die beiden Maler aber erst seit 1424/25 zusammengearbeitet; und es ist sehr die Frage, ob der Ältere vom Jüngeren nicht mehr gelernt hat als umgekehrt; denn Masaccio war bereits in ein neues Zeitalter getreten.

Auf dem Dreifaltigkeitsbild der Florentiner Kirche S. MARIA NOVELLA (Abb. 5) hat der Maler fünf Figuren dargestellt: Gott-Vater, den Gekreuzigten – zwischen beiden die Taube des Heiligen Geistes –, Maria, Johannes und den Stifter. Alle Gestalten wirken körperhaft statuarisch, ihre Gesichter sind von herb naturalistischer Art.

Wenn man die dreidimensionale Wirklichkeit auf der zweidimensionalen Fläche naturalistisch, also naturgetreu, wiedergeben will, muß man sich auf die perspektivische Darstellung verstehen. Darum bemühten sich die Künstler der Renaissance um die geometrisch konstruierte Zentralperspektive, als deren Entdecker Filippo Brunelleschi (1377–1446) gilt. Zum ersten Mal angewandt wurde diese Entdeckung von Masaccio bei seinem Dreifaltigkeitsbild, auf dem er seine Figuren in einen zentralperspektivisch durchkonstruierten Raum stellte.

Das Hauptwerk Masaccios befindet sich in der Florentiner Kirche S. MARIA DEL CARMINE, und zwar in der BRANCACCI-KAPELLE. Diese ist dem hl. Petrus geweiht und trägt ihren Namen nach ihrem Stifter Felice Brancacci, der Masolino mit der Ausmalung betraute. Masolino beteiligte sehr bald Masaccio an den Arbeiten, die aber unvollendet blieben. Erst Jahrzehnte später wurden sie von Filippino Lippi (1457–1504) zu Ende geführt.

Zu den Bildern von Masaccios Hand gehört die »Schattenheilung des hl. Petrus« (Abb. 6), die nach einem Bericht in der Apostelgeschichte (5, 15) gemalt ist, in dem es heißt: »Man brachte sogar die Kranken auf die Straßen und legte sie auf Betten und Tragbahren, damit wenigstens der Schatten des Petrus beim Vorübergehen auf den einen oder anderen von ihnen falle und sie von ihren Krankheiten geheilt würden.«

5 Masaccio (1401 bis um 1428), Dreifaltigkeit. 1426–1427

6   Masaccio (1401 bis um 1428), Schattenheilung des hl. Petrus. 1427

Auch bei diesem Bild versuchte sich Masaccio in der Kunst der perspektivischen Darstellung. Seine Figuren haben eine kompakte Körperlichkeit und sind nach dem Vorbild der Natur gemalt. Es soll auch das, was sie in ihrer Seele bewegt, zum Ausdruck gebracht werden. Besonders anschaulich wird dies an jenem Kranken, der am Boden liegt und sehnsüchtig und vertrauensvoll zu Petrus emporblickt. Dieser verkörpert in seiner ganzen Erscheinung römische Würde. Damit nähert sich die Kunst des beginnenden 15. Jahrhunderts der Antike an. Nicht, daß man in klassizistischer Manier Antikes nachahmt, man steht ganz auf dem Boden der zeitgenössischen naturalistischen Kunst. In Italien, das

seiner Herkunft nach immer die antike Tradition bewahrt hat, bricht jetzt, im Zeitalter des Humanismus, mehr oder minder bewußt, etwas durch, das dem Antiken verwandt ist; und dadurch wird die naturalistische Kunst Italiens im 15. Jahrhundert – oder wie der Italiener sagt: im Quattrocento – zur Renaissance-Kunst.

Wiedergeborene römische Würde spiegelt sich auch in Masaccios Bild von der »Steuerzahlung«. Es geht um die Aufforderung an Jesus, Tempelsteuer zu bezahlen. Nach Matthäus (17, 24–27) wies Jesus den Petrus an, aus dem Maul eines Fisches zwei Doppeldrachmen zu nehmen und damit die Steuerschuld zu begleichen. Masaccio stellt nun dar, wie

7   Masaccio (1401 bis um 1428), Mittelstück aus: Die Steuerzahlung. Um 1427

der Steuereinnehmer Jesus im Kreis der Apostel zur Zahlung auffordert und wie dieser den Auftrag erteilt, aus dem Fischrachen die Münzen zu entnehmen (Abb. 7). Links wird dann Petrus gezeigt, wie er den Auftrag ausführt, und rechts – beides nicht mehr auf unserer Abbildung sichtbar –, wie er die Drachmen dem Steuereinnehmer übergibt.

Wunderschön ist die Gruppe der Apostel vor dem Hintergrund einer Berglandschaft um Jesus komponiert. Sie alle sind Männer, denen etwas von römischer *gravitas,* von römischer Würde, eigen ist. Einige von ihnen zeichnet männliche Schönheit aus. Auch das gehört zu den Wesenszügen der Renaissance-Kunst, daß die Künstler vom Menschen, wie er sich in der Wirklichkeit zeigt, ausgehen, aber das Unvollkommene, das dem einzelnen Menschen anhaftet, abstrahieren, um so das Bild des vollkommenen und schönen Menschen zu gewinnen. Und damit gehen die Künstler der Renaissance den Weg der antiken – in diesem Fall vor allem der griechischen – Künstler, ohne sie zu imitieren.

Die Anfänge dieser Bestrebungen entdekken wir ebenfalls in der BRANCACCI-KAPELLE, und zwar auf einem Bild mit dem »Sündenfall«, das man Masolino zuschreibt (Abb. 8). Es steht ganz im Zeichen des zeitgenössischen Naturalismus. In Gestalt und Gesicht der Eva erkennt man jedoch das Bemühen des Künstlers, in der natürlichen Frau die vollkommene Schönheit, also das Urbild weiblicher Schönheit, aufzufinden und darzustellen. Es kündigt sich somit das an, was uns in der Hochrenaissance voll entwickelt vor Augen treten wird.

Die Fresken der BRANCACCI-KAPELLE, vor allem die von Masaccio gemalten, enthalten – manchmal freilich noch keimhaft – das, was das Wesen der Renaissance-Malerei ausmacht. Das wußten auch die Künstler des 15. und 16. Jahrhunderts. Darum studierten die Maler von Castagno bis Leonardo, Raffael und Michelangelo die Masaccio-Fresken in der BRANCACCI-KAPELLE besonders eingehend.

8 Masolino (1388 bis um 1447),
   Der Sündenfall. 1426–1427

Paolo Uccello erprobt die Möglichkeiten der Perspektive

Das große Anliegen der naturalistischen Künstler des Quattrocento war die Perspektive, weil sie allein die Möglichkeit schafft, den dreidimensionalen Raum und die Dinge in ihm auf der zweidimensionalen Malfläche so sichtbar zu machen, wie sie sich in Wirklichkeit darstellen. Es gab keinen Künstler, der sich nicht um die korrekte perspektivische Darstellung bemüht hätte. Beinahe zur fixen Idee wurde die Perspektive aber für Paolo Uccello (1397–1475), dessen Biographie Vasari mit folgenden bezeichnenden Sätzen schloß: »Er hinterließ eine Tochter, die zeichnen konnte, und eine Frau, welche erzählte, Paolo habe die ganzen Nächte in der Studierstube verbracht, um die Gesetze der Perspektive zu finden, und wenn sie ihm zugeredet, er möchte sich schlafen legen, habe er geantwortet: ›O welch ein anmutig Ding ist diese Perspektive!‹«[19]

Wie sehr die Perspektive Paolo Uccello bis ins hohe Alter Anliegen war, beweist das erste Bild eines Zyklus, den der fast 70jährige für die Bruderschaft des Allerheiligsten Sakramentes in Urbino gemalt hat. Es geht um einen Hostienfrevel, und das erste Bild zeigt, wie eine Frau eine geweihte Hostie an einen Geschäftsmann verkauft (Abb. 9). Die beiden Figuren sind in einen Raum gestellt, der so beschaffen ist, daß es sich um ein Musterbeispiel perspektivischer Konstruktion handelt.

Eine Zeichnung (Abb. 10) mag das verdeutlichen: Auf dem Bild Uccellos verlaufen alle horizontalen Geraden entsprechend der Wirklichkeit ebenfalls horizontal und parallel. Die in die Tiefe führenden Geraden erscheinen auf dem Bild in perspektivischer Verkürzung. Sie bleiben nicht – entsprechend der Wirklichkeit – parallel, sondern laufen alle auf einen einzigen Punkt zu, den man Fluchtpunkt nennt. Fällt man von dem Punkt

aus, von dem das perspektivisch gemalte Bild gesehen ist, ein Lot auf die Bildebene, so gewinnt man dadurch den Augenpunkt. Dieser ist identisch mit dem Fluchtpunkt. Die Linie, die waagerecht durch den Augen- bzw. Fluchtpunkt verläuft, nennt man Horizontlinie. So ist Uccellos gemalter Bildraum streng geometrisch nach den Gesetzen der Zentralperspektive, auch Linearperspektive genannt, konstruiert. Es versteht sich von selbst, daß bei zentralperspektivischen Darstellungen die abgebildeten Gegenstände und Personen mit wachsender Raumtiefe zunehmend kleiner werden.

Uccello ist der erste Künstler, der auch Blätter und Pflanzen in perspektivischer Verkürzung malte. Wie ernst er es mit der perspektivischen Konstruktion auch einzelner Gegenstände genommen hat, zeigt die Zeichnung eines Kelches, in der er sich gleichzeitig mit der Perspektive des Kreises auseinandersetzte (Abb. 11).

Auch bei der Monumentalmalerei wandte Paolo Uccello die Perspektive an. Im Jahre 1436 erhielt der Künstler den Auftrag, an die linke Innenwand des FLORENTINER DOMES ein Fresko des Engländers John Hawkwood zu malen, der als Condottiere im Dienst von Florenz stand. Uccello stellte den englischen Feldherrn, den die Italiener Giovanni Acuto nannten, als Reiter auf einem Pferd dar, das auf einem hohen Sockel steht; und er malte den Sockel perspektivistisch so, wie der Betrachter einen dreidimensional-plastischen sieht, wenn er von unten zum Denkmal emporblickt (Abb. 12).

Über all den Bemühungen um die Perspektive sollen aber die übrigen künstlerischen Qualitäten Uccellos nicht vergessen werden. Wie würdevoll zeigen sich Pferd und Reiter auf dem gemalten Condottiere-Denkmal. Ge-

9   Paolo Uccello (1397–1475), Der Hostienverkauf. Aus dem Zyklus: Das Wunder der entweihten
Hostie. Um 1465–1469

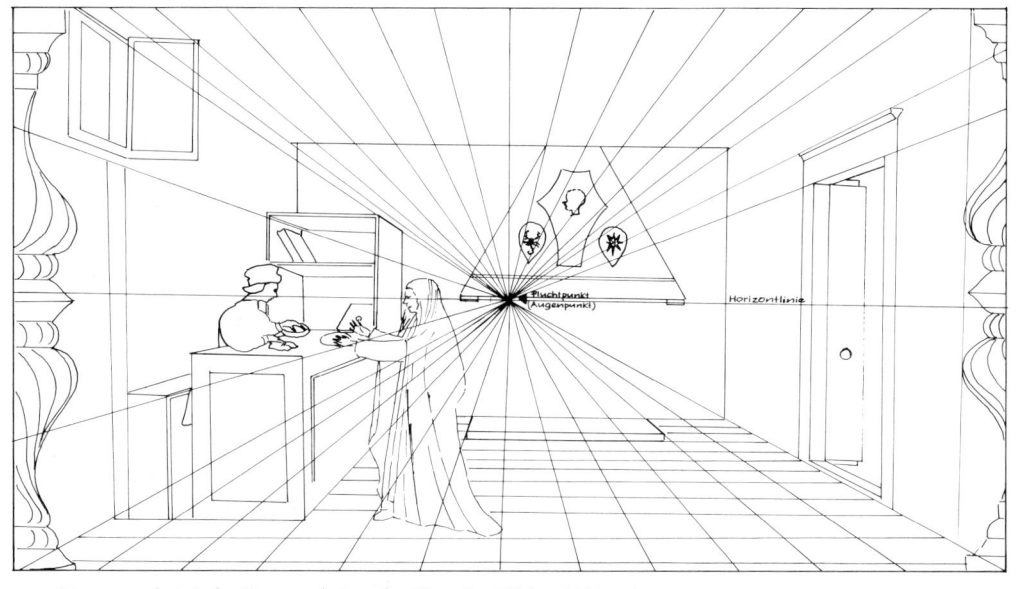

10   Die perspektivische Konstruktion des Uccello-Bildes (Abb. 9)

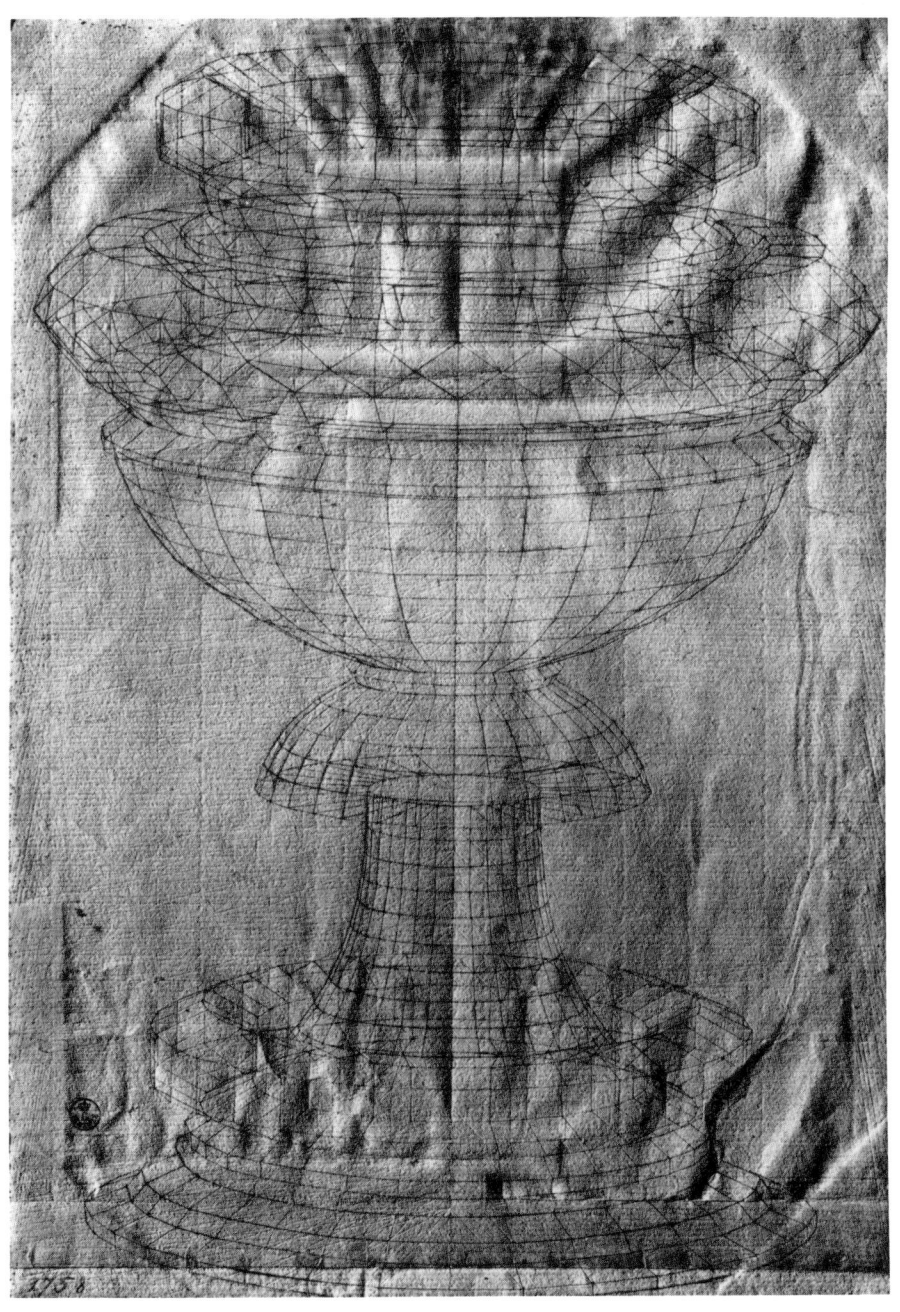

11   Paolo Uccello (1397–1475), Perspektivische Zeichnung eines Kelches. Um 1450

IOANNES·ACVTVS·EQVES·BRITANNICVS·DVX·AETATIS·
VAE·CAVTISSIMVS·ET·REI·MILITARIS·PERITISSIMVS·HABITVS·EST

PAVLI·VCCELLI·OPVS·

12   Paolo Uccello (1397–1475), John Hawkwood. 1436

wiß, es gab schon das gemalte Reiterbild des Guidoriccio im PALAZZO PUBBLICO in Siena, das der Gotiker Simone Martini geschaffen hatte. Es konnte nicht im eigentlichen Sinne Vorbild sein. Die bronzenen Reiterstandbilder von Donatello und Verrocchio existierten noch nicht. Also ganz auf sich gestellt, schuf Uccello seinen »John Hawkwood«, dessen Denkmal in seiner Statuarik, seiner kraftvollen Ruhe, seiner Würde so viel „Antikes" aufweist, ohne dabei ein antikes Werk zu imitieren.

Uccellos Vielseitigkeit wurde erst in unserem Jahrhundert erkannt: seine eigenwillige Farbgebung, seine Begabung für das Porträt, sein Sinn für Groteskes und Surrealistisches. Doch darauf einzugehen, hieße, den Rahmen dieses Buches sprengen.

Drei große Naturalisten:
Andrea del Castagno, Antonio del Pollaiuolo und Domenico Veneziano

Von den zahlreichen hervorragenden Werken des Naturalismus, die von italienischen Malern im Quattrocento geschaffen wurden, wollen wir wenigstens einige vorstellen.

In der Kirche SS. ANNUNZIATA in Florenz befindet sich in einer Seitenkapelle ein Fresko, das uns einen sehr herben Naturalismus vor Augen führt (Abb. 13). Sein Maler ist Andrea del Castagno (um 1423–1457), der Sohn eines Kleinbauern, der sich den Maler Masaccio, aber auch den Plastiker Donatello zu Vorbildern genommen hat. Das Bild zeigt die Dreifaltigkeit mit dem hl. Hieronymus und zwei heiligen Frauen, mit Maria, der Mutter Jesu, und Maria, der Frau des Kleophas.

Hieronymus, der gelehrte Kirchenvater, wird dargestellt, wie er sich als Asket zur Bekämpfung von Anfechtungen mit einem Stein an die Brust schlägt, die schon Blutspuren aufweist. Sein hageres Gesicht mit den entrückt blickenden Augen und dem geöffneten Mund drückt Qual und Beseligung zugleich aus. Der dem Hieronymus zugehörige Löwe wirkt hier nicht wie ein friedliches Haustier, sondern steht da mit geöffnetem Maul. Die beiden heiligen Frauen erheben ihre charaktervollen Matronengesichter zur Trinität, bei der das ernste Antlitz Gott-Vaters und die Taube des Heiligen Geistes verblassen hinter den ausgestreckten Armen des Gekreuzigten, der wie eine unheimliche Gewalt auf den drei Figuren lastet. Hier verbindet sich der Naturalismus mit einer starken Expressivität.

Von Castagno beeinflußt war Antonio del Pollaiuolo (um 1430–1498). Eigentlich hieß er Antonio Benci. Da sein Vater aber polli, Hühner, verkaufte, nannte man ihn und seinen weniger bedeutenden Bruder Piero, mit dem zusammen er eine Werkstatt unterhielt, Pollaiuolo.

Auch Antonio, der als Goldschmied, Kupferstecher, Bildhauer und Maler tätig war, vermochte das Naturalistische mit dem Expressiven zu verbinden. Deutlich wird das vor allem auf einem Täfelchen mit Herakles und Antaios (Abb. 14). Nach dem griechischen Mythos war Antaios im Ringkampf auf Leben und Tod seinen Gegnern immer überlegen, weil seine Mutter die Erdgöttin Gaia war, weswegen er jedesmal, wenn er die Erde berührte, neue Kraft bekam. Herakles hob Antaios darum beim Ringkampf in die Luft und erdrückte ihn, ehe er wieder Kontakt zum Boden finden konnte.

13 Andrea del Castagno (1423–1457), Dreifaltigkeit mit Hieronymus,
Maria und Maria Kleophas. 1454–1455

14   Antonio del Pollaiuolo (um 1430–1498), Herakles und Antaios. Um 1460

Dieses Motiv gab Antonio del Pollaiuolo Gelegenheit, seine Fähigkeit zu beweisen, nackte Körper wirklichkeitsgetreu darzustellen. Er hatte als erster Künstler Leichen seziert, um Anatomie zu studieren, und verstand sich auf das Spiel der Muskeln wie die Funktion der Gelenke. Er vermochte aber auch, Gefühle zur Darstellung zu bringen. So lassen Körper und Gesicht des Herakles gewaltige Anstrengung erkennen, während sich der Schmerz des gepreßten Antaios im Aufschrei Luft macht.

15   Domenico Veneziano (um 1410–1461), Sacra Conversazione. Um 1442–1448

Zu den großen Naturalisten des Quattrocento gehört auch Domenico Veneziano (um 1410–1461), der aus Venedig stammte und längere Zeit in Florenz tätig war. Von ihm behauptet Vasari, er sei von Castagno aus Eifersucht umgebracht worden. Die Mitteilung ist ganz bestimmt falsch, denn Veneziano überlebte Castagno um vier Jahre. Man kann aber aus der Behauptung folgern, daß die beiden Maler in keinem guten Verhältnis zueinander standen, obwohl – oder vielleicht: weil – sie sich in manchem ähnlich waren. In Venezianos »Sacra Conversazione« beispielsweise erinnert Johannes der Täufer in seiner herb-realistischen Art an Figuren Castagnos. Das Bild wurde für den Altar der Florentiner Kirche s. LUCIA DEI MAGNOLI gemalt und zeigt die hl. Lucia im Kreise von Franziskus, Johannes dem Täufer und dem hl. Bischof Zanobius vor dem Thron der Madonna (Abb. 15). Domenico Veneziano bemühte sich um Naturtreue bei den männlichen Figuren, um Schönheit bei den weiblichen, die eine geschwisterliche Ähnlichkeit aufweisen. Die Gestalten sind hineinkomponiert in eine nach oben offene, perspektivisch gemalte Architektur mit gotischen Bögen. Domenico hat dabei eine ganz eigene Farbgebung, in der sich seine venezianische Herkunft ausspricht. Vorherrschend ist ein Rosa, zu dem die übrigen Farben des Bildes teils in Harmonie, teils in Kontrast gesetzt sind. Die lichtumflossenen Figuren befinden sich außerdem in einem Raum, der durch einfallenden Sonnenschein in ganz neuartiger Weise mittels einer Diagonale von rechts oben nach links unten in eine Licht- und eine Schattenzone geteilt ist.

Man betitelt Darstellungen, bei denen Heilige vor dem Madonnenthron stehen, mit *sacra conversazione* (heilige Unterhaltung). Wie auf dem Bild von Domenico Veneziano unterhalten sich die Heiligen aber zumeist gar nicht, so daß der Titel unverständlich zu sein scheint. *Conversare* bedeutete aber früher einmal auch »vertraut sein«; und so ergibt sich ein Sinn. In heiliger Vertrautheit stehen die Heiligen am Thron der Madonna beieinander.

Monumentale Würde und Wirklichkeitstreue bei Piero della Francesca

Als Gehilfe von Domenico Veneziano in Florenz war Piero della Francesca (1410/20–1492) tätig, der aus Borgo Sansepolcro stammte. Er nahm sich außerdem Masaccio und Paolo Uccello zum Vorbild. Auch ihn beschäftigte die Perspektive, die er in seiner malerischen Praxis erprobte und anwandte und über die er in reiferem Alter einen Traktat mit dem Titel *De prospectiva pingendi* schrieb.

Zu den berühmtesten Werken Piero della Francescas gehören die Fresken im Chorraum der Kirche s. FRANCESCO in Arezzo. In dem Freskenzyklus wird die Legende des heiligen Kreuzes dargestellt, und zwar im wesentlichen nach dem Bericht der *Legenda aurea* des Jacobus de Voragine. Zwei Szenen wollen wir genauer betrachten, zuerst die Anbetung des heiligen Holzes durch die Königin von Saba (Abb. 16).

Nach der Legende kam die Königin von Saba zu König Salomon und erkannte, als sie den Steg über ein Gewässer betreten wollte, daß aus diesem Holz einst das Kreuz Christi gearbeitet werden würde, so daß sie niederkniete, um es anzubeten.

Piero della Francesca stellte die Szene vor dem Hintergrund einer sich perspektivisch vertiefenden Landschaft unter dem schützenden Dach eines Baumes dar. Die Königin

16 Piero della Francesca (1410/20–1492), Die Königin von Saba betet das hl. Holz an. Detail aus
dem Zyklus: Die Auffindung des heiligen Kreuzes. Um 1452–1460

von Saba wird begleitet von ihren Hofdamen. Überwältigt von ihrer Eingebung, kniet sie vor dem Holz nieder, aber sie beherrscht ihre Gefühle vollkommen, so wie auch die Begleiterinnen, die das plötzliche Niederknien ihrer Herrin überrascht, innere und äußere Ruhe bewahren. Ihre hochgegürteten Kleider, ihre Schleppmäntel, ihr Kopfschmuck verleihen ihnen Würde. Ihre Gesichter sind in gewisser Weise einander ähnlich. Großflächig, mit betonten Brauenbögen, schweren Augenlidern, bisweilen mit einem leicht mürrischen Zug um den Mund, sind es Gesichter, wie man sie nur bei Piero della Francesca findet. Pieros Gestalten weisen klassische Schönheit auf, nicht eine aus der Antike entlehnte, aber eine, die aus dem gleichen Streben nach vollkommenem Menschentum hervorgegangen ist. Und das gerade bedeutet Kunst der Renaissance: nicht Nachahmung der Antike, sondern Streben nach gleichen Zielen auf neuen Wegen.

Piero della Francescas Figuren sind nicht nur in statuarischer Ruhe gegründet, sie besitzen auch eine feste Körperhaftigkeit. Dabei erhalten sie ihr Volumen von Farbe und Licht. So hat Piero die Licht- und Farbmalerei, die er von Domenico Veneziano erlernt hat, weiterentwickelt.

Auch das erste Nachtstück der italienischen Malerei schuf Piero della Francesca in diesem Zyklus, und zwar im »Traum Konstantins« (Abb. 17). Der Maler hielt sich bei dieser Darstellung ebenfalls an die *Legenda aurea* des Jacobus de Voragine, in der es heißt: »Es geschah in der Zeit, daß jenhalb des Flusses, der da heißt Donau, eine unermeßliche Zahl der Barbaren sich sammelte, die wollten über den Fluß gehen und mit Gewalt alle Lande bis Sonnenaufgang sich untertan machen. Als das der Kaiser Constantinus vernahm, zog er aus und lagerte sich mit seinem Heer diesseits der Donau. Aber die Schar der Barbaren wuchs, und sie huben an über den Fluß zu setzen. Davon erschrak Constantinus gar sehr, denn er sah, daß er des anderen Tages mit ihnen müßte kämpfen. In der Nacht aber erschien ihm ein Engel, weckte ihn und sprach ›Schau über dich‹. Da sah er auf und sah ein lichtes Kreuz am Himmel, darauf stund in goldenen Lettern geschrieben ›In diesem Zeichen wirst du siegen‹.«[20]

Piero della Francesca läßt Konstantin die Engelerscheinung nicht wach mit geöffneten Augen erleben, sondern im Traum. Das entspannte bärtige Gesicht des Kaisers verrät nichts. Es erscheint aber in hellem Licht, das vom Engel ausgeht, der über dem Zelt schwebt. Im Licht stehen die Vorderseite des Zeltes, das Bett mit dem Diener, der sich müde auf das kaiserliche Nachtlager stützt, und teilweise die bewaffneten Leibwächter, auf deren Rüstungen und Gesichtern Licht und Schatten ihr nächtliches Wechselspiel treiben. Vasari weist auf den Naturalismus in der Darstellung hin, wenn er schreibt: »Piero zeigte bei diesem Dunkel, wie wichtig es sei, die Wirklichkeit nachzuahmen, und wie man zu verfahren habe, wenn man aus ihr schöpfte. Denn da er dies auf treffliche Weise tat, veranlaßte er die Neueren, ihm nachzufolgen und zu der höchsten Stufe zu gelangen, welche in unseren Tagen erreicht ist.«[21]

Naturalismus und Monumentalität verbinden sich in dem eigenartigen Bild, das Piero della Francesca für die FRIEDHOFSKAPELLE von Monterchi, dem Wohnort seiner Eltern, gemalt hat. Dargestellt ist die Madonna del Parto, die Muttergottes vor der Niederkunft (Abb. 18). Hochschwanger zeigt sich Maria in der Mitte eines schön dekorierten, geöffneten Zeltes. Sie hat die sensible Rechte auf den Leib gelegt, während sie die Linke mit dem Handrücken in die Seite stemmt. Hocherhaben steht sie da, doch ihr Gesicht ist bedrückend ernst, und ihre Augen blicken sorgenvoll vor sich hin. Es erhöht die Feierlichkeit, daß der vorhangartige Zelteingang von Engeln offengehalten wird. Aber auch hier verbindet sich mit dem Erhabenen das Alltägliche, denn die Engel sehen wie Bürgerfrauen mit Flügeln aus.

Piero della Francesca gibt seinen religiösen Bildern gern eine gesunde Erdhaftigkeit. Das

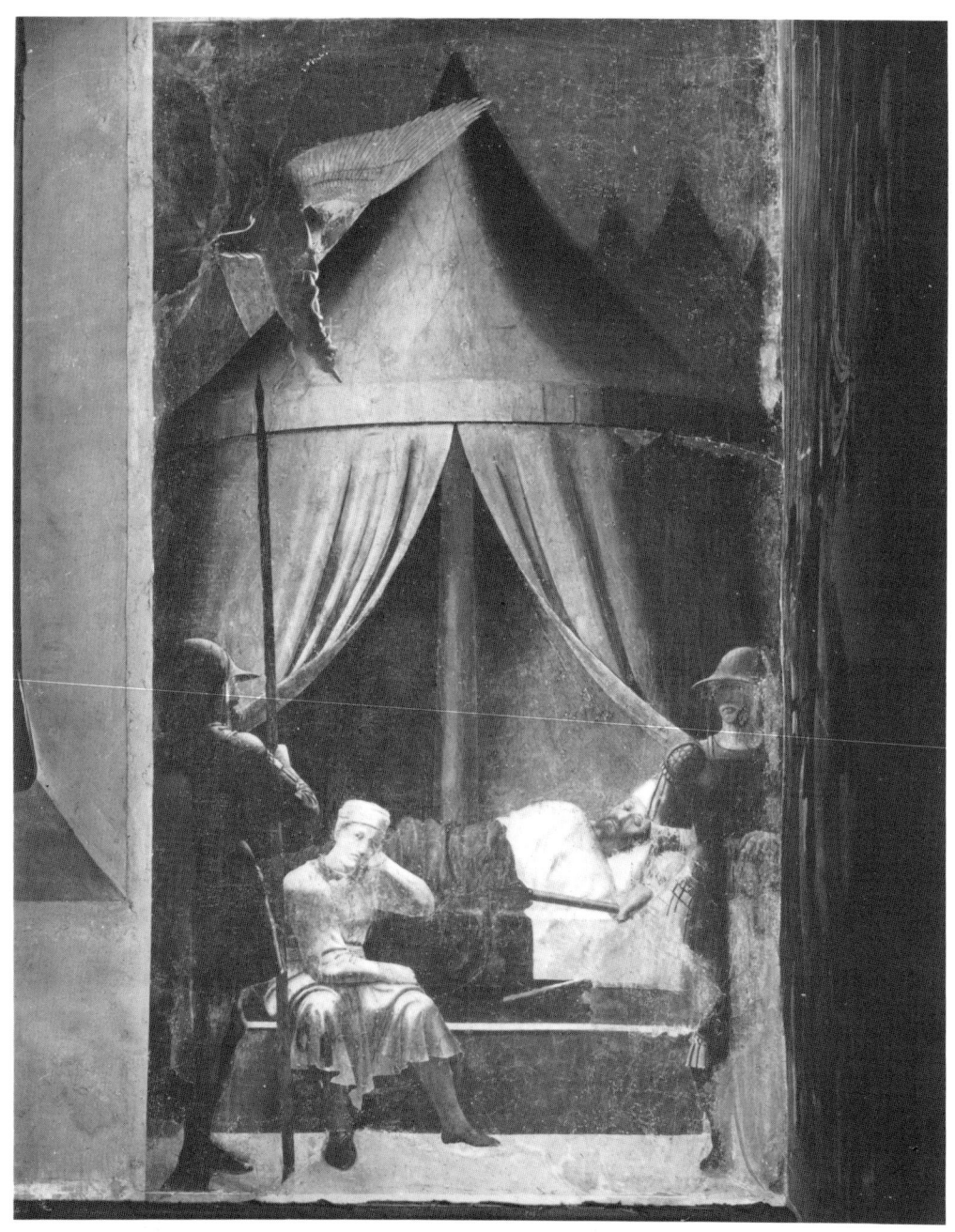

17 Piero della Francesca (1410/20–1492), Der Traum Konstantins. 1455

18   Piero della Francesca (1410/20–1492), Madonna del Parto. Um 1460

zeit auch sein Bild von der Geburt Christi (Farbtafel 1). Anbetend kniet die schöne Gestalt der Maria vor dem nackten Kind, das am Boden liegt. Die Engel – mit den typischen Piero-della-Francesca-Gesichtern – kommen aber nicht aus der Höhe. Sie stehen da wie ein Mädchenchor, der zur Feier des freudigen Ereignisses erschienen ist. Von den beiden Tieren hat der Esel den Mund zu einem Schrei geöffnet. Ihr Stall befindet sich in der Nähe von Sansepolcro, der Heimatstadt Pieros, wie der Hintergrund zeigt. Während Joseph auf einem Stuhl sitzt, stehen zwei Hirten hinter ihm, von denen der eine mit der Hand in die Höhe weist. Das ist der einzige Bezug zum Himmel in diesem Bild, das wieder ganz auf das Natürliche, Statuarische und bei aller Erdhaftigkeit Feierliche angelegt ist.

Auch als Porträtmaler verstand es Piero della Francesca, monumentale Würde und Wirklichkeitstreue miteinander zu vereinigen. Bei dem Bildnis von Federigo da Montefeltro (Abb. 19), dem Herrn von Urbino, ging Piero in seinem Naturalismus so weit, daß er nicht einmal die vier Warzen auf seiner Wange vergaß. Er verstand es aber, ohne irgendwelche Beschönigung der Gestalt Würde und Ansehen zu verleihen. Piero malte Federigo im Profil. So drücken die einmalige Nase und das vorspringende Kinn Energie und Machtbewußtsein aus, während der Blick aus dem schmalen Spalt der Lider Klugheit verrät. Die Bedeutung des Dargestellten wird nicht nur durch das rote Gewand und die gleichfarbige Kappe über schwarzem Haar hervorgehoben, sondern auch dadurch, daß dem markanten Kopf der helle Himmel als Hintergrund dient, unter dem sich eine Landschaft mit Fluß und Bergen weit in die Tiefe erstreckt. Das Bild scheint mit innerem Engagement gemalt. Piero della Francesca brachte Federigo eine große Verehrung entgegen und widmete dem humanistisch gebildeten und staatsmännisch klugen Herzog von Urbino auch im Jahre 1482 seinen Traktat über die Perspektive.

Mantegna als Repräsentant der Renaissance in Oberitalien

Der große Maler Oberitaliens war Andrea Mantegna (1431–1506), der in der Nähe von Padua in sehr ärmlichen Verhältnissen geboren und von Francesco Squarcione, einem nicht gut beleumundeten Schneider und Maler, adoptiert wurde. Mantegna zählte noch keine 20 Jahre, als er mit anderen Künstlern zusammen den Auftrag zu Fresken in der EREMITANI-KAPELLE in Padua bekam, die im Zweiten Weltkrieg fast ganz zerstört wurden. Als erstes großes Tafelbild malte er das Altarbild für den neuen Hochaltar der Kirche S. ZENO in Verona (Abb. 20).

Das Bild zeigt erstmalig in der Kunst Oberitaliens eine *sacra conversazione*. Dabei sind verhältnismäßig viele Heilige um die Madonna versammelt: links Petrus und Paulus, Johannes der Evangelist sowie der hl. Zeno; rechts der hl. Benedikt, der hl. Laurentius, der hl. Augustinus und Johannes der Täufer. Wenn das Bild auch dreigeteilt ist, so sind doch alle Gestalten in einem einzigen, perspektivisch gemalten Raum vereinigt, der von Pfeilern begrenzt ist, die ein mit einem Puttenfries geschmücktes Gebälk tragen. Mantegna hat die Putten so gemalt, wie sie

19   Piero della Francesca (1410/20–1492), Federigo da Montefeltro. Um 1465

von Donatello und Luca della Robbia zwei Jahrzehnte früher in Relief gebildet worden sind. Die Pfeiler hat er mit Tondi geschmückt, mit kreisrunden Reliefs, auf denen sich Darstellungen nach antiker Art befinden. Mantegna hatte ein ausgesprochenes Interesse am klassischen Altertum. Er sammelte antike Gegenstände. Er beschäftigte sich auch mit römischer Architektur, was der Triumphbogen auf dem Bild von der Verurteilung des hl. Jacobus beweist, von dem leider nur noch eine Fotografie vorhanden ist, weil das Original in der EREMITANI-KIRCHE zerstört wurde. Dennoch wird deutlich, daß die auf dem Altarbild von S. ZENO gemalte Halle zwar antikisch empfunden ist, jedoch in keiner Weise ein antikes Bauwerk nachahmt.

Die leuchtenden Farben auf der Altartafel lassen trotz ihrer kontrastreichen Eigenwilligkeit erkennen, daß Mantegnas Heimat nicht weit von Venedig entfernt liegt. Auch verwandtschaftliche Beziehungen banden den Künstler an die Lagunenstadt. Jacopo Bellini war sein Schwiegervater und väterlicher Freund, Giovanni Bellini, der Lehrer von Giorgione und Tizian, sein Schwager. Von ihnen wird noch die Rede sein.

Die Gestalten der »Sacra Conversazione« zeichnen sich durch Schönheit und Würde aus. Es fehlt auf dem Bild aber auch nicht an einer naturalistischen Darstellungsweise. Sehen wir uns nur den musizierenden Engel an, der rechts unten zu Füßen der Madonna sitzt (Abb. 21). Mit kindlichem Ernst hat er den Mund zum Singen geöffnet, so daß sich seine ohnehin schon rundlichen Backen noch mehr blähen. Alles an diesem gutgenährten kleinen Engel ist lebensecht: die patschige, kleine Hand, die in die Saiten greift, wie das rundliche Beinchen mit seinen lustigen Falten. Hinsichtlich der Gewandfalten wird an diesem Bildausschnitt deutlich, daß Mantegna eine Vorliebe für ein scharf und oft tief eingeschnittenes Faltenrelief hat.

20   Andrea Mantegna (1431–1506), Sacra Conversazione. 1456–1459

21 Andrea Mantegna (1431–1506), Musizierender Engel. Detail aus: Sacra Conversazione (vgl. Abb. 20)

Äußerst realistisch malte Mantegna auch die Beweinung des toten Christus (Abb. 22). Alt und verhärmt sind die Gesichter von Johannes und Maria, beider Mund schmerzvoll verzogen. Während der Apostel die Hände krampfhaft faltet, trocknet die Mutter ihre Tränen. Naturalismus verbindet sich hier mit gesteigerter Ausdruckskraft. Durch den Kopf und das Tränentuch Marias wird ein drittes Gesicht – vermutlich das Magdalenas – fast verdeckt, so daß es nicht erkennbar ist. Wenn Mantegna von den genannten Personen auch nicht viel mehr als die Gesichter zeigt, so wird doch deutlich, daß die Dargestellten an der Bahre des toten Christus knien, dessen Körper in seiner Leichenblässe fast unheimlich wirkt, weil der Künstler es wagt, ihn mittels der neugewonnenen Perspektive in starker Verkürzung darzustellen. So gleitet der Blick des Bildbetrachters von den verwundeten Füßen über die Hände mit den stark betonten Wundmalen und über die breite Brustpartie ganz allmählich zum Gesicht, dessen majestätische Züge zwar entspannt scheinen, aber noch immer von den überstandenen Qualen gezeichnet sind.

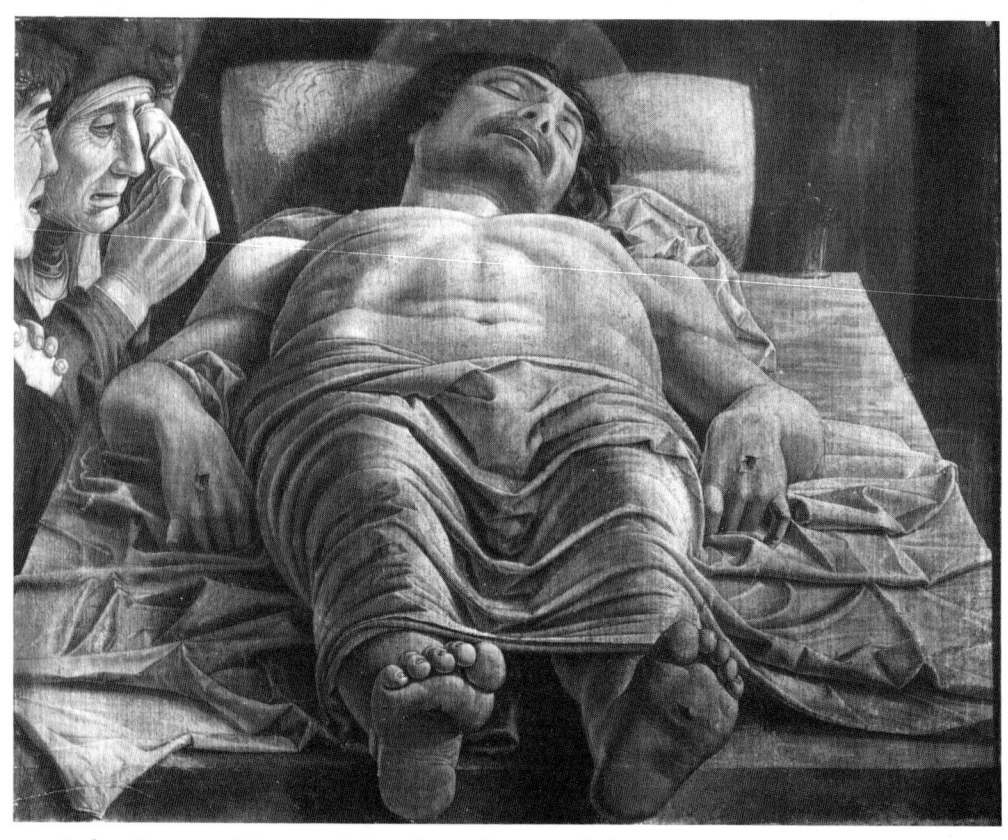

22   Andrea Mantegna (1431–1506), Beweinung des toten Christus. 1480

23   Andrea Mantegna (1431–1506), Maria mit Kind und Cherubim. 1485

24   Andrea Mantegna (1431–1506), Deckenmalerei in der Camera degli Sposi des Palazzo Ducale, Mantua. Um 1474

Mantegna gehört zu den Malern, die ihren Gestalten eine fast plastische Form geben. Das zeigte sich schon bei dem kleinen Engel des Veroneser Bildes (Abb. 21). Besonders deutlich wird es auf einem Tafelbild, auf dem Maria mit ihrem Kind im Kreis von Cherubim dargestellt ist (Abb. 23).

Vermutlich hat zu Mantegnas plastischer Malerei nicht zuletzt Donatello beigetragen, den der Künstler in Padua zwischen 1443 und 1453 kennen und schätzen gelernt hat, als der Bildhauer dort arbeitete. Hier nun wirkt die Madonna wie aus einer plastischen Masse geformt. Ihr Gesicht ist ebenmäßig schön und versonnen, ihre Hand, die das Beinchen des Jesus-Knaben hält, sensibel; und dieser blickt unter seinem Lockenhaar verträumt in die Höhe.

Den Hintergrund bilden Cherubim, eigentlich Flügel mit Kinderköpfchen, die fast alle Pausbacken, aber doch sehr verschiedene Physiognomien besitzen. Sie tummeln sich in den Wolken, so daß man meinen könnte, im Jahre 1485 habe das Barock-Zeitalter bereits begonnen.

Tatsächlich hat Andrea Mantegna Barockes vorweggenommen, und zwar schon vor 1485. Im Jahre 1460 war der Künstler Hofmaler des Markgrafen Lodovico Gonzaga in Mantua geworden, 1474 beendete er die Ausmalung der CAMERA DEGLI SPOSI im markgräflichen Schloß und überraschte Bewohner und Besucher mit einer illusionistischen Deckenmalerei, wie sie erst für den Barock typisch sein wird (Abb. 24).

25 Andrea Mantegna (1431–1506), Markgraf Lodovico Gonzaga und seine Gattin Barbara von Brandenburg mit Kindern und Hofleuten. Um 1474

Da öffnet sich das flache Gewölbe. Man blickt auf eine Balustrade, die aber gemalt ist. Vor ihr und hinter ihr tummeln sich Engelkinder. Man sieht Gesichter von Frauen und Mädchen, die in den Saal hinabblicken. Eine Gewächsschale und ein Pfau hinter der Balustrade deuten einen Dachgarten an, und über allem erstrahlt der blaue Himmel mit weißen Wolken.

Der Illusionsmalerei an der Decke entspricht die Scheinarchitektur einer Wand, die dem ersten Gruppenporträt der Kunstgeschichte als Rahmen dient. Dargestellt sind der Markgraf Lodovico Gonzaga und seine Gattin Barbara von Brandenburg, umgeben von ihren Kindern, ihren Hofleuten, einem Hauslehrer, einem Sekretär und einer Hofzwergin. Mantegna erweist sich hier als Porträtmaler von Rang und stellt abermals seine Vielseitigkeit unter Beweis (Abb. 25). Er gehört zu den bedeutendsten Künstlerpersönlichkeiten des Quattrocento, versteht sich auf die Zeichnung wie auf die Farbgebung und ist Naturalist und Meister der Perspektive. In der natürlichen menschlichen Gestalt sucht er nach Würde und Schönheit, um sie darzustellen. Er verfolgt also die Tendenzen des Renaissance-Zeitalters, während er mit seiner Illusionsmalerei Barockes bereits vorwegnimmt.

Leonardo da Vinci als Theoretiker und Praktiker der Renaissance-Malerei

Zu den großen Naturalisten gehört auch Leonardo da Vinci (1452–1519). Sehr deutlich zeigt das sein Bild mit dem Kirchenvater Hieronymus (Abb. 26). Der Heilige sitzt in einer Felsenhöhle, die den Ausblick in eine Landschaft freigibt. Wie auf dem Bild von Castagno (Abb. 13) schlägt er sich, entsprechend der Legende, zur Bekämpfung seiner Anfechtungen mit einem Stein auf die Brust. Die Figur bildet die Mitte des Bildes, während der zu Hieronymus gehörende Löwe organisch in die rechte untere Bildecke hineinkomponiert ist.

Man sieht dem halbnackten Heiligen an, daß Leonardo sich auf die Anatomie versteht. Muskeln, Sehnen und Knochen sind in dem mageren Büßerkörper exakt herausgearbeitet. Es ist das große Anliegen des Meisters, in seinen Bildern die Natur wirklichkeitsgetreu zu erfassen. Wir erkennen das nicht nur auf seinen Gemälden, sondern wissen es auch aus seinen Schriften und Aufzeichnungen. »Daher, o Maler, . . . sei beflissen, alle Dinge nach der Natur zu zeichnen«, so heißt es bei Leonardo.[22] Und an anderer Stelle schreibt er: »Wenn du die Malerei mißachtest, welche die einzige Nachahmerin aller offenbaren Werke der Natur ist, so mißachtest du eine feine Erfindung, die mit philosophischer und feinsinniger Überlegung alle Eigenschaften der Formen betrachtet: Lüfte und Landschaften, Pflanzen, Tiere, Gräser und Blumen, umgeben von Schatten und Licht. Und wahrlich ist diese Wissenschaft eine Tochter der Natur, weil die Malerei von dieser Natur geboren ist. Doch noch richtiger ausgedrückt, müßte man sie als Enkelin der Natur bezeichnen, weil alle offenbaren Dinge von der Natur hervorgebracht worden sind, die dann ihrerseits die Malerei geboren haben. Darum werden wir sie richtigerweise als Enkelin der Natur und mit Gott verwandt bezeichnen.«[23]

26 Leonardo da Vinci (1452–1519), Der hl. Hieronymus. 1480

Wenn Leonardo sich der Natur zuwandte, so tat er das nicht nur als Maler, sondern auch als Wissenschaftler. Er übertraf Leon Battista Alberti noch als *uomo universale;* denn er forschte in der Anatomie, Zoologie, Botanik, Geographie und Physik. Im Zusammenhang damit studierte er Mathematik. Er war als Ingenieur und auf vielen Gebieten als Erfinder tätig, beschäftigte sich mit Philosophie und Musik, und schließlich arbeitete er als Architekt, Bildhauer und vor allem als Maler.

Auf die Frage, was Leonardo denn zu seinem großen Wissensdrang veranlaßt habe, bekommt man von ihm selbst folgende Antwort: »Und, getrieben von meiner Neugierde, zog ich aus, die große Zahl der verschiedenartigen und seltenen Formen zu betrachten, die von der sinnreichen Natur geschaffen worden sind.«[24] Neugierde ist oft die Triebfeder für Wissenschaft und Kunst. Von Picasso, der in vielem grundverschieden von Leonardo, aber ihm in manchem ähnlich war, sagte sein Freund Jaime Sabartès: Er »ist wirklich auffallend neugierig ... Er ist neugieriger als alle anderen.«[25] Erklärend fügte Sabartès noch hinzu, daß die ungeheure Neugierde »nach Balzac eine unerläßliche Voraussetzung für einen guten Beobachter« sei.

Leonardo war einer der besten Beobachter, die es je gegeben hat. Er pries die »Welt des Auges« und bemühte sich um das *saper vedere,* um die Kunst des Sehens. Es stand für ihn fest, daß für den Wissenschaftler wie für den Künstler am Anfang aller Tätigkeit die Erfahrung stehen müsse. Leonardo hat sich nicht nur mit der Naturwissenschaft beschäftigt, er hat ihr auch eine neue Methode gegeben. Er stellte nicht mehr wie das Mittelalter naturphilosophische Betrachtungen an und begnügte sich nicht mehr mit einer fragwürdigen Naturbeschreibung, wie sie von Petrarca gerügt wurde, er ging vielmehr von der Erfahrung aus und suchte nach dem Gesetz, durch das eine Ursache zu ihrer Wirkung kommt. Leonardo drückt das so aus: »Die Erfahrung, Dolmetscher zwischen der

sinnreichen Natur und der menschlichen Art, lehrt: Was diese Natur unter dem Zwang der Notwendigkeit inmitten der Sterblichen wirkt, kann sie nicht anders wirken, als das Gesetz, ihr Steuer, zu wirken sie lehrt.«[26]

Was diese Einsicht für die Methode bedeutet, deren sich der Wissenschaftler bedienen muß, formulierte Leonardo folgendermaßen: »Und das ist die wahre Regel, nach der die Erforscher der von der Natur gesetzten Wirkungen vorzugehen haben: Während die Natur mit dem Gesetz beginnt und mit der Erfahrung endet, sind wir gezwungen, entgegengesetzt vorzugehen. Das heißt, wie ich oben sagte, wir müssen von der Erfahrung ausgehen und mit dieser das Gesetz erforschen.«[27]

Leonardo geht also als Naturwissenschaftler von der Erfahrung, vom Experiment, aus, um so das Gesetz zu finden, das er in einem Satz oder einer Formel fixiert. Dazu bedarf er aber der Mathematik. Leonardo da Vinci betonte das immer wieder: »Keine menschliche Forschung kann sich wahre Wissenschaft nennen, wenn sie ihren Weg nicht über mathematische Beweise nimmt.«[28] – »Keine Gewißheit gibt es, wo man nicht eine der mathematischen Wissenschaften anwenden kann.«[29] – »Und deshalb, ihr Studierenden, studiert die mathematischen Wissenschaften und baut nicht ohne Fundamente.«[30]

So hat Leonardo da Vinci der modernen Naturwissenschaft ihre Methode bereits vorgezeichnet, womit er zu ihrem Vorläufer wurde.

Auch die Malerei ist nach der Auffassung Leonardos eine Wissenschaft. Der Künstler muß wie der Wissenschaftler von der Beobachtung der Natur, von der Erfahrung, ausgehen und in seinem Werk das Gesetz der Dinge mit zur Anschauung bringen. Der Maler muß sich dabei, ebenso wie der Wissenschaftler, auf die Mathematik verstehen; denn er hat ja die dreidimensionale Wirklichkeit auf der zweidimensionalen Fläche darzustellen, und das geht nicht ohne die Kenntnis

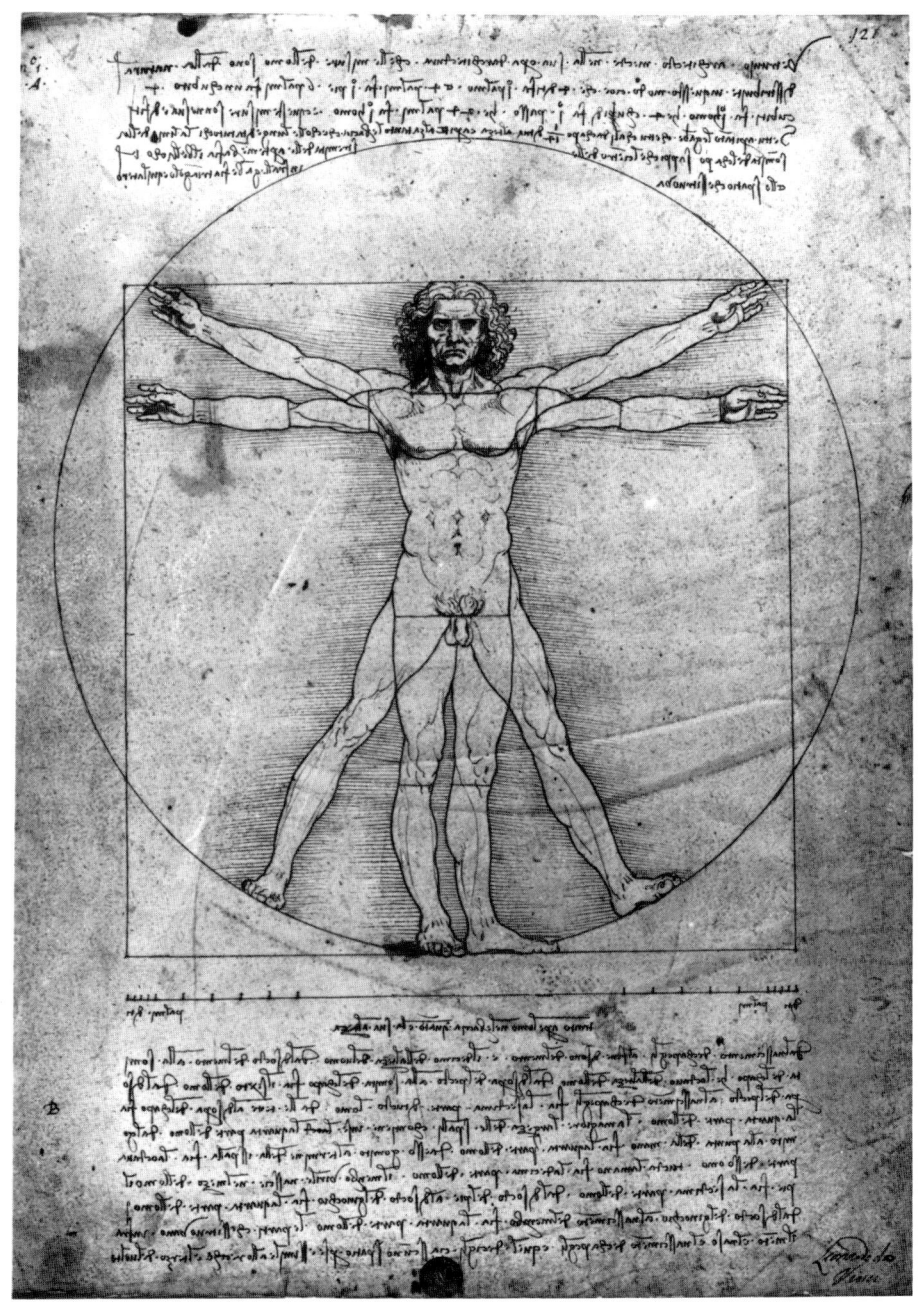

27   Leonardo da Vinci (1452–1519), Proportionskanon des Menschen. 1485–1490

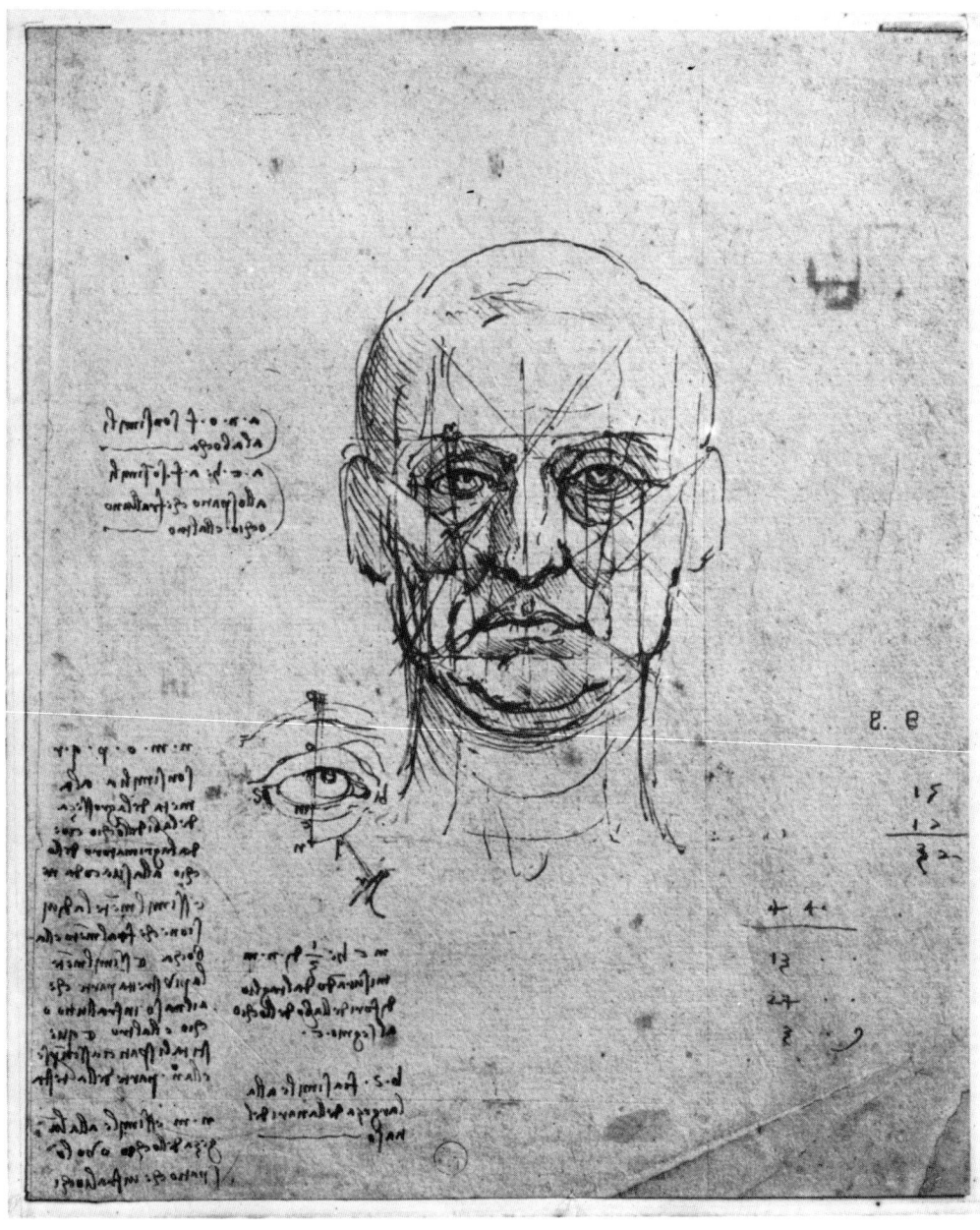

28   Leonardo da Vinci (1452–1519), Proportionen des menschlichen Gesichts

der mathematischen Zentralperspektive. »Die Perspektive ist Zügel und Steuer der Malerei«, sagte Leonardo.[31]

Der Mathematik zugehörig ist auch die Proportionslehre, und ohne diese kommt der Maler ebenfalls nicht aus. Will der Künstler beispielsweise in der Gestalt eines Menschen von den Unvollkommenheiten, die jedem Individuum anhaften, abstrahieren, um das Bild des vollkommenen Menschen, sein Urbild, also das Gesetz des Menschen, zu erfassen, so muß er die Proportion, das Maßverhältnis, kennen, nach dem der vollkommene Mensch gebaut ist. »Die Proportion ist nicht nur ein logisch-mathematischer, sie ist vor allem ein ästhetischer Grundbegriff.«[32] Luca Pacioli (um 1445–um 1510), Mathematiker aus dem Franziskanerorden, für dessen Buch *De divina proportione* Leonardo die Illustrationen zeichnete, nannte die Proportion »Mutter und Königin der Kunst«.

Von dem griechischen Bildhauer Polyklet (tätig 450–420 v. Chr.) bis zu dem modernen Architekten Le Corbusier (1887–1965) haben die Künstler nach dem Kanon gesucht, dem Richtmaß für die vollkommene Proportion. Leonardo hielt sich dabei an Vitruv, den berühmten Ingenieur und Architekten in der Zeit des Kaisers Augustus, der im ersten Kapitel seines dritten Buches der *Zehn Bücher über Architektur* die Maße des menschlichen Körpers und seiner Teile detailliert festlegt. Leonardo hat diese Angaben ins Bild umgesetzt (Abb. 27) und sich in seinen Anmerkungen, die wie alle seine Notizen in Spiegelschrift geschrieben sind, auf Vitruv bezogen. Auf einem anderen Blatt bemühte sich Leonardo darum, die Maße eines wohlproportionierten Gesichtes zu ergründen (Abb. 28).

Bei seinem Bemühen um die vollendete menschliche Proportion kamen Leonardo auch seine anatomischen Kenntnisse zugute. Wenn der Meister Leichen sezierte und danach seine anatomischen Zeichnungen anfertigte, dann tat er es oft nur aus rein wissenschaftlichem Interesse. Ein Beispiel dafür ist die Zeichnung eines weiblichen Rumpfes mit den freigelegten Organen von Thorax und Abdomen (Abb. 29) und den entsprechenden Notizen zu beiden Seiten. Studierte Leonardo dagegen Gelenke und Muskeln, dann dachte er dabei auch an seine Tätigkeit als Maler; wollte er nämlich den Menschen wirklichkeitsgetreu nach der Natur malen, mußte er die Anordnung und Funktion der Muskeln und Gelenke kennen. Seine zugleich wissenschaftlichen und künstlerischen Interessen veranlaßten Studien und Zeichnungen von der Muskulatur des menschlichen Körpers, wie wir sie auf einem Blatt in Turin finden (Abb. 30).

Leonardo wußte auch sehr genau, in welcher Weise der Maler sich der Anatomie bedienen muß, wenn sie seiner Kunst förderlich sein soll. So schrieb er: »Es ist notwendig, daß der Maler, um ein guter Darsteller der Gliedmaßen in den Stellungen und Gesten bei nackten Körpern zu sein, die Anatomie der Sehnen, Knochen, Muskeln und Fasern kenne, damit er bei den verschiedenen Bewegungen und Kraftanstrengungen wisse, welche Sehne oder welcher Muskel der Ursprung dieser Bewegung sei, und also nur diesen Muskel deutlich und angeschwollen mache und nicht alle am ganzen Körper, wie manche tun, die, um als großartige Zeichner zu erscheinen, ihre nackten Gestalten hölzern und ohne Anmut machen, so daß sie eher einem Sack voller Nüsse als einem menschlichen Äußeren gleichen, oder eher einem Bündel Rettiche als muskulösen nackten Körpern.«[33]

Auf die Anatomie und die Proportionslehre muß sich auch der Bildhauer verstehen. Die Perspektive braucht er nicht anzuwenden, da er ja die dreidimensionale Wirklichkeit dreidimensional wiedergibt und sie nicht wie der Maler in Zweidimensionalität umsetzen muß. Darum ist für Leonardo der Bildhauer auch nicht Wissenschaftler im Sinne des Malers, sondern mehr Handwerker. Leonardo rühmt am Maler noch manches andere, das wir ihn besser selbst aussprechen lassen:

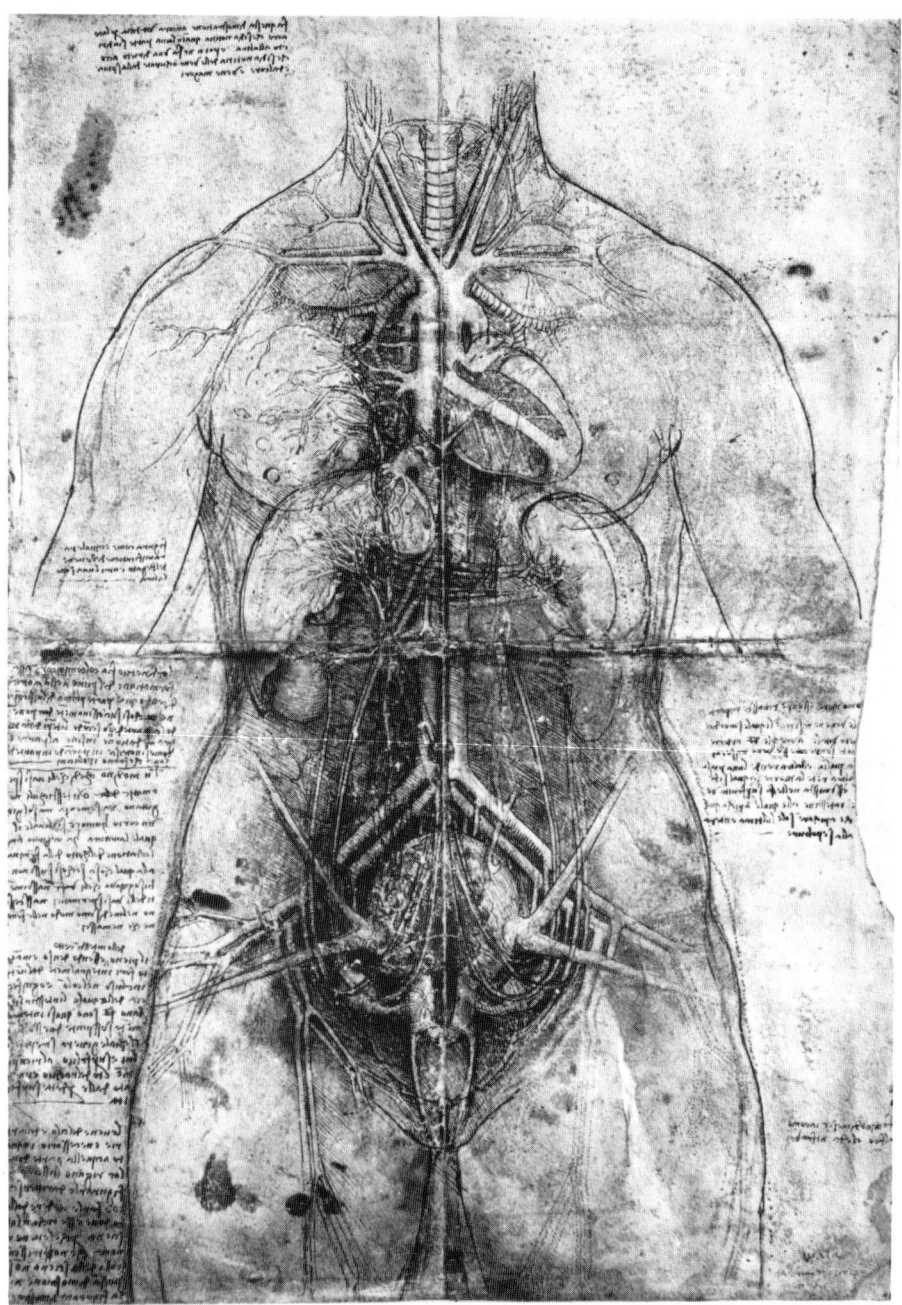

29   Leonardo da Vinci (1452–1519), Thorax und Abdomen eines weiblichen Körpers. Aus den Anatomie-Heften. Um 1512

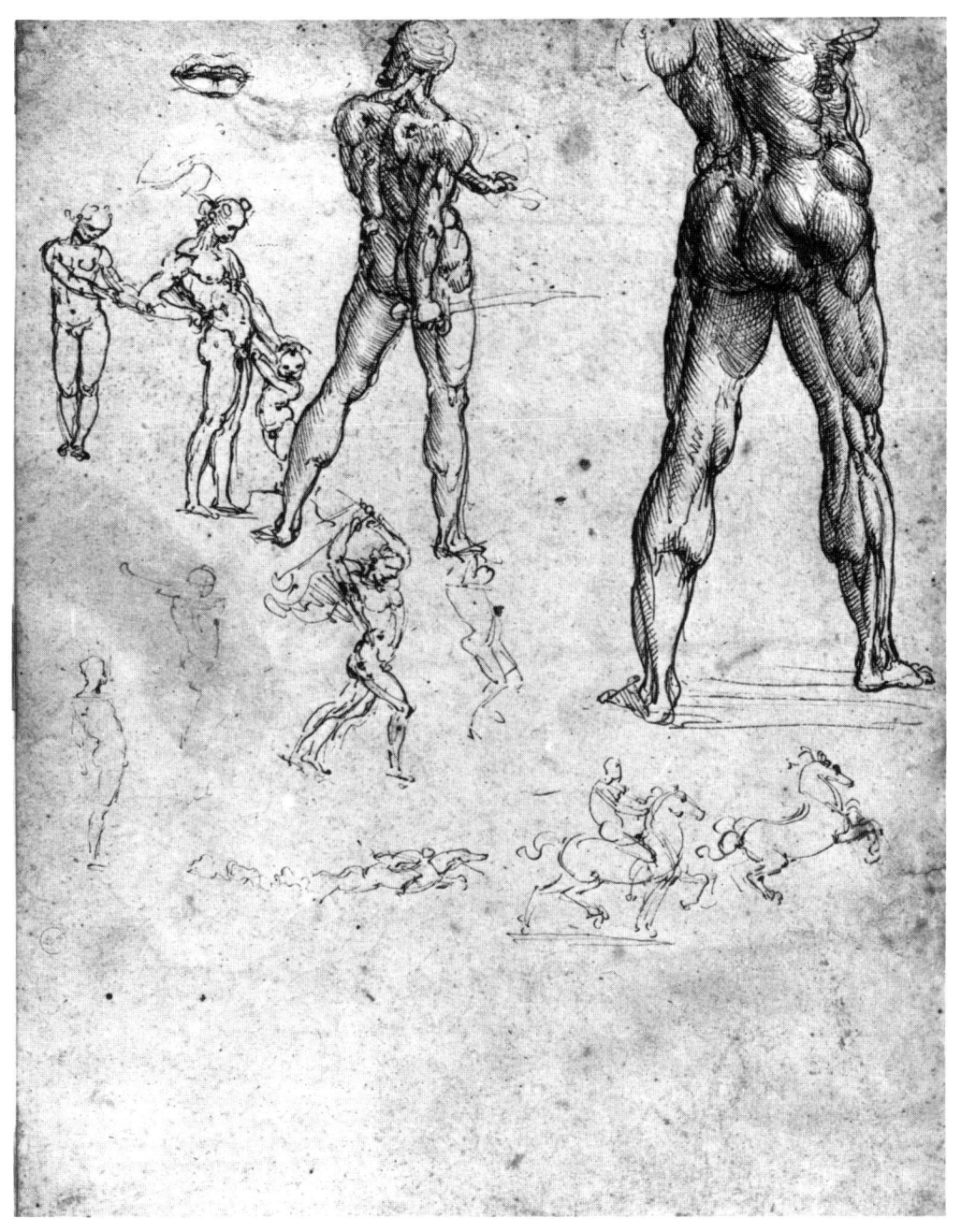

30   Leonardo da Vinci (1452–1519), Anatomische und künstlerische Studien

»Da ich mich nicht weniger in der Skulptur betätige als in der Malerei und die eine wie die andere in gleichem Grade übe, scheint es mir, ich könne mit geringer Anmaßung ein Urteil darüber abgeben, wie der einen von ihnen mehr Genie und Schwierigkeit und Vollendung eigen ist als der andern. Erstlich ist die Skulptur einer gewissen Beleuchtung unterstellt, nämlich der von oben, und die Malerei führt Licht und Schatten überall mit sich. Licht und Schatten bilden also das Hauptgewicht für die Skulptur. Dem Bildhauer hilft in diesem Fall die Natur des Reliefs, die jene von selbst erzeugt; der Maler bringt sie durch seine äußerliche Kunst an den Stellen an, wo die Natur sie vernünftigerweise hin machen würde. Der Bildhauer vermag nicht in der verschiedenfältigen Natur der Färbung der Dinge sich zu vermannigfachen; der Malerei fehlt es da in keinem Stücke. Die Perspektiven des Bildhauers scheinen nie etwas Wahres; jene des Malers führen Hunderte von Meilen ins Werk hinein. Die Luftperspektive ist ihrem Werke fremd. Sie können nicht die durchsichtigen Körper darstellen, nicht die leuchtenden darstellen, keine zurückgeworfenen Strahlen, noch blanke Flächen wie Spiegel und ähnliche glänzende Körper, keine Nebel, keine trüben Himmel und zahllose andere Dinge, von denen man nicht spricht, um nicht zu langweilen.«[34]

Leonardo schrieb seine Theorien zumeist in gereifterem Alter nieder, aber er befolgte sie schon früher, wie sein künstlerisches Werk zeigt. Dieses nahm seinen Anfang in der Werkstatt Andrea del Verrocchios (1436 bis 1488). Dorthin brachte der Notar Ser Piero seinen unehelichen 15jährigen Sohn Leonardo, den das Landmädchen Catarina in Anchiano bei Vinci geboren hatte. Als erstes Bild, an dem Leonardo entscheidend mitgearbeitet hat, gilt die »Taufe Christi« (Abb. 31), über deren Entstehung und Datierung es verschiedene Theorien gibt, die aber darin übereinstimmen, daß der linke Engel von Leonardo gemalt ist.

Der junge Maler läßt seinen Engel den Blick auf Christus richten. Er zeigt ihn in Dreiviertelansicht, was eine kunstvolle Verkürzung der Linien des Gesichts erfordert. Die Falten des Gewandes verdanken ihre deutliche Modellierung den Lichtern und farbigen Schatten, während das Gesicht des Engels mit den sehnsuchtsvoll-bewundernden Augen von einem verklärenden Licht beschienen wird, das über das Blondhaar, dem Spiel der gekräuselten Locken folgend, zum Rücken hin herabfließt (Farbtafel 2). Auch die Landschaft hinter den Engelköpfen wurde von Leonardo gemalt. Sie unterscheidet sich von den oft noch kulissenhaft wirkenden Landschaftshintergründen der Zeitgenossen durch ihre Naturnähe. Man kann Vasari zustimmen und ihm Glauben schenken, wenn er in seiner Biographie Leonardos schreibt: »Obgleich er noch jung war, führte er diese Gestalt so vollendet aus, daß sie mehr Anklang fand als die Figuren des Andrea. Dieser wollte fortan keine Farben mehr anrühren, weil er betrübt war, daß ein Jüngling mehr konnte als er.«[35]

Besonders typisch für die Malkunst Leonardo da Vincis ist seine »Anbetung der Könige« (Abb. 32), die der Künstler 1481 für das Kloster S. DONATO A SCOPETO bei Florenz in Auftrag bekam, die aber unvollendet blieb, weil er 1482 von Lodovico il Moro nach Mailand berufen wurde. Gerade in diesem Bild zeigt sich Leonardos Zug zum Universalen. Den Vordergrund beherrscht die pyramidenförmig komponierte Szene mit Maria und dem Jesus-Kind, das die Weisen anbeten. Während über die rechte Schulter der Madonna ein Alter – vielleicht Joseph – blickt, hat sich rechts eine Gruppe – vermutlich von Hirten – formiert, deren bewegte Figuren durch ihre ergriffenen Gesichter auffallen. Wie wir es schon vom »Hl. Hieronymus« (Abb. 26) her kennen, bemüht sich Leonardo, den nach der Natur gemalten Körper zum Ausdruck der Seele und ihrer Empfindungen und Gefühle zu machen. Es dienen ihm dazu außer der Expressivität der Gesichter nach

31 Andrea del Verrocchio (1436–1488), Taufe Christi. 1472–1475. Den linken Engel malte Leonardo
da Vinci (vgl. Farbtafel 2)

seinen eigenen Worten auch Gebärden und Bewegungen.

In der Mitte des Bildes stehen eine Steineiche und eine Palme. Zwischen beiden sieht man Engelgesichter von schöner Anmut, links daneben einen Pferdekopf und im Vordergrund – ganz rechts und ganz links, wie zur Begrenzung der Szene – einen alten und einen jungen Mann, einen Philosophen und, wie einige meinen, den Maler selbst.

Den Hintergrund bilden eine perspektivisch gemalte Ruine, Figuren und Pferde in vielerlei Stellungen, teilweise mit kämpfenden Reitern; und man weiß nicht, ob Men-

32   Leonardo da Vinci (1452–1519), Anbetung der Könige. 1481

33   Leonardo da Vinci (1452–1519), Madonna mit Kind. Detail aus: Anbetung der Könige (vgl. Abb. 32)

34   Leonardo da Vinci (1452–1519), Skizze zu: Anbetung der Könige (vgl. Abb. 32)

35   Leonardo da Vinci (1452–1519), Felsgrottenmadonna. 1483–1486

36 Leonardo da Vinci (1452–1519), Kopf Mariens. Detail aus: Felsgrottenmadonna (vgl. Abb. 35)

schen und Tiere etwas mit dem Troß der Könige oder mit der untergehenden heidnischen Welt zu tun haben. Indem Leonardo die Hintergrundfiguren bewußt unscharf erscheinen läßt, gibt er dem Bild eine besondere Tiefe.

Die zentrale Gestalt der Darstellung ist Maria mit dem Jesus-Knaben (Abb. 33), einem recht eigenwilligen Kind, das mit der Linken nach dem Geschenk des Königs greift, während die Rechte zum Segnen erhoben ist. Die Mutter sieht dem mit Wohlgefallen zu, so daß die herabblickenden Augen durch die schweren Lider fast verdeckt sind. Sie ist nicht mehr das junge, beinahe kindhafte Mädchen wie auf früheren Madonnenbildern Leonardos, sondern eine wissende, gereifte junge Frau mit schönen Zügen.

Auf der ersten Skizze zur »Anbetung«, auf der vieles noch ganz anders als im späteren Gemälde dargestellt ist, sehen wir die Könige nackt (Abb. 34). Das entspricht ganz der Auffassung italienischer Künstler, vor allem zur Zeit der Renaissance. Man begreift die Gestalt nicht von ihrer Erscheinung her, sondern von ihrer Struktur. So gab schon Leon Battista Alberti (1404–1472) die Anweisung, die Gestalten zunächst nackt zu zeichnen und sie dann erst zu bekleiden. Auch Leonardo hielt sich an diese Doktrin.

- Um ein Madonnenbild handelt es sich auch bei jener Darstellung, zu der Leonardo den Auftrag 1483 für die KAPELLE DER UNBEFLECKTEN EMPFÄNGNIS in der Mailänder Kirche S. FRANCESCO GRANDE bekam. Das Andachtsbild befindet sich heute im LOUVRE in Paris und ist unter dem Namen »Felsgrottenmadonna« bekannt (Abb. 35).

Maria hat ihre Rechte auf die Schulter des knienden kleinen Johannes gelegt, der sich betend dem Jesus-Kind zuwendet, das im Schutze eines Engels am Boden sitzt und seinen kleinen Freund segnet. Das heilige Geschehen ist in eine Landschaft gestellt, die aus Felsgestein und Blattwerk besteht, deren Details vom Künstler mit äußerster Genauigkeit nach dem Vorbild der Natur gemalt sind. Der Lichtnebel, in den hinein der Durchblick zwischen den Felsen fällt, wirkt in seiner gelb-goldenen Atmosphäre dagegen fast unirdisch.

Der fromme kleine Johannes und der ernst blickende, segnende Jesus-Knabe sind mit ihren rundlichen Formen echte Kinder. Dem Engel mangelt es nicht an weiblichem Reiz. Er schaut auf den Beter vor dem Andachtsbild und deutet mit ausgestrecktem Zeigefinger auf Johannes, so daß der Betrachter zum Bildgeschehen in Beziehung gesetzt wird. Maria hält die Linke wie eine Bedachung über Engelshand und Jesus-Knaben, aber es liegt etwas beinahe unheimlich Greifendes in dieser Geste.

Das Gesicht der Madonna ist von großer Schönheit (Abb. 36). Wie bei der Mariengestalt auf dem Anbetungsbild (Abb. 33) senken sich die Lider weit über die Augen. Doch während dort an Gesicht und Hals umreißende Linien noch nicht fehlen, wird hier ganz auf sie verzichtet. Die Modellierung erfolgte nur durch Licht und Schatten. Leonardo bediente sich des *sfumato*, der »verrauchten« Umrisse. Durch sie bekommen Physiognomien oft etwas Geheimnisvoll-Ätherisches, während über ganzen Bildern, die so gemalt sind, ein leichter Schleier von atmosphärischem Dunst zu liegen scheint.

Und noch ein Unterschied: Das Gesicht Mariens auf dem Anbetungsbild wirkt individueller, lebendiger und sprechender als das der Felsgrottenmadonna. Hier mündet Persönliches in den Ausdruck allgemeingültiger, vollkommener Schönheit; und damit vollzieht sich der Übergang von der Früh- zur Hochrenaissance. Von Leonardo als Repräsentanten der Hochrenaissance soll aber erst in einem späteren Kapitel dieses Buches die Rede sein.

Lorenzo Ghiberti als Schöpfer zweier Bronzetüren des Florentiner Baptisteriums

Unter den Plastikern der italienischen Frührenaissance wäre zuerst Lorenzo Ghiberti (1378–1455) zu nennen. Er arbeitete auch als Goldschmied und Maler, vor allem aber als Bildhauer. Seine für die kunstgeschichtliche Entwicklung bedeutendsten Arbeiten sind zwei Türen am BAPTISTERIUM von Florenz.

Schon 1338 hatte das BAPTISTERIUM eine Bronzetür bekommen, die von Andrea Pisano (um 1295–1349) geschaffen und als Eingang zu einem Taufhaus mit Szenen aus dem Leben des Täufers geschmückt worden war.

Zu Anfang des Quattrocento, als die Kunst in Florenz aufzublühen begann, wollte man einem weiteren Portal des BAPTISTERIUMs eine Bronzetür geben und veranstaltete einen Wettbewerb, den der junge Ghiberti – sogar gegen die Konkurrenz eines Filippo Brunelleschi – gewann. Die Arbeit dauerte 21 Jahre und wurde 1424 abgeschlossen (Abb. 37).

Rein äußerlich betrachtet, unterscheidet sich die Tür Lorenzo Ghibertis nicht wesentlich von der Andrea Pisanos. Die Türen beider Künstler bestehen aus zwei Flügeln, sind in 28 Felder aufgeteilt und zeigen in jedem Feld eine Szene innerhalb eines Vierpaßrahmens. Vasari beschreibt sehr anschaulich, wie die Tür entstand und was auf ihr dargestellt ist. Es heißt in der Biographie Ghibertis: »Lorenzo . . . verfertigte für einen Flügel derselben einen hölzernen Blendrahmen, genau wie es nachmals in Metall werden sollte, mit den Einfassungen und den Verzierungen der

Köpfe und den Vierungen um die mit Figuren ausgefüllten Bilder, zusammen mit den Friesen, welche ringsumher laufen. Hierauf arbeitete er mit allem Fleiß die Form, ließ sie trocknen und mietete zu seinem Zweck eine Werkstätte SANTA MARIA NUOVA gegenüber, wo heutzutage das Spital der Weber ist und welche damals die Tenne genannt wurde. Dort baute er einen sehr großen Schmelzofen, den ich mich erinnere noch gesehen zu haben, und goß besagten Blendrahmen in Metall. Das Schicksal wollte, daß es nicht wohl gelang. Lorenzo erkannte den Fehler und verfertigte, ohne zu erschrecken oder den Mut zu verlieren, eilig und ohne daß jemand davon wußte, eine neue Form, wiederholte den Guß und sah ihn trefflich gelingen. In dieser Weise setzte er die Arbeit fort, indem er jede Szene für sich allein goß und sie dann geputzt und gereinigt an ihrer Stelle einfügte; die Verteilung der Darstellungen war der ähnlich, welche der Andrea Pisano bei der ersten Türe nach einer von Giotto verfertigten Zeichnung beobachtet hatte. Hier stellte Lorenzo zwanzig Begebenheiten aus dem Neuen Testament dar und in acht ähnlichen Füllungen Dinge, welche mit jenen in Verbindung standen. Zu unterst sieht man die vier Evangelisten, zwei auf jedem Türflügel, und darüber die vier Kirchenlehrer, welche in Stellungen und Gewändern verschieden sind; einer schreibt, einer liest, einer sinnt, und indem jeder auf andere Weise sich zeigt, sind sie in ihrer Bewegtheit sehr wohl dargestellt. In

37 Lorenzo Ghiberti (1378–1455), Nördliche Bronzetür des Baptisteriums mit Szenen aus dem Neuen Testament, Florenz. 1402–1424

38 Lorenzo Ghiberti (1378–1455), Verkündigung an Maria. Feld der nördlichen Bronzetür des Baptisteriums, Florenz (vgl. Abb. 37)

den Friesen, welche die Bildfelder umgeben, brachte er Zierat von Efeublättern und anderem Laubwerk an, dazwischen Simsglieder und auf jeder Ecke einen männlichen oder weiblichen Kopf, ganz erhaben gearbeitet; sie stellen Propheten und Sibyllen dar und geben durch ihre Schönheit und Mannigfaltigkeit den seltenen Geist Lorenzos kund.«[36]

Zu den besonders typischen Darstellungen auf dieser Tür gehört die Verkündigung an Maria (Abb. 38). Die Jungfrau steht in einer nischenartigen Architektur. Alles bewegt sich auf sie zu: der grüßende Engel, der am Himmel erscheinende Vatergott und die Taube des Heiligen Geistes, die er aus seinen Armen entläßt.

Das Relief hat die Form eines Hochreliefs, so sehr, daß die beiden Hauptfiguren wie Vollplastiken vor ihrem Hintergrund stehen. Noch klingt Gotisches nach, was sich allein schon im »gotischen Schwung«, in der S-Linie, der Mariengestalt zeigt. Die Gesichter von Engel und Jungfrau drücken ihre Gefühle aus; es sind ganz natürliche Menschengesichter, ernst und schön, aber nicht schön im Sinne einer klassizistischen Überformung.

Auch in der Plastik bedeutet Renaissance nicht Wiedergeburt der Antike im Sinne klassizistischer Nachahmung. Gewiß, Lorenzo Ghiberti gilt als einer der ersten Sammler antiker Skulpturen. Aus seinem schriftstellerischen Werk, den *Commentarii*, wissen wir auch, daß er antike Autoren wie Varro, Vitruv und Plinius kannte und schätzte. Mit seiner Kunst aber wollte er nicht Antikes wiederbeleben. Er spricht zwar von *rinascere,* was »von neuem geboren werden« heißt. Es bedeutet aber auch »sich erneuern«. Und das will Lorenzo Ghiberti: daß die Kunst in seinem Zeitalter sich erneuert, wiedergeboren wird. Und er nimmt damit im Kern vorweg, was Vasari ein Jahrhundert später mit seinem Begriff *rinascita = Wiedergeburt* ausdrücken wird.

Für Vasari steht fest, daß die Künste am Ende der Antike, zur Zeit Konstantins, in Verfall geraten sind. Byzantinische und mittelalterliche Kunst bedeuten für ihn Verfallserscheinungen. Die *rinascita,* die Erneuerung, kommt dann erst bei Cimabue und vor allem bei Giotto, die sich wieder an das Vorbild der Natur halten. *Rinascita* bedeutet für Vasari also nicht Wiedergeburt der Antike, sondern Wiedergeburt der Kunst, weil sich die Künstler, wie es auch die Künstler der Antike taten, von neuem an der Natur orientierten.

Das Wort *rinascita* bezeichnet eine Kunsterneuerung und nicht ein Zeitalter wie das Wort *renaissance* oder *rinascimento.* Der Zeitalterbegriff, wie wir ihn heute gebrauchen, stammt erst aus der Zeit um 1820. Er hat viele dazu verführt, unter Renaissance Wiedergeburt der Antike zu verstehen und dem Zeitalter einen klassizistischen Anstrich zu geben. Gewiß, die Antike war – wie wir bereits gesehen haben und noch sehen werden – auf das Zeitalter der Renaissance nicht ohne Einfluß. In der Kunst aber handelt es sich nicht zuerst um Nachahmung der Antike als vielmehr darum, daß die Künstler der Renaissance ähnliche Tendenzen und Ziele verfolgten wie die Künstler der Antike. Anschaulich wird das in etwa auch auf den Reliefs einer weiteren Bronzetür, die Ghiberti für das BAPTISTERIUM in Florenz arbeitete (Abb. 39).

Weil Lorenzos Tür überall so viel Anklang fand und der Stadt Florenz großes Lob einbrachte, gaben die Obermeister der Kaufmannszunft dem Künstler den Auftrag zu einer neuen Tür für das BAPTISTERIUM, das zu diesem Zeitpunkt drei Eingänge, aber nur zwei kostbare Türen besaß. Diese neue Bronzetür sollte mit Szenen aus dem Alten Testament geschmückt werden. Um die rechte Auswahl treffen zu können, zog man angesehene Humanisten wie Leonardo Bruni und Ambrogio Traversari heran, die allerdings sehr kontroverse Ansichten vertraten, was die Entscheidung nicht einfach machte.

Im Unterschied zu den beiden übrigen Türen teilte Ghiberti die neue nicht in 28, sondern nur in zehn Felder auf und gab den beiden Flügeln je einen Rahmen mit stehen-

39 Lorenzo Ghiberti (1378–1455), Östliche Bronzetür (Paradiestür) des Baptisteriums, Florenz, mit Szenen aus dem Alten Testament. 1425–1452

den und liegenden Figuren, mit Köpfen, von denen einer das Selbstbildnis des glatzköpfigen Künstlers darstellt, und mit allerlei Ornament. Die Aufteilung der alttestamentlichen Geschichten auf nur zehn Felder bedeutete aber nicht nur die Vereinigung mehrerer Szenen in einem Feld, sondern auch eine völlig neue Reliefbearbeitung, wie die erste Tafel der Tür zeigen mag (Abb. 40).

Auf der Tafel sind vier Szenen dargestellt: links unten die Erschaffung Adams durch Gott-Vater, in der Mitte das Hervorrufen der von Engeln gestützten Eva aus der Rippe Adams durch denselben Vatergott, links daneben der Sündenfall und rechts die Vertreibung aus dem Paradies, zu welcher der gestrenge Gott mit einem großen Aufgebot von Engeln am Himmel erschienen ist.

40 Lorenzo Ghiberti (1378–1455), Erschaffung von Adam und Eva, Sündenfall und Vertreibung. Erstes Feld der Paradiestür des Baptisteriums, Florenz (vgl. Abb. 39)

Auf dieser Tür sind nicht mehr die entscheidenden Figuren wie bei den anderen Türen in Hochrelief ausgeformt und in einen Vierpaßrahmen hineingestellt. Jedes Feld bildet hier einen einheitlichen Bildraum, der entweder von einer Architektur oder – wie bei der Szenerie mit Adam und Eva – von einer Landschaft beherrscht ist. Der Bildraum ist analog einem Gemälde perspektivisch durchkonstruiert; und tatsächlich geht hier das Relief beinahe in Malerei über, sofern es nämlich von der Hochreliefform im Vordergrund nach hinten zu immer flacher wird, um im ganz abgeflachten Bas-Relief zu enden, das schon der Malerei verwandt ist.

Die Schöpfungsgeschichte gibt Ghiberti Gelegenheit, den nackten Menschen in vollendeter Körperlichkeit darzustellen. Indem der Plastiker der beginnenden Renaissance-Zeit das tut, ahmt er antike Kunst nicht nach, aber er bemüht sich, ebenso wie der antike Bildhauer den menschlichen Körper in vollkommener Schönheit zu gestalten.

Die östliche Tür des Florentiner BAPTISTERIUMS, die Ghiberti von 1425 bis 1452 schuf, heißt heute ganz allgemein Paradiestür, weil Michelangelo nach einer Mitteilung von Vasari gesagt haben soll, sie sei so schön, daß sie an den Pforten des Paradieses stehen könne.

Jacopo della Quercia auf dem Weg zur Klassik

Ein ähnliches Bemühen um die Darstellung menschlicher Schönheit wie bei Ghiberti finden wir auch bei dem um wenige Jahre älteren Jacopo della Quercia (um 1374–1438) aus Siena, der am Wettbewerb um den Auftrag für die Arbeiten an der Florentiner Baptisteriumstür teilnahm.

Im Jahre 1405 war Ilaria del Carretto gestorben, die noch junge Gattin des Herrn von Lucca, Paolo Guinigi. Jacopo della Quercia hatte schon als 30jähriger einen solchen Namen, daß man ihn beauftragte, für den DOM VON LUCCA den Sarkophag zu arbeiten (Abb. 41). Er schuf ihn kastenförmig und zierte ihn an allen Seiten mit einer früchteschweren Girlande, die von Eroten getragen wird, wie er sie von antiken Sarkophagen her kannte, denen er aber Aussehen und Bewegung nach eigenem Geschmack verlieh.

Ilaria ist auf dem Sarkophagdeckel liegend und in voller Größe dargestellt. Ihr Kopf ruht auf weichen Kissen. Zu ihren Füßen befindet sich ein Hündchen als Symbol der Treue. Das Gewand mit den parallel verlaufenden weichen Falten, die nach unten zu in leichten Schwüngen aufsteigen, gemahnt noch an die Gotik. Über dem Gesicht liegt ein Schimmer gotischer Innerlichkeit (Abb. 42), aber in der Ebenmäßigkeit der weich modellierten, entspannten Züge kündigt sich bereits eine neue Klassik an.

Den Sinn für Klassisches bewies della Quercia in fast allen seinen Werken, bis hin zu seinen Reliefs, die er in den letzten 13 Jahren seines Lebens für das Hauptportal der Kirche S. PETRONIO in Bologna arbeitete. Betrachten wir nur die Erschaffung Adams (Abb. 43). Gewiß, es handelt sich noch nicht um Klassisches, wenn ein Mensch nackt dargestellt ist. Auch ist das formal Klassische nicht schlechthin Maßstab für Qualität. Das Relief Jacopos wirkt auf den Betrachter aus vielerlei Gründen. Mit Anteilnahme nimmt man wahr, wie der greisenhafte Gott-Vater die Erde betritt, die Faltenfülle seines Gewandes mit der Linken festhält

41   Jacopo della Quercia (um 1374–1438), Sarkophag der Ilaria del Caretto. 1405 und später
42   Jacopo della Quercia (um 1374–1438), Kopf der Ilaria. Detail der Sarkophag-Figur (vgl. Abb. 41)

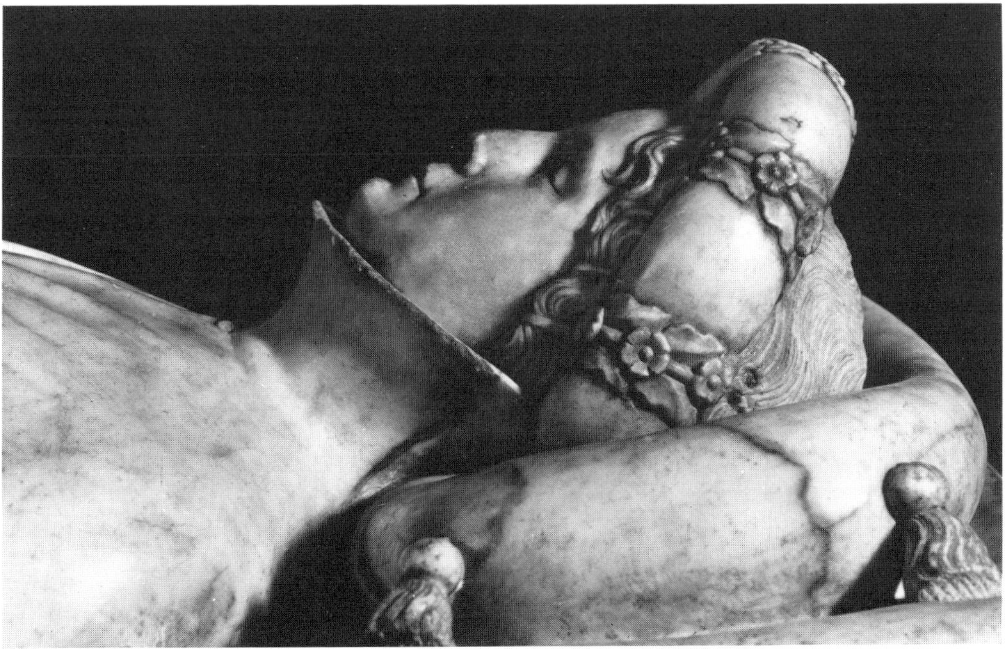

43   Jacopo della Quercia (um 1374–1438), Die Erschaffung Adams. Detail aus dem Relief des Hauptportals von San Petronio, Bologna. Um 1425–1438

und die Rechte segnend Adam zuwendet, den er mit intensivem Blick zum geistig-seelischen Leben erweckt. Adam liegt unter einem Baum mit großen bewegten Blättern. Sein Auge hängt an den Blicken seines Schöpfers. Seinem Leib mit den großen Füßen und den plumpen Händen fehlt noch manches zur Vollkommenheit. Doch unverkennbar ist Jacopos Sinn für die Proportionen des Körpers.

Die Künstler der klassischen Antike legten großen Wert auf Harmonie. Das Wort »Harmonie« kommt vom griechischen *harmotto*, und das heißt: ich füge zusammen, nämlich so, daß die Teile untereinander und zum Ganzen »passen«, also wohlproportioniert sind. Dazu aber ist nötig, daß in einem Körper, der harmonisch sein soll, die Teile bei allem organischem Zusammenhalt als einzelne sichtbar und erkennbar sind. Die antiken Künstler arbeiteten deshalb die Brust, die Rippenbögen, die Leistenlinien, die Gelenke, die Muskelpartien sichtbar heraus. Um gleiches bemüht sich auch Jacopo della Quercia bei seinem Adam auf dem Erschaffungsbild und bei anderen nackten Figuren. Er beweist damit seinen Sinn für das Harmonische im Geiste der klassischen Antike.

Berühmtester Bildhauer der Frührenaissance: Donatello

Klassische Elemente finden sich auch in der Kunst Donatellos (1386–1466), der eigentlich Donato di Niccolò di Betto Bardi hieß und als der größte Bildhauer der italienischen Frührenaissance gilt. Zwischen 1404 und 1407 arbeitete er in der Werkstatt Lorenzo Ghibertis; und er hatte schon einige beachtliche Skulpturen geschaffen, als er um 1415 den Auftrag bekam, eine Marmorfigur des hl. Georg zu meißeln (Abb. 44).

An allen vier Außenwänden der Kirche ORSANMICHELE in Florenz sieht man Nischen mit Heiligenfiguren, bei denen es sich um die Schutzpatrone der verschiedenen Zünfte handelt. Von Donatello stammt unter anderem der hl. Georg, der jetzt in einer Bronzekopie in seiner Nische steht, während das Original im BARGELLO-MUSEUM aufbewahrt wird. Auftraggeber war die Zunft der Waffenschmiede.

Es lag schon in der Art des Auftrags, daß Donatello seinen Georg mit einer gut sitzenden Rüstung bekleiden mußte. So schuf der Künstler einen jungen Mann von schönem Wuchs, dessen klassische Oberkörperformen sich deutlich abzeichnen. Die Waffen fehlen, es blieb nur noch der Schild, aber die Haltung Sankt Georgs wirkt kämpferisch und selbstbewußt.

Das Gesicht des jungen Georg (Abb. 45) weist schöne Proportionen auf. Durch seine Wohlgeformtheit wird es aber nicht zu einem Gesicht von klassisch griechischer Art, weil in den Zügen viel mehr Individuelles und Persönliches als in Griechen-Gesichtern liegt. Man könnte viel eher eine Verwandtschaft zwischen dem toskanischen Georg und den in der Toskana einst ansässigen Etruskern feststellen; und mit Recht hat man auf die Ähnlichkeit mit dem etruskischen »Malvolta« hingewiesen.

Am Sockel der Nische des hl. Georg befindet sich ein Relief, auf dem eine alte Legende dargestellt ist (Abb. 46). Nach dieser lebte in einem See bei der Stadt Silena in Libyen ein Drache, der mit seinem Gifthauch die Luft verpestete. Die Bewohner mußten ihm Schafe und Menschen opfern, schließlich die Königstochter, die aber gerettet wurde, weil Sankt Georg den Drachen besiegte. Den Drachenkampf im Beisein der

44 Donatello (1386–1466), Der hl. Georg.
Um 1416–1420

Königstochter zeigt das Relief, mit dem Donatello eine ganz neue Darstellungsart beginnt.

Im Zusammenhang mit Leonardo da Vinci war davon die Rede, daß der Bildhauer im Gegensatz zum Maler der Perspektive nicht bedürfe, weil er ja die dreidimensionale Wirklichkeit dreidimensional wiedergibt. Das trifft auch für das Relief zu, sofern die Figuren sich von einem mehr oder weniger abstrakten Hintergrund als verhältnismäßig selbständige Gebilde abheben. Donatello hat nun mit seiner Drachentöter-Darstellung eine neue Reliefform geschaffen. Die Italiener sprechen vom *rilievo schiacciato*, vom abgeflachten Relief, und meinen damit ein Relief, das einem Gemälde ähnlich ist, weil es trotz seiner Flächenhaftigkeit in die Tiefe geht, die mit perspektivischen Mitteln erreicht wird. Es entsteht ein Raum, der alles Dargestellte in sich aufnimmt, es in verschiedener Abstufung und Tiefe erscheinen läßt, so daß sich wie bei der Malerei von Tonwerten sprechen läßt. Beim Drachentöter-Relief spielt sich das Geschehen in einem perspektivisch durchkonstruierten Raum ab. Der Weg in die Tiefe verläuft auf der Bühne diagonal – von der Königstochter über den kämpfenden Reiter zum Drachen –, während die bildeinwärts sich verkleinernde rechte Seitenwand zu Hügeln und Bäumen führt, die ganz flach sind und dazu fast transparent anmuten. Von diesem Relief empfing auch Donatellos Lehrer Lorenzo Ghiberti Anregungen, die bei den Arbeiten an der Paradiestür im zweiten Viertel des Quattrocento Frucht trugen.

Finden sich in der Gestalt des hl. Georg bereits Ansätze zum Klassischen, so sind diese weiterentwickelt beim David (Abb. 47). Wenn man den jungen biblischen Helden in seiner nackten Körperlichkeit sieht, denkt man an Figuren von Praxiteles, dem griechischen Bildhauer des 4. Jahrhunderts v. Chr. Es ist aber ganz unwahrscheinlich, daß Donatello Praxiteles kannte. Wir wissen überhaupt nicht, welche Originalwerke oder Kopien antiker Kunst er gesehen hat. Zwischen 1402 und

45   Donatello (1386–1466), Kopf des hl. Georg. Detail der Statue (vgl. Abb. 44)

46 Donatello (1386–1466), Relief an der Basis der Nische des hl. Georg (vgl. Abb. 44)

1404 war er mit seinem älteren Freund Brunelleschi in Rom und hatte mit ihm zusammen antike Denkmäler studiert. 1431 ging er noch einmal in die Ewige Stadt, dieses Mal, um eine Grabtafel für S. MARIA in Aracoeli zu schaffen und ein Tabernakel für ST. PETER zu entwerfen. Auch jetzt sah er sich in Rom genau um, aber es beschäftigte ihn nicht nur das Altertum, sondern auch das Mittelalter.

Ganz gewiß ist die Betrachtung antiker Denkmäler an Donatello nicht spurlos vorübergegangen. Sie veranlaßte ihn aber nicht zur Imitation gesehener Kunstwerke. Selbst sein so klassisch empfundener David, der als erste freistehende Aktfigur seit der Antike gilt, ist nicht nach Vorbildern antiker Kunst, sondern nach dem Vorbild der Natur geformt. Nach Vasari gab es sogar Künstler, die in der Figur die Abformung einer natürlichen menschlichen Gestalt sahen.

Donatello nahm sich ganz gewiß für seinen David die Natur zum Vorbild, korrigierte aber alle Unvollkommenheiten und bildete so den vollkommen schönen menschlichen Körper. Damit imitierte Donatello nicht Werke der griechischen Antike, sondern er arbeitete in der gleichen Weise wie die antiken Künstler, indem er im unvollkommenen Abbild das vollkommene Urbild erkannte und dieses darstellte.

Im übrigen entdeckt man bei Donatellos David mancherlei, was bei antiken Plastiken kaum zu finden sein dürfte. Gemeint ist zuerst einmal die Basis der Figur: die von einem Kranz umflochtene Fußplatte, das helmgeschmückte abgeschlagene Haupt Goliaths, die hohen Stiefelschäfte und der auf das Riesenhaupt gesetzte Fuß.

Auch der Kopf Davids läßt nicht an antike Plastiken denken (Abb. 48). Bei diesen sind Kopfbedeckungen selten. Wenn sie aber eine Kopfbedeckung tragen, dann ist es ein Helm. David dagegen trägt einen blättergeschmückten Hut, der tief in die Stirn reicht. Die Augen, die von ihm beschattet werden, blicken zu Boden. Unter der gebogenen Nase erscheint ein sprechender Mund. Die Züge wirken individuell, kurzum: Bei dem Gesicht handelt es sich um eine einmalige Prägung Donatellos.

47 Donatello (1386–1466), David.
Zwischen 1430 und 1443

Die Datierung der David-Statue ist umstritten. Aller Wahrscheinlichkeit nach entstand sie am Anfang der 30er Jahre des Quattrocento. Doch spielt bei Werken Donatellos die Datierung nicht eine solche Rolle wie bei Arbeiten vieler anderer Künstler. Seine Stilentwicklung ging nicht in eine bestimmte Richtung, sie verlief beispielsweise nicht vom Naturalismus zur Klassik. Donatello war sehr vielseitig und wechselte zwischen den Stilrichtungen. Auch das, was man klassisch nennt, ist bei ihm nicht immer von der gleichen Art.

Das beste Beispiel dafür bietet das Tabernakel in der Kirche S. CROCE in Florenz, das um 1435 entstand (Abb. 49). Dargestellt ist eine Verkündigung des Engels an Maria, bei der die beiden Figuren als fast vollplastische Gestalten in einem Rahmen stehen, der sich durch überaus reiche Dekoration auszeichnet. Mancherlei Anregungen mag der Meister dazu in Rom bekommen haben, und zwar zur Gesamtform des Tabernakels durch altrömische Ädikulen, zum Gebälkschmuck durch den Eierstab, das ionische Kymation, zu den Putti durch die antiken Eroten auf Sarkophagen und zu den Vergoldungen der Muster durch die Arbeiten der mittelalterlichen Cosmaten.

Der ehrfurchtsvoll niederkniende Engel und die scheu zurückweichende Maria, deren Gestalt S-förmig geschwungen erscheint, lassen eine Nachwirkung der Gotik erkennen. Blickt man aber der Madonna ins Gesicht (Abb. 50), dann glaubt man, Maria sei die Schwester einer griechischen Göttin, wenn Donatello sich ganz gewiß auch kein antikes Göttinnengesicht zum Vorbild genommen hat. Sein ihm eigener klassischer Sinn führte seinen Meißel, als er das Gesicht aus Kalkstein bildete.

Donatello hatte nicht nur ein Gespür für Schönheit, sondern auch für Würde, wodurch er in seiner Kunst Altrömisches wiederaufleben ließ. Das beweist sein Reiterstandbild des Gattamelata (Abb. 51).

48   Donatello (1386–1466), Kopf des David. Detail der Bronzefigur (vgl. Abb. 47)

49   Donatello (1386–1466), Tabernakel mit Verkündigungsszene. Um 1435

50   Donatello (1386–1466), Kopf der Maria. Detail aus der Verkündigungsszene (vgl. Abb. 49)

Im Jahre 1443 war Erasmo da Narni gestorben, der als Condottiere im Dienst der Republik Venedig stand und Gattamelata – gefleckte Katze – genannt wurde. Er erhielt sein Grab in einer Kapelle der KIRCHE DES HL. ANTONIUS in Padua und bekam wie ein Herrscher ein Denkmal auf der Piazza del Santo, also vor der Kirche, das Donatello in Bronze arbeitete.

Schon andere Condottieri waren durch Reiterstandbilder geehrt worden, so jener John Hawkwood, zu dessen Andenken Paolo Uccello ein Reiterstandbild an eine Wand des FLORENTINER DOMS gemalt hat (Abb. 12).

Ein Bronzestandbild von der Art des Gattamelata-Monuments hatte es aber seit der Antike nicht gegeben. Hier hat Donatello auch seine Anregung gefunden; denn ganz sicher kannte er von Rom her das Reiterstandbild Marc Aurels. Anregung bedeutet indes auch in diesem Fall nicht Vorbild.

In noch größerer Ruhe als das Roß Marc Aurels zeigt sich das Pferd Gattamelatas. Unter dem rechten Huf seines Pferdes liegt nicht, wie es bei dem römischen Denkmal der Fall gewesen sein soll, ein besiegter Feind. Und wenn der linke Huf auf eine Kugel gesetzt ist, dann geschieht es allein aus stati-

51   Donatello (1386–1466), Reiterstandbild des Gattamelata (Erasmo da Narni). 1447–1453

52   Donatello (1386–1466), Kopf des Gattamelata. Detail des Reiterstandbildes (vgl. Abb. 51)

schen Gründen. Beide Rösser sind insofern verwandt, als sie sich der Auszeichnung bewußt zu sein scheinen, einen berühmten Reiter zu tragen.

Gattamelata sitzt hoch aufgerichtet im Sattel. Seine Linke faßt in den Zügel, seine Rechte hält den Feldherrnstab. Die Prunkrüstung ist zu Ehren ihres Trägers idealisiert. Wie weit es sich bei dem Kopf (Abb. 52) um eine Porträtdarstellung handelt, läßt sich in Ermangelung vergleichbarer Bilder schwer sagen. Vermutlich stellte Donatello das Gesicht Gattamelatas schon wirklichkeitsgetreu dar, arbeitete dabei aber das besonders heraus, was auf *gravitas* und *virtus* hindeutet, auf Würde und Tüchtigkeit, womit er es altrömischen Plastikern gleichtat.

Donatello entwickelte in seiner Vielseitigkeit das Bild des natürlichen Menschen nicht immer zu Vollkommenheit und klassischer Schönheit, oft drängte es ihn auch, es in seiner Naturwirklichkeit zu belassen und den Naturalismus noch zu akzentuieren. So erleben wir es bei seinem Jeremias, den er – vermutlich in den 20er Jahren seines Jahrhunderts – für eine Nische des CAMPANILE DES DOMS schuf und der sich heute in dessen Museum befindet (Abb. 53).

Von kräftigem Bau, etwas überlängt in den Proportionen, so steht der Jeremias da. In unklassischer Weise hat sich der Raum tief in die schweren Massen der Gewandfalten eingefressen. Das Gesicht hat fast etwas Mißmutiges (Abb. 54). Die Augen blicken unter den kräftigen Oberlidern, welche die Iris überschneiden, ernst, beinahe düster, während die Unterlippe über dem nur angedeuteten ungepflegten Bart mürrisch nach vorn geschoben ist.

In allen Lebensaltern schuf Donatello Gestalten naturalistischer Prägung. Zu den letzten gehört die Holzfigur der Maria Magdalena, die nach der Überschwemmung in Florenz im Jahre 1966 gereinigt werden mußte, wobei man feststellte, daß sie bemalt war (Abb. 55).

53 Donatello (1386–1466), Jeremias. Um 1423–1426

54　Donatello (1386–1466), Kopf des Jeremias. Detail der für den Dom-Campanile gearbeiteten Statue (vgl. Abb. 53)

Man ist gewöhnt, Maria Magdalena als schöne Büßerin zu sehen; hier aber erscheint sie geradezu häßlich in der Gewandung herabfallender Haare. Ihre Hände sind wohlgeformt, schlank und sensibel. Sonst aber wirkt sie so abgezehrt, daß vom Kopf bis zur Brust nur Knochen und Sehnen in Erscheinung treten (Abb. 56). Überstandene Lüste und ein bußfertiges Leben haben das elende Gesicht mit den matten, aber noch nicht ausgeglühten Augen und dem fast zahnlosen, zum Gebet leicht geöffneten Mund geprägt. Die Ausdruckskraft der Figur steigert den Naturalismus zum Expressionismus hin.

Und abermals in anderer Weise zeigt sich uns Donatello, wenn wir seine Putti von der Sängertribüne betrachten. Diese hat folgende Geschichte: Nachdem Luca della Robbia im Jahre 1431 den Auftrag erhalten hatte, für den FLORENTINER DOM eine Sängertribüne aus Marmor zu arbeiten, von der noch die Rede sein wird, wurde Donatello 1433 beauftragt, ein Gegenstück zu schaffen. Die beiden Sängerkanzeln blieben bis 1688 im DOM. Damals fand die Hochzeitsfeier von Ferdinando de' Medici mit Violante von Bayern statt, und da beide Tribünen zur Aufnahme des großen Chors zu klein waren, ersetzte man sie durch hölzerne Emporen. Heute sind sie im MUSEO DELL' OPERA DEL DUOMO aufgestellt.

Die von Donatello geschaffene Sängertribüne ist vor allem geschmückt mit einem sie umlaufenden Fries von Putti, die weniger musizieren als vor dem Hintergrund eines lebendigen Mosaiks tanzen, tollen, sich tummeln; und nur ein einziges Detail mag zeigen, von welcher Art diese Putti sind (Abb. 57). Es sind kräftig gebaute, rundliche, nackte oder halbnackte Engelkinder von äußerster Vitalität. Sie lachen, grinsen und freuen sich. Die Eroten der antiken Sarkophage mögen Donatello zu seinen kleinen Geschöpfen angeregt haben. Es sind jedoch Donatello-Kinder geworden, an denen der vielseitige Künstler seinen Sinn für das Dynamische mehr als anderswo beweisen konnte.

55 Donatello (1386–1466), Maria Magdalena. Nach 1453

87

56 Donatello (1386–1466), Kopf und Hände Maria Magdalenas. Oberteil der Holzfigur
(vgl. Abb. 55)

57 Donatello (1386–1466), Detail seiner Sängertribüne für den Florentiner Dom. 1433–1440

Luca della Robbia und seine neue Technik

Die andere Sängertribüne des FLORENTINER DOMS schuf Luca della Robbia (1399–1482). Sie ist in zehn Felder aufgeteilt und zeigt als Marmorreliefs Kinder und Heranwachsende, die zum Lobe Gottes musizieren und singen. Die Anregung kam Luca vom 150. Psalm, den er in schönen Antiqua-Versalien in die Leisten über, unter und zwischen den Bildfeldern in lateinischer Übersetzung einmeißelte. In Deutsch lautet der Psalm:

»Lobpreist den Herrn in seinem
  Heiligtum!
Preist ihn in seiner starken Feste!
Lobt ihn ob seiner großen Taten!
Lobt ihn gemäß der Größe seiner
  Majestät!
Lobpreist ihn mit Posaunenklang!
Lobt ihn mit Zithern und mit Harfen!
Lobt ihn mit Pauken und mit Reigen!
Lobt ihn mit Saitenspiel und Flöten!
Lobt ihn mit leisen Zymbeltönen!
Lobt ihn mit lauten Zymbeltönen!
Ein jeder Atemzug
lobpreis den Herrn!«[37]

58 Luca della Robbia (1399–1482), Detail seiner Sängertribüne für den Florentiner
    Dom. 1431–1437

Alle im Psalm genannten Instrumente werden von den kleinen Musikanten gespielt. Von besonderem Reiz ist aber eine Gruppe von Sängern (Abb. 58), die in zwei Reihen angeordnet und dadurch in verschiedener Reliefhöhe dargestellt sind. Die vorderen halten eine lange Notenrolle und geben sich so dem Singen hin, daß der eine der beiden fast böse schaut, was wirklich Engagierte oft tun. Von den Sängern der zweiten Reihe blickt der linke über die Schulter seines Vordermannes in die Noten und singt mit Hingebung, der mittlere tut es mit Vehemenz, und der rechte hat das Singen vergessen, lehnt eine Wange in die Hand und lauscht ergriffen. Luca della Robbia hat hier in ganz hervorragender Weise Körper und Gesicht zum Ausdruck von Seele und Gefühl gemacht.

In die Kunstgeschichte eingegangen ist Luca della Robbia nicht zuletzt wegen einer Erfindung: Tonfiguren haben den Nachteil, daß sie wenig wetterfest, wenig dauerhaft und ohne Glanz sind. Haltbar und leuchtend lassen sie sich nur durch den Überzug mit einer Zinnglasur und einen zweiten Brand machen. In der Gebrauchskeramik kennt man von alters her eine glasierte Tonware, wobei man von Fayencen oder Majolika[38] spricht. Luca della Robbias Verdienst besteht nun darin, daß er das hierbei angewandte Verfahren auf Figuren und Reliefs übertrug. So

59   Luca della Robbia (1399–1482), Himmelfahrt Christi. 1446

entstand unter anderem auch die Darstellung von der Himmelfahrt Christi im FLORENTINER DOM (Abb. 59).

Vor einem blauen Hintergrund zwischen grünen Bäumen erscheint die aufschwebende weiße Gestalt. In zwei Gruppen knien die Apostel und Maria am Boden und blicken fromm und sehnsüchtig zu dem Auffahrenden, der die Arme ausbreitet und voller Güte auf seine zurückbleibende Apostelschar herabblickt. Das Relief ist typisch für die Kunst Luca della Robbias, der das Stille, das Milde, das Ausgewogene, das Harmonische und das Edle liebte.

Andrea del Verrocchio und Leonardo da Vinci als Plastiker

Als berühmtester Bildhauer von Florenz in der zweiten Hälfte des Quattrocento gilt Andrea del Verrocchio (um 1435–1488), der uns schon als Maler und als Lehrer Leonardo da Vincis begegnet ist. Zu seinen ersten Meisterwerken in der Plastik gehört der David, dessen Datierung allerdings zwischen 1465 und 1476 schwankt (Abb. 60).

Fast von selbst drängt sich der Vergleich mit Donatellos David auf, den Verrocchio genau gekannt hat (Abb. 47). Der jüngere Meister hat seine Figur nicht nackt dargestellt, sondern sie mit einem kurzen Kriegerhemd bekleidet. Dennoch versteht er sich auf die Anatomie nicht schlechter als der ältere. Nur sieht er den menschlichen Körper mit anderen Augen an. Donatellos David ist weicher modelliert, die Übergänge sind fließender. Verrocchio dagegen arbeitet Muskeln und Gelenke stärker heraus, setzt sie mehr gegeneinander ab. Es liegt mehr Spannung, mehr Aktivität in seiner Figur. Und dem entspricht auch das Gesicht. Donatellos David blickt nachdenklich, beinahe besinnlich vor sich hin, Verrocchios David aber hat etwas Keckes in seinen Zügen. Kühn, selbstbewußt, fast ein wenig jungenhaft frech, so gibt sich der Sieger, der über Goliath triumphiert, dessen abgeschlagenes Haupt wie ein Bildnis zu seinen Füßen liegt.

Noch einmal in seinem Leben hatte Verrocchio ein ähnliches Thema künstlerisch zu bewältigen wie Donatello, als er 1480 von Venedig den Auftrag bekam, für den fünf Jahre zuvor verstorbenen Condottiere Bartolomeo Colleoni ein Reiterstandbild zu schaffen (Abb. 62). Der berühmte Generalkapitän der Republik Venedig, der seinem Staat eine große Summe Geldes vermacht hatte, wäre gern in einem Denkmal auf dem Markusplatz verewigt worden. Die Venezianer errichteten es aber auf dem Platz vor der Kirche SS. GIOVANNI E PAOLO. Da Verrocchio kurz nach Fertigstellung des Standbildes starb, mußte den Guß ein gewisser Alessandro Leopardi ausführen, der auch den Sockel errichtete.

Nimmt das Roß Gattamelatas förmlich an der Würde seines Reiters teil (Abb. 51), so scheint sich auf dem Pferd Colleonis die Energie und Vitalität seines Herrn übertragen zu haben. Das Tier ist sehniger, wendiger und im Verhältnis zum Reiter kleiner als das Gattamelatas. Es ist bewegter in der Gangart und lebendiger in der Haltung von Kopf und Körper.

Bartolomeo Colleoni trägt im Gegensatz zum barhäuptigen Gattamelata einen Helm (Abb. 61). Seine Rüstung gleicht der, die er zu Lebzeiten trug, und ist nicht idealisiert. Man kann nicht sagen, daß es ihm an Würde fehlt, aber augenfälliger ist seine Aktivität. Das Gesicht scheint nicht nur durchfurcht von den Falten des Alters, sondern auch von den

Kraftlinien der Energie. Der Blick aus den tief ausgebohrten Pupillen wirkt stechend und erregt Furcht. Mund und Kinn verraten männlichen Tatendrang, vielleicht sogar eine gewisse Wildheit.

Eine weitere Steigerung der Bewegung findet sich in dem Entwurf zu einem Reiterstandbild von Leonardo da Vinci, der aber nicht zur Ausführung gekommen ist (Abb. 63). Lodovico il Moro, der Herr von Mailand, erteilte Leonardo, der in seinen Diensten stand, den Auftrag, für seinen Vater Francesco Sforza ein Reiterstandbild zu schaffen. Leonardo widmete sich der Aufgabe gern; denn er hatte zeit seines Lebens eine Vorliebe für Pferde und ihre Darstellung. Darum auch studierte er sehr genau die Anatomie der Pferde, über die er sogar einen Traktat schrieb, der leider verlorengegangen ist.

Leonardo hatte schon auf seinem Bild mit der Anbetung der Könige (Abb. 32) im Hintergrund ein sich aufbäumendes Pferd dargestellt. In ähnlicher Weise wollte er nun das Reiterstandbild gestalten, weil es ihn drängte, auf diese Weise einmal ein Denkmal von größter Bewegtheit und Dynamik zu schaffen. Freilich ergaben sich damit statische Probleme, die Leonardo löste, indem er unter den einen Huf des Pferdes einen zu Boden getretenen feindlichen Krieger als Stütze legte. Im übrigen zeichnete er, seiner Gewohnheit getreu, die beiden Figuren nackt, um sich so Struktur und Haltung ihrer Körper besser vergegenwärtigen zu können.

Lodovico il Moro liebte wie viele machtbesessene Herren das Überdimensionale. Leonardo wollte zuerst Reiter und Pferd in Lebensgröße darstellen. Dabei hätte er es wagen können, ein sich aufbäumendes Pferd zu formen. Da das Denkmal aber wesentlich größer werden sollte, mußte er sich entschließen, das Roß in der üblichen Gangart, also im Schritt, darzustellen. Er schuf ein Tonmodell des Reiterstandbildes, das höchste Bewunderung erregte, als im Jahre 1493 in Mailand die Verlobung von Bianca Maria Sforza mit dem

60   Andrea del Verrocchio (um 1435–1488), David. Zwischen 1465 und 1476

61   Andrea del Verrocchio (um 1435–1488), Gestalt des Colleoni. Detail des Reiterstandbildes (vgl. Abb. 62)

62   Andrea del Verrocchio (um 1435–1488), Reiterstandbild des Bartolomeo Colleoni. 1480

deutschen Kaiser Maximilian stattfand. Allein die Größe machte starken Eindruck. Hatten Pferd und Reiter beim Gattamelata-Standbild die Höhe von 3,20 Metern und beim Colleoni-Standbild von 4 Metern, so betrug beim Sforza-Monument allein die Höhe des Pferdes über 7 Meter.

Um dieses Riesenmonument gießen zu können, hatte Leonardo bereits ein neues Verfahren entwickelt. Er konnte es aber nicht mehr anwenden, da französische Truppen in Ferrara einfielen und die 158 000 Pfund Bronze,

die zum Guß des Denkmals bestimmt waren, zur Herstellung von Geschützrohren von Mailand nach Ferrara geschickt wurden. Als die Truppen Ludwigs XII. kurz danach Mailand eroberten, wurde auch das berühmte Tonmodell Leonardos von den Gascogner Bogenschützen vernichtet.

Noch einmal bekam Leonardo einen Auftrag für ein Reiterstandbild. Es sollte zu Ehren von Gian Giacomo Trivulzio errichtet werden, der als Italiener französischer General war. Im Gegensatz zum Sforza-

63 Leonardo da Vinci (1452–1519), Studie zum Reiterstandbild des Francesco Sforza. Um 1490

64 Leonardo da Vinci (1452–1519), Studie zum Reiterstandbild des Gian Giacomo Trivulzio. Um 1511

65 Leonardo da Vinci (1452–1519), Studie zum Reiterstandbild des Gian Giacomo Trivulzio. Um 1511

Monument sollte es in der Kirche s. NAZARO in Broglio auf dem steinernen Baldachin errichtet werden, der das Ciborium-ähnliche Grabdenkmal mit dem Sarkophag Trivulzios überdachte. Da die Dimensionen des Reiterstandbildes die natürliche Größe von Mensch und Pferd nicht übersteigen sollten, verlockte es Leonardo wiederum, ein sich aufbäumendes Pferd zu formen (Abb. 64). Auch dieses Mal mußte der Künstler von seinem Plan Abstand nehmen und – wohl um der würdigeren Darstellung willen – einem Pferd von ruhiger Gangart den Vorzug geben (Abb. 65). Wie so vieles bei dem genialen und vom Schicksal nicht immer begünstigten Leonardo in den Anfängen steckenblieb, kam auch sein Trivulzio-Denkmal über die Entwürfe nicht hinaus. Man darf aber die Bedeutung der Entwürfe nicht unterschätzen. Sie tragen dazu bei, die Entwicklung der plastischen Kunst deutlich zu machen.

Donatellos Gattamelata steht noch ganz im Zeichen der Ruhe. Bei Verrocchios Colleoni wächst mit der Aktivität und Vitalität von Pferd und Reiter der Drang zur Bewegung, der sich bei Leonardos erstem Entwurf zum Sforza-Monument noch gewaltig steigert. So geschah es am Ende der Frührenaissance. In der Zeit zwischen 1508 und 1511 wurde für das Trivulzio-Denkmal die Idee, ein dynamisch bewegtes Reiterstandbild Wirklichkeit werden zu lassen, wiederaufgenommen. Das geschah inmitten der Hochrenaissance, deutet aber bereits auf Tendenzen hin, die ganz allgemein erst im Barock ihre Erfüllung fanden.

Der Malermönch Fra Angelico

Die Renaissance ist jene Epoche in der Kultur- und Kunstgeschichte, die dem Zeitalter der Gotik folgte. Von uns wird der Begriff »Gotik« zur Kennzeichnung eines Stils und eines Zeitalters verwandt. Ursprünglich aber bezeichnete man als »gotisch« das, was *vor* der Renaissance war, also das Mittelalterliche, das Barbarische, das man mit dem Gotischen gleichsetzte. Dieses abwertende Urteil kommt von den Italienern der beginnenden Neuzeit, die – wie Ghiberti und Vasari – zwischen der Antike und ihrem eigenen Zeitalter nichts Besseres als ein barbarisches Mittelalter sehen zu müssen glaubten.

Was nun die gotische Baukunst angeht, so gibt es eine solche nicht nur in Frankreich und Deutschland, sondern auch in Italien. Dabei darf man nicht übersehen, daß die Gotik dem Italiener nicht besonders liegt. Gotische Kirchen befinden sich vor allem dort, wo Franziskaner und Dominikaner, also Mitglieder der Bettelorden, sie erbauten. Diese aber haben schon nicht mehr die hochgotische Struktur, nicht mehr die gewollte Disproportionalität zwischen Höhe und Breite, die unermeßliche Höhe der Mittelschiffe, die Tiefe der weit vom Beter entfernten Chorräume. Der Italiener liebt das Wohlproportionierte, das Übersehbare, das Greifbare, das Nahe. Darum hat er die Gotik bisweilen geradezu sterilisiert.

Bestes Beispiel dafür ist die Florentiner Franziskaner-Kirche S. CROCE. Dieser fehlt das eigentlich Gotische: das Spitzbogengewölbe des Mittelschiffes. An seiner Stelle befindet sich ein offener Dachstuhl, wie man ihn von der frühchristlichen Basilika und von manchen romanischen Bauten in Italien her kennt. Dadurch wird aus der Kirche eine große geräumige Halle, in der sich der Italiener wohlfühlt. Der Zug in die unendliche Höhe, wie man sie in einer gotischen Kirche erlebt, entspricht italienischem Wesen nicht. Der Italiener möchte Gott nicht im Zeichen der Unendlichkeit, sondern im Zeichen der Vollkommenheit erleben. Wir kommen noch darauf zurück.

In der Malerei steht am Anfang der italienischen Gotik Giotto di Bondone (um 1266 bis 1337). Von ihm sagte Vasari, er schöpfe aus der Natur, weshalb er zu Recht verdiene, als ein Schüler der Natur und nicht als ein Schüler von anderen bezeichnet zu werden. Da mit Giotto und seinem Vorläufer Giovanni Cimabue, von dem das erste Licht in der Malkunst entzündet worden sei, nach Vasaris Auffassung die Wiedergeburt der Künste nach dem barbarischen Mittelalter begonnen habe, wurde die gotische Malerei akzeptiert. Man empfand sie im Gegensatz zur Architektur auch nicht als »gotisch«, als barbarisch. Und darüber hinaus unterscheidet sich die gotische Malerei Italiens in manchem – beispielsweise in ihrer größeren Erdgebundenheit – von der des Nordens. So nimmt es nicht wunder, daß das Gotische in der Zeit der Frührenaissance nicht vollkommen ausstarb.

Wenn zu den Künstlern, in deren Werk Gotisches fortlebt, zuerst einmal Fra Angelico (1387?–1455) gehört, dann liegt es nicht zuletzt daran, daß sein Anliegen als Maler mehr ein religiöses als ein künstlerisches war. Von Haus aus hieß er Guido di Piero. Als er in den Orden der Dominikaner eintrat, wurde er Fra Giovanni genannt. Den Beinamen Beato Angelico verdankt er seinem engelgleichen Wesen.

Die Persönlichkeit des Malermönchs wird von Giorgio Vasari folgendermaßen charakterisiert: »Er verachtete alle weltlichen Dinge, lebte rein und fromm und war den Armen ein treuer Freund, weshalb ich gewiß bin, daß nun seine Seele ganz dem Himmel angehört. Unausgesetzt beschäftigte er sich mit der Malerei und wollte nie andere als heilige Gegenstände darstellen. Er hätte reich sein können, kümmerte sich aber nicht darum, sondern behauptete vielmehr, wahrhaft reich sei nur, wer sich mit wenigem begnüge. Er hätte viele beherrschen können, wollte es aber nicht, indem er sagte: Andern gehorchen sei mit weniger Mühe und Irrtum verbunden. Er war menschenfreundlich und anspruchslos, lebte keusch und fern den Lockungen der Welt, indem er oft sagte, es solle, wer die Kunst ausübe, ruhig und ohne grüblerische Gedanken bleiben; wer die Werke Christi darstellen wolle, müsse immer bei Christo sein. Kurz, dieser niemals genug gerühmte Ordensbruder war demütig und bescheiden in allem seinem Tun und Reden, in seinen Malereien gewandt und andächtig, und die Heiligen, die er malte, haben mehr das Ansehen und die Ähnlichkeit von Heiligen als die irgendeines anderen Meisters. Seine Gewohnheit war, das, was er gemalt hatte, nie zu verbessern oder zu überarbeiten, sondern es stets zu lassen, wie es aufs erstemal geworden war, weil er meinte und das auch aussprach, so habe es Gott gewollt. Einige sagen, Fra Giovanni habe nie den Pinsel in die Hand genommen, ohne vorher gebetet zu haben, und nie einen Kruzifix gemalt, ohne daß ihm die Tränen über die Wangen strömten. Er starb 1455 in seinem achtundsechzigsten Jahre.«[39]

In der Zeit zwischen 1438 und 1450 malte Fra Angelico mit Gehilfen das Kloster S. MARCO in Florenz aus. Fresken finden sich im Kreuzgang, in den Gemeinschaftsräumen, auf den Korridoren und in fast allen Mönchszellen. Es war ein religiöses und pädagogisches Anliegen, wenn Fra Angelico Bilder malte, die seine Mitbrüder ermahnen, belehren, erbauen und vor allem frömmer machen sollten.

Als Beispiel für die Freskenmalerei des Beato Angelico mag eine Verkündigungsszene aus Zelle 3 des Klosters dienen (Farbtafel 3). Maria kniet auf der Kante eines Betschemels mit einem Buch in der Hand, als sich Gabriel ihr nähert. Über ihrem rosa Untergewand trägt sie einen Umhang, dessen herabfließende, parabelförmig gebauschte Falten der Figur Bewegung verleihen, während das Engelsgewand mit seinen senkrecht aufsteigenden kannelierten Falten die statuarische Würde des Gottesboten noch akzentuiert. Am linken Bildrand steht betend und mit blutender Kopfwunde Petrus Martyr, der Heilige aus dem Dominikanerorden, der gegen die Katharer predigte und 1252 von seinen Gegnern ermordet wurde.

Ganz offensichtlich zeigt sich Fra Angelico als echter Künstler der Frührenaissance. Der gemalte Raum ist zentralperspektivisch durchkonstruiert; und die beiden Hauptfiguren zeichnen sich durch Schönheit und Wohlproportioniertheit aus. Von der Gotik indes blieben nicht nur die Linienführung bei dem Engel und vor allem bei Maria, nicht nur die schlanken beseelten Hände, sondern auch und vor allem die Frömmigkeit und Innerlichkeit, in deren Zeichen die einzelnen Figuren wie die gesamte Darstellung stehen.

Als gotisch kann man auch die Erzählfreudigkeit bezeichnen, die man auf vielen Tafelbildern Fra Angelicos feststellen kann, so auch auf dem Bild vom Jüngsten Gericht, das zwischen 1432 und 1435 entstand (Abb. 66).

Auf blauem Himmelsgrund in einer Mandorla von Engeln sitzt zwischen Maria und

66   Fra Angelico (1387?–1455), Das Jüngste Gericht. Um 1432–1435

Johannes dem Täufer sowie zwischen den
großen Gestalten des Alten und Neuen Testamentes Christus als Weltenrichter. Unter ihm,
auf der Erde, sind die Gräber geöffnet; und
auf der rechten Bildseite werden die Verdammten, zu denen auch Könige, Kardinäle
und Bischöfe gehören, von Teufeln in die
Hölle getrieben, in der sie nach der Art ihrer
Sünden zusammengeschlossen sind und jeweils
die Qual erleiden, die ihrem Laster entspricht.
  Links im Bild sieht man die Gerechten,
Menschen aller Stände, von denen die meisten
beglückt zu Christus emporblicken, während
– noch weiter links – die Seligen mit Engeln
auf blumiger Wiese einen Reigen tanzen. Die
paradiesische Wiese steigt auf zur Burg Got-

tes, aus deren Tor himmlisches Licht bricht,
das zwei kniende Gestalten in leuchtendem
Weiß aufstrahlen läßt.
  Beim Eintritt ins Paradies werden die Seligen von Engeln begrüßt; und es offenbart
die kindlich fromme Art des Beato Angelico,
wenn er einen schönen weiblichen Engel einen
Mönch, der sein Leben lang auf das Weibliche
verzichten mußte, liebevoll in die Arme
schließen läßt (Abb. 67).
  Die gotische Kunst hat eine große Zahl von
Kruzifixen und Vesperbildern – Darstellungen der Schmerzensmutter mit ihrem toten
Sohn – hervorgebracht. Ursprung dessen war
die Passionsmystik, die den Beter und Betrachter durch Wort und Bild veranlaßte, sich
in das Leiden und Sterben Christi zu versen-

67   Fra Angelico (1387?–1455), Engel und Selige. Detail aus: Das Jüngste Gericht (vgl. Abb. 66)

ken, *compassio* zu treiben, also mit ihm zu leiden. Auch Fra Angelico hat viele Bilder mit dem Gekreuzigten oder dem Schmerzensmann gemalt, um seine Mitbrüder und seine Mitchristen zur *compassio* zu bewegen.

In die Gruppe dieser Darstellungen gehört auch das kleine Tafelbild mit der Grablegung Christi, das ursprünglich Teil der Predella des Hochaltarbildes von s. MARCO in Florenz war und sich heute in München befindet (Abb. 68). Gewiß, es handelt sich um ein echtes Werk der Renaissance-Kunst. Die Komposition ist ganz symmetrisch, die Gestalten sind wohlgeformt, sogar der tote Jesus zeigt sich in schöner Körperlichkeit. Er hat seinen Platz auf einem strahlend weißen Leichentuch, das auf eine Blumenwiese gebreitet wur-

de, vor dem Hintergrund eines kunstvoll gestalteten Felsens, in den ein Grab als klassische Architektur hineingearbeitet ist.

Über dem Bild liegt aber auch die stille Trauer, wie man sie von gotischen Passionsdarstellungen her kennt. Deutlich wird die Absicht, den Betrachter zur *compassio* zu bewegen. Joseph von Arimathäa richtet den Toten vor der eigentlichen Grablegung noch einmal auf, um ihn den Gläubigen zu zeigen, auf daß sie Mit-Leid mit dem Getöteten empfinden. Und wenn zwei Heilige dem im Tode Entmachteten die schlanken Hände küssen, dann tun sie es gleichsam stellvertretend für den frommen Betrachter und Beter. So lebt Gotisches noch in der Kunst der Renaissance-Zeit fort.

68   Fra Angelico (1387?–1455), Grablegung Christi. 1438–1440

Filippo Lippi als Madonnenmaler

War Fra Angelico für das monastische Leben geradezu geschaffen, so eignete sich Fra Filippo Lippi (1406/09–1469), der andere Malermönch der Frührenaissance, von Natur aus für ein Kloster denkbar wenig. Nach Vasari verlor Filippo schon früh beide Eltern und wurde von Mona Lapaccia, seiner Tante, aufgezogen, die ihn im Alter von acht Jahren in das Kloster der Karmeliter in Florenz zur Erziehung gab, wo er dann auch das Noviziat begann, um Mönch zu werden. Die Studien benutzte der junge Filippo vor allem, um auf seine und seiner Mitschüler Bücher Fratzen zu kritzeln, weswegen ihm der Prior Gelegenheit gab, das Malen zu erlernen. Wir wissen nicht, wer sein Lehrer war; wir wissen nur, daß er Masaccio sehr bewunderte, der ja in unmittelbarer Nähe seines Klosters arbeitete; denn die BRANCACCI-KAPELLE gehört zur Karmeliter-Kirche. So nimmt es nicht wunder, daß Filippo Lippis frühe Arbeiten im Zeichen der wirklichkeitsnahen, oft naturalistischen Kunst Masaccios stehen.

Wenn wir Filippos Frauengestalten anschauen, werden wir an das erinnert, was Vasari über des Malers Verhältnis zum weiblichen Geschlecht schreibt. Es heißt da: »Man sagt, Filippo sei so sehr zur Zärtlichkeit geneigt gewesen, daß, wenn er Frauen sah, die ihm wohlgefielen, er all sein Vermögen hingegeben hätte, sie zu besitzen; und konnte er dies durch keinerlei Mittel, so suchte er sie in Gemälden darzustellen und durch Reden die Glut seiner Liebe zu kühlen.«[40] Als Filippo in Prato eine Madonna zu malen hatte, erbat er sich bei den Nonnen eine junge Mitschwester, Lucrezia Buti, als Modell. Er verliebte sich so sehr in sie, daß er sie entführte. Nachdem aus der Verbindung ein Sohn hervorgegangen war – der spätere Maler Filippino Lippi –, kehrte Lucrezia in ihr Kloster zurück, wurde jedoch abermals entführt. Gegen den Maler erging jetzt Anzeige; und wenn die Angelegenheit ein gutes Ende nahm, dann durch die Vermittlung Cosimo de' Medicis, der sich bei Papst Pius II. dafür einsetzte, daß die Ordensgelübde gelöst wurden und Filippo Lucrezia heiraten konnte. Aus der Verbindung ging noch eine Tochter, Alessandra, hervor.

Man wird nun vielleicht meinen, Filippo Lippis Frauengestalten seien eher sinnlich als fromm. Doch so ist es nicht. Filippo hat viele Madonnen gemalt; und einige von ihnen sind so verinnerlicht und fromm, daß man meinen könnte, der brave Malermönch Fra Angelico habe sie geschaffen. Beato Angelico war allerdings nicht unbeteiligt an diesen Werken. Während Filippo Lippi in seiner ersten Phase von Masaccios Kunst beeinflußt war, nahm er sich in seiner zweiten Fra Angelico zum Vorbild, wodurch seine Gemälde jetzt auch gotische Züge bekamen. Wenn man das Verkündigungsbild aus der Zeit um 1450 betrachtet, das sich heute in München befindet, fällt zuerst einmal auf, daß die Proportionen Mariens nicht klassisch, sondern gotisch sind

(Abb. 69). Die Gestalt mit den leicht abfallenden Schultern wirkt überlängt, die Hände sind schmal; und das ebenmäßig schöne, ernste Gesicht mit den gesenkten Augen erscheint trotz seiner weichen Modellierung schlank – und ein wenig kühl.

Es ist auch noch etwas von gotischer Erzählfreudigkeit geblieben. Über dem niedergeknieten Verkündigungsengel mit der Lilie sieht man die Taube des Heiligen Geistes, die von Gott-Vater ausgesandt ist, welcher mit Engeln in der Höhe schwebt und unter dem eine himmlische Botin wie eine Märchengestalt im Türrahmen steht. Den Hintergrund bildet eine perspektivisch exakt gemalte Renaissance-Architektur, die den Blick auf einen Garten mit stilisierten Bäumen eröffnet.

Wirklich fromm muten den Betrachter die Gemälde an, auf denen Maria ihr Kind anbetet und die zwischen 1453 und 1463 entstanden sind. Zu ihnen gehört das Bild, das sich ursprünglich in einer Eremitenzelle in CAMALDOLI im toskanischen Casentino befand und darum die »Anbetung aus Camaldoli« genannt wird (Farbabb. 13). Allein schon das Motiv der Mutter, die ihr Kind anbetet, kommt aus der Gotik. Und Maria tut es auf dem Camaldoli-Bild mit Andacht und hingebender Frömmigkeit. Die romantische Landschaft, in die das Geschehen hineingestellt ist, besteht aus Bäumen, Felsen und einer Blumenwiese, auf der das rundliche Kind liegt, das um sich herum einen mystischen Lichtschein verbreitet. Licht sendet auch Gott-Vater mit der Taube des Heiligen Geistes aus. Man sieht Gottes Gesicht nicht, nur seine Hände; das ist noch byzantinische Tradition, nach welcher der Vater, da er nicht im Fleische erschienen sei, nicht als menschliche Gestalt dargestellt werden durfte. Zwei Personen befinden sich am rechten Bildrand. Die eine ist Johannes der Täufer als Knabe. Er stellt die Verbindung mit dem Betrachter her, indem er auf das Jesus-Kind mit dem Finger hindeutet und ein Schriftband hält, auf dem geschrieben steht: *ECCE AGNUS DEI* (Siehe, das Lamm Gottes). Bei der anderen Person handelt es sich um einen Heiligen aus dem Camaldolenser Orden, der mit mystisch-frommem Gesicht dem Geschehen beiwohnt. Aller Wahrscheinlichkeit nach ist es der heilige Romuald, der am Anfang des 11. Jahrhunderts den Orden zur Reform des Mönchtums gegründet hat.

Wahrscheinlich um 1465, also vier Jahre vor seinem Tod, schuf Filippo Lippi eines seiner schönsten Madonnenbilder (Abb. 70).

69   Filippo Lippi (1406/09–1469), Verkündigung an Maria. Um 1450

70 Filippo Lippi (1406/09–1469), Madonna mit Kind und zwei Engeln. Um 1465

Hier kniet Maria nicht in der Landschaft, sondern sie sitzt vor einem Fenster, auf dessen Rahmen die Gestalten und Gegenstände ihre Schatten werfen. Dennoch bildet die Landschaft mit ihrem Höhenzug und ihren Felsen den Hintergrund des Bildes.

Vom Motiv her hat sich Filippo etwas ganz Neues einfallen lassen. Maria hält ihr Kind nicht auf dem Arm; der kleine pausbäckige Knabe wird von zwei Engeln getragen und streckt seine nackten Kinderarme nach der Mutter aus. Man möchte meinen, der Künstler habe sich, als er den Jesus-Knaben und den vorderen Engel gemalt hat, seiner Frühzeit und seiner Anlehnung an Masaccio entsonnen; denn die beiden realistisch dargestellten Kinder sind weniger schön als echt und eigenwillig in ihrer Art. Wie Filippo den hinteren Engel gemalt hat, ist fast ein Wagnis. Der Jesus-Knabe verdeckt nicht nur dessen Stirn und Körper, sondern auch dessen Augen, so daß nur die untere Gesichtspartie mit einem recht sinnlichen Mund zum Vorschein kommt.

Maria hat nicht mehr die gotische Innerlichkeit der früheren Anbetungsbilder. Sie faltet zwar fromm die kräftigen Hände, ihr schönes Gesicht ist aber nicht ihrem Kind zugewandt, ihre Augen sind gesenkt, scheinen auf kein bestimmtes Ziel gerichtet und blicken vor sich hin. Die Madonna ist nicht mehr die fast mystisch ergriffene Mutter, die hingebungsvoll auf ihr Kind blickt und anbetend vor ihm kniet. Sie ist zu einer schönen Renaissance-Dame geworden, die in festlicher Kleidung auf einem prachtvollen Sessel sitzt.

Neogotisches bei Sandro Botticelli und Filippino Lippi

Schüler von Filippo Lippi war Sandro Botticelli (1444/45–1510), der eigentlich Sandro Filipepi hieß. Auch in seinem Lebenswerk stehen religiöse Themen, vor allem Darstellungen mit der Madonna, im Mittelpunkt. Jedoch malte er auch Porträts und mythologische Szenen. Seine bekanntesten Bilder sind »Primavera« und die »Geburt der Venus«. Sie wurden erworben von Lorenzo und Giovanni de' Medici – Vettern zweiten Grades von Lorenzo Magnifico – für ihre VILLA DI CASTELLO.

Primavera heißt Frühling. Er wird bei Botticelli allegorisch dargestellt (Abb. 71). In einem Hain auf blumiger Wiese steht Venus. Über ihrem Haupt schwebt mit verbundenen Augen Amor, der seine Pfeile abschießt. Auf der rechten Bildseite ist Primavera, der personifizierte Frühling, auf die Wiese getreten. Einige Kunsthistoriker glauben, in der blumengeschmückten Gestalt Flora zu erkennen, die im alten Italien als Göttin der Pflanzenblüte verehrt wurde. Aber wahrscheinlich ist Flora jenes Mädchen, das neben dem »Frühling« im Bild erscheint und das von Zephyros, dem Gott des Westwindes, verfolgt wird; denn in den Dichtungen Ovids und Polizianos ist Flora immer die von Zephyros Verfolgte. Auf der linken Bildseite hält Merkur seinen Stab in die Höhe und zerteilt mit ihm die Wolken, während die drei Grazien einen Reigen tanzen.

Die Kunsthistoriker haben sich seit Jahrzehnten die Frage gestellt, wodurch dieses Bild veranlaßt worden ist und welche allegorische Bedeutung den einzelnen Figuren zukommt. Botticelli verkehrte im Kreis der Humanisten Marsilio Ficino und Angelo Poliziano am Hofe Lorenzo de' Medicis. Die VILLA DI CASTELLO, für die das Frühlingsbild gemalt

71   Sandro Botticelli (1444/45–1510), Primavera (vgl. Farbtafel 5). 1477–1478

72   Sandro Botticelli (1444/45–1510), Geburt der Venus (vgl. Farbtafel 4). 1482

der denselben Namen wie er trug; und dieser war ein Schüler Marsilio Ficinos. Es gibt einen Brief, den Marsilio an Lorenzo über die wurde, gehörte dem Verwandten Lorenzos, Symbolik der Sterne schrieb. Er führt darin aus, daß Merkur die Vernunft verkörpere und Venus die Humanitas, deren Seele Liebe, deren Geist Güte, deren Augen Würde und deren Hände Freigebigkeit seien. Wenn man das alles bedenkt, ist es nicht ausgeschlossen, daß Botticelli mit dem Bild der Venus eine Allegorie der Humanitas schaffen wollte.

Wie aber verhält es sich mit der »Geburt der Venus« (Abb. 72), die ebenfalls für die VILLA DI CASTELLO gemalt war? Könnte auch diese Venus die Humanitas allegorisieren? Lassen wir die Frage offen, aber zitieren wir folgende Verse Homers, an die uns Botticellis Bild erinnern:

»Aphrodite die schöne, die züchtige, will
   ich besingen,
Sie mit dem goldenen Kranz, die der meer-
   umflossenen Kypros
Zinnen beherrscht, wohin sie des Zephyros
   schwellender Windhauch
Sanft hintrug auf der Woge des vielauf-
   rauschenden Meeres,
Im weichflockigen Schaum; und die Horen
   mit Golddiademen
Nahmen mit Freuden sie auf und gaben
   ihr göttliche Kleider.«

Angelo Poliziano beschreibt die Geburt der Venus nach Homers Vorbild, und zwar in seinen *Stanze per la Giostra*, in seinen Stanzen auf das Turnier, das 1475 stattfand und aus dem Giuliano de' Medici, der Bruder von Lorenzo Magnifico, als Sieger hervorging. Mit dem Turnier sollte auch Simonetta Vespucci geehrt werden, die von Giuliano Angebetete, die wegen ihrer Schönheit mit Venus verglichen wurde. Botticelli kannte die *Giostra* Polizianos, war von ihr beeinflußt und wollte auch seinerseits mit seinen Venus-Darstellungen der früh verstorbenen Simonetta ein Denkmal setzen.

Alle Gestalten der beiden berühmten Botticelli-Bilder sind Gestalten des antiken Mythos. Und doch wirken sie wie Menschen des 15. Jahrhunderts, allein schon wegen ihrer Gewänder, selbst wenn die Phantasie diese mitgestaltet hat. Botticelli versteht sich auch auf eine wirklichkeitsgetreue Darstellungsart, was vor allem das Gesicht seiner Primavera zeigt (Farbtafel 5). Dieses Gesicht mit dem leicht geöffneten, sprechenden Mund, den eindringlich blickenden Augen, deren dunkle Pupillen jeweils von einer metallisch schimmernden Iris gerahmt sind, und mit den auf Stirn und Wangen herabfallenden Strähnen des blumengeschmückten, blonden Haares, übt einen großen Reiz auf den Betrachter aus.

Völlig verschieden voneinander und doch miteinander verwandt sind die beiden Venus-Darstellungen. Die Venus des »Primavera«-Bildes trägt ein Gewand, aber nicht nur dadurch wirkt sie unklassisch. Die kleinen Brüste, die ausladende Hüftpartie, die Haltung, all das erinnert an Gestalten der gotischen Kunst nördlich der Alpen. Und die nackte Venus, die in der Muschel an Land getragen wird, entspricht mit ihren Körperformen, ihrem schmalen Gesicht, ihren bis zu den Schenkeln herabreichenden blonden Haaren auch nicht gerade klassischen Venus-Darstellungen (Farbtafel 4). Ihre Haltung mit dem rhythmisch betonten, S-förmigen Linienschwung ist sogar ausgesprochen gotisch, so daß man verstehen kann, wenn Botticelli als Neogotiker bezeichnet wird.

»Primavera« entstand in den Jahren 1477 bis 1478, die »Geburt der Venus« 1482. Im gleichen Jahr kam Hieronymus Savonarola (1452–1498) in das Dominikanerkloster S. MARCO nach Florenz. Er war mit seiner Zeit und der Kirche sehr unzufrieden und prophezeite, die Kirche werde gezüchtigt und dadurch erneuert werden; und es werde bald geschehen. Man hat Savonarola nicht selten als Vorläufer Luthers bezeichnet. Savonarola wollte aber im Gegensatz zu Luther nicht die kirchliche Lehre reformieren. Es ging ihm allein um die Disziplin. Er nahm Anstoß am päpstlichen Hof, was zu Zeiten Alexanders VI. mehr als verständlich war, er kritisierte aber auch die weltlichen Herren seiner Zeit. Nach einem dreijährigen Aufenthalt in Oberitalien kehrte Savonarola auf Wunsch Lorenzo de' Medicis 1490 nach S. MARCO in Florenz zurück, wo er Prior wurde, was ihn aber nicht hinderte, das Staatsoberhaupt bald aufs heftigste anzugreifen.

Lorenzo starb 1492 im Alter von 43 Jahren an der Gicht. Es folgte ihm sein unfähiger Sohn Piero, der 1494 infolge seiner verfehlten Frankreich-Politik vertrieben wurde; und nun begann die große Zeit Savonarolas. Er verwandelte Florenz in eine Theokratie, erklärte Jesus zum König des Stadtstaates und verstand sich selbst als Statthalter Christi.

Vor allem kam es dem frommen Mönch darauf an, die Sitten zu verbessern. Typisch dafür war der Karneval des Jahres 1497. Savonarola hatte etwa 1300 Kinder ausgeschickt, alles allzu Weltliche zusammenzutragen: Schminktöpfe, Seidenkleider, falsche

73   Sandro Botticelli (1444/45–1510), Verkündigung an Maria. Um 1490

Zöpfe, Spielkarten, Würfel, Musikinstrumente, antike Klassiker, Bücher wie den *Decamerone*, Bilder mit nackten Gestalten und dergleichen mehr. All das wurde zu einem Scheiterhaufen der Eitelkeiten aufgetürmt, Anhänger des Mönches warfen noch dieses und jenes dazu, um dann die brennende Pyramide zu umtanzen.

Am päpstlichen Hof Alexanders VI. nahm man Anstoß an Savonarolas Prophezeiungen über die Züchtigung der Kirche. Er bekam zuerst Predigtverbot, an das er sich nicht hielt. Er wurde exkommuniziert und verlangte daraufhin die Einberufung eines Konzils und die Absetzung des Papstes. Als Rom Florenz mit dem Interdikt bedrohte, wurde Savonarola von seinen Gegnern gefangengenommen, gefoltert, gehängt und verbrannt.

Der Tod dieses fanatischen, aber ehrlichen Idealisten lag wie ein Alpdruck auf allen, die ihn verehrten, auch auf Sandro Botticelli. Es ist oft die Frage aufgeworfen worden, wie stark der Künstler an Savonarola gebunden war. Ganz gewiß gehörte er nicht zu den direkten Anhängern wie sein Bruder Simone. Schließlich war er dem Haus Medici seit Jahrzehnten verpflichtet. Er befand sich nicht unter denen, die an der Vertreibung Piero de' Medicis und an der Begründung der Regierung Savonarolas mitwirkten. Dennoch verehrte er den Mönch und wurde nachdenklich, wenn dieser sich an die Künstler wandte, um sie vor der Darstellung des Nackten, des »Heidnischen« und des Verweltlichten um des christlichen Volkes willen zu warnen. Erst seit dem Tage der Hinrichtung gehörten alle Sympathien Sandro Botticellis dem großen Savonarola.

Nur religiöse und kirchliche Kunst ließ der fromme und eifernde Mönch gelten. Nach ihm haben die Künstler die Aufgabe, zu bessern und zu belehren. Sie sollten »die Seele malen, deren Ausdruck auch den häßlichen Körper schön erscheinen lasse«. Botticelli wandte sich in den letzten zwei Jahrzehnten seines Lebens noch mehr als bisher und in ganz besonderer Weise religiösen Themen zu. Um 1490 entstand die »Verkündigung an Maria« (Abb. 73), von der einige Kunsthistoriker meinen, es könnten Schüler an der Arbeit mitbeteiligt gewesen sein. Ganz gewiß aber handelt es sich um Botticellis Konzeption; denn es gehört zum Spätstil des Künstlers, daß seine neogotische Formensprache jetzt manieristische Züge aufweist. Seit der Zeit der Gotik war es üblich geworden, Maria scheu zurückweichen zu lassen. Hier verliert sie fast ihren Halt, blickt nur noch durch einen Spalt ihrer Augen und begegnet dem Engelgruß mit geradezu tänzerischer Haltung ihrer langfingrigen Hände. Dem entspricht, daß der festlich gewandete, auf dem Boden kniende Engel mit der Haltung seines Körpers sich auf Maria zubewegt und mit der Kraft seines Blickes förmlich in sie eindringt. Und all das geschieht auf einem Fußboden, dessen auffälliges Vierecksmuster das perspektivische Können des Meisters anschaulich macht, inmitten eines Raumes von klassisch ruhigen Formen, der durch eine Öffnung den Blick in eine Landschaft freigibt.

Durch Savonarola bekam auch das Passionsthema neue Bedeutung. Botticelli griff es mehrfach auf, mit besonderer Vehemenz in der »Beweinung Christi«, die sich in München befindet (Farbtafel 7). Dieses um 1495 gemalte Bild stammt sicher von der Hand Botticellis, auch wenn Schüler mitgearbeitet haben sollten. Vor der Architektur des Grabes auf einer Wiese sitzt Maria mit geschlossenen Augen, vom Schmerz überwältigt, und hält den schönen Körper ihres toten Sohnes auf ihrem Schoß. Vier heilige Frauen bemühen sich mit leidvollen Gesichtern um die Mutter und ihren Sohn, während Petrus, Paulus und Hieronymus – der Namenspatron von Hieronymus Savonarola – der Szene beiwohnen.

Auch hier nimmt Botticelli Gotisches wieder auf. Die Gestalten des Bildes empfinden *compassio* mit der Schmerzensmutter und ihrem Sohn und wollen auch den Betrachter des Bildes dazu anregen. Die Künstler der Renaissance stellen den Schmerz, wenn überhaupt, meist gedämpft und gemildert dar.

Piero della Francesca (1410/20–1492), Geburt Christi. Um 1470

3   Fra Angelico (1387?–1455), Verkündigung an Maria. Zwischen 1438 und 1450

◁ 2   Leonardo da Vinci (1452–1519), Kopf eines Engels. Detail aus: Andrea del Verrocchio, Taufe Christi
       (vgl. Abb. 31). 1472–1475

4 Sandro Botticelli (1444/45–1510), Venus. Detail aus: Geburt der Venus (vgl. Abb. 72). 1482

Sandro Botticelli (1444/45–1510), Frühling. Detail aus: Primavera (vgl. Abb. 71). 1477–1478 ▷

6   Sandro Botticelli (1444/45–1510), Anbetung der Könige (vgl. auch Abb. 76). Um 1475

7   Sandro Botticelli (1444/45–1510), Beweinung Christi. Um 1495

Benozzo Gozzoli (1420–1497), Der byzantinische Kaiser Johannes VIII. Paläologos. Aus: Zug der Heiligen Drei Könige (vgl. auch Abb. 77). 1459–1460

Domenico Ghirlandaio (1449–1494), Antonio Pucci, Lorenzo de' Medici, Francesco Sassetti und Federigo Sassetti. Detail aus: Papst Honorius III. bestätigt die Regel des hl. Franziskus (vgl. Abb. 78). Ab 1482/83

Die Gotiker, besonders die des Nordens, haben es verstanden, ihn zu eindringlicher Wirkung zu steigern, was vor allem die Kruzifixe und Vesperbilder deutlich machen. Auch Botticelli bemüht sich um Ausdrucksstärke, aber das Expressive bleibt in der italienischen Kunst oft problematisch. Es entgleitet ins Theatralische, wie es die Gesichter des Beweinungsbildes deutlich machen, während die Haltung der Gestalten in der Mittelgruppe gekünstelt wirkt. Botticellis Neogotik trägt auch hier manieristische Züge.

Ebenfalls manieristisch in Figur und Haltung zeigen sich Menschen und vor allem Engel auf dem Bild, das man »Die mystische Geburt« nennt (Abb. 74). Hier nun läßt sich die Wirkung der Hinrichtung Savonarolas auf Botticelli ablesen, besonders deutlich in der griechischen Überschrift, die nach Ergänzung beschädigter Stellen in Übersetzung lautet: »Dieses Bild malte ich, Alexander [= Sandro], am Ende des Jahres 1500 während der Wirren Italiens, in der halben Zeit nach der Zeit, gemäß dem 11. Kapitel des heiligen Johannes, im zweiten Wehe der Apokalypse, in der dreieinhalbjährigen Loslassung des Teufels. Er wird aber gefesselt sein im zwölften [Kapitel], und wir werden ihn zu Boden geworfen sehen in diesem Bilde.«

Die Zeit nach der Hinrichtung Savonarolas konnte Botticelli nur noch von der Apokalypse des Johannes her verstehen. Dunkel bleibt manches in dem Text; und auch das Bild gibt nicht das ganze Geheimnis preis. Unterhalb der Anbetung des Kindes werden drei Männer von Engeln begrüßt und umarmt. Man nimmt an, daß es sich bei ihnen um Savonarola und seine Mitbrüder Domenico Buonvicini und Sylvestre Maruffi handelt, die mit ihm zusammen verurteilt und getötet worden sind. Hinter ihnen flüchten sich drei kleine Teufel in die Erde.

Höhle und strohgedeckter Stall sind der Ort des heiligen Geschehens. Nach dem Vorbild seines Lehrers Filippo Lippi läßt Botticelli Maria das auf der Erde liegende Kind inbrünstig anbeten, während Joseph ganz in sich zusammengesunken ist. Engel haben die Könige – links – und die Hirten – rechts – zur Krippe gebracht. Drei andere Engel singen auf dem Strohdach ihr Gloria, und wieder andere tragen Olivenzweige, an denen Kronen hängen, in den Händen und schweben in den Lüften zum himmlischen Reigen.

Botticelli malte »Die mystische Geburt« zu einer Zeit, da Italien im Zeichen der beginnenden Hochrenaissance stand. Für ihn waren diese Jahre eine Periode der Bedrängnis und der Krise, die nur in neuer Religiosität und im Frieden des Göttlichen ihre Lösung finden konnte. Die künstlerische Sprache, in der er sich ausdrückte, war weitaus neogotisch.

Der neogotischen Formensprache bediente sich auch Filippino Lippi (um 1457–1504). Besonders in seinen frühen Werken wird die Abhängigkeit von seinem Lehrer Botticelli deutlich, der seinerseits ein Schüler von Filippinos Vater Filippo Lippi war. Doch auch in seinen späteren Arbeiten zeigte sich Filippino noch von Botticelli beeinflußt, selbst in seinen Fresken in der BRANCACCI-KAPELLE. Hier hatten ja, wie bereits ausgeführt, Masolino und vor allem Masaccio die Geschichte des hl. Petrus dargestellt, die Arbeit aber nicht zu Ende geführt, was erst sechs Jahrzehnte später geschah, und zwar durch Filippino Lippi, der sich wohl der statuarischen Darstellungsart Masaccios anzupassen bemühte, dabei aber seine künstlerische Herkunft nicht verleugnen konnte.

Ein Meisterwerk Filippinos aus der Zeit um 1486 ist sein Tafelbild »Die Vision des hl. Bernhard« (Abb. 75). In einer felsigen Landschaft sitzt der berühmte Zisterzienserabt an einem Pult beim Studium, als ihm die Muttergottes erscheint. Inbrünstig blickt er sie an, während zwei Engel aus der Begleitung Mariens sich ihm betend zuwenden. Eine mystische Atmosphäre erfüllt das Bild. Die beiden Hauptfiguren sind gotisch überlängt, ihre Köpfe im Verhältnis zur Figur manieristisch klein. Mit Erzählfreude ist das Bild gestaltet.

◁ 10   Leon Battista Alberti (1404–1472), S. Maria Novella, Fassade. Florenz. Nach 1456

74   Sandro Botticelli (1444/45–1510), Die mystische Geburt. 1500

Hinter der Madonna stehen zwei Engel mit braven Kindergesichtern, die staunend-neugierig das heilige Geschehen beobachten. Mönche machen sich vor ihrem Kloster zu schaffen. Es fehlt auch die Halbfigur des betenden Stifters nicht. Aber all das Vielerlei stört den geistlich-mystischen Kontakt zwischen Bernhard und der Madonna in keiner Weise.

Mit Filippino Lippi endet das neogotische Zwischenspiel der zweiten Hälfte des Quattrocento. In den letzten Werken dieses Meisters verbinden sich bereits manieristische mit vorbarocken Elementen.

75   Filippino Lippi (um 1457–1504), Die Vision des hl. Bernhard. Um 1486

Botticellis »Drei Könige« sind Mediceer

In der Epoche der Renaissance wurden in Italien, vor allem in Florenz und Rom, bekannte Zeitgenossen nicht selten in religiösen Bildern dargestellt, und zwar entweder so, daß sie als Begleitpersonen erscheinen oder aber daß sie die heiligen Gestalten selbst verkörpern. Man könnte das als eine besondere Nähe der Menschen des 15. und 16. Jahrhunderts zum Überirdischen und Heiligen ansehen. Man könnte darin aber auch eine Profanierung erblicken, wie es Savonarola tat, der die Darstellung von Zeitgenossen in religiösen Gemälden aufs schärfste ablehnte.

Typisch für ein solches Bild ist die »Anbetung der Könige« – oder die »Anbetung der Magier«, wie die Italiener sagen – von Botticelli. Sie entstand vermutlich um 1475, also noch bevor der Meister von Savonarola beeinflußt war (Farbabb. 6). Zur besseren Erläuterung soll eine Nachzeichnung mit Numerierung der einzelnen Personen dienen (Abb. 76).

Der älteste König, der ehrfurchtsvoll nach dem Füßchen des Jesus-Kindes greift, ist Cosimo de' Medici (1389–1464). Er war ein Bankkaufmann großen Stils, dazu ungekrönter Herr des republikanischen Stadtstaates Florenz. Cosimo förderte die platonische Philosophie, mit der er sich auch selbst beschäftigte, er war befreundet mit den großen Künstlern seiner Zeit und erteilte ihnen viele Aufträge. Mit Recht wurde ihm der Titel *Pater Patriae* zuteil.

Als die beiden anderen Könige, die ihre Gaben darbringen, fungieren Cosimos Söhne:

Piero (1416–1469) und Giovanni (1421 bis 1463). Piero trägt den Beinamen il Gottoso, der Gichtige, weil ihn das Erbübel der Familie besonders heftig befallen hatte. Auch er förderte Wissenschaften und Künste, zumal er selbst mit großem Geschmack Kunstgegenstände sammelte. Leider verblieb ihm wenig Zeit, um sich als Herr von Florenz zu bewähren. Dabei zeichneten ihn staatsmännische und diplomatische Fähigkeiten aus. So wußte er besser als viele andere, was die Freundschaft mit Frankreich für Florenz bedeutete, und pflegte sie so sehr, daß Ludwig XI. den Mediceern das Privileg verlieh, die oberste der sechs Kugeln ihres Wappens mit der französischen Lilie zu schmücken. Pieros Bruder Giovanni, der ein besonders tüchtiger Bankkaufmann war, starb schon 42jährig, ein Jahr vor seinem Vater.

Auf der linken Bildseite steht ganz vorn, mit leicht arrogantem Gesichtsausdruck, Lorenzo de' Medici (1449–1492), der den Beinamen il Magnifico trägt. Er und sein Großvater Cosimo gelten mit Recht als die berühmtesten Mediceer. Vielleicht nicht mehr so ein hervorragender Bankkaufmann wie der Großvater, verstand auch er es, den Stadtstaat geschickt zu lenken. Hinsichtlich der Kunst und der Wissenschaft begnügte er sich nicht damit, Gelehrte, Dichter und Künstler zu fördern, er beschäftigte sich auch selbst mit der Philosophie und schrieb vielerlei Gedichte: idyllisch-mythologische, religiöse, volkstümliche, satirische, Karnevals- und Tanzlieder sowie Liebesgedichte. Rechts neben

76 Schematische Nachzeichnung von: Sandro Botticelli (1444/45–1510), Anbetung der Könige (vgl. Farbabb. 6). Um 1475: 1 Cosimo de' Medici 2 Piero de' Medici 3 Giovanni de' Medici 4 Lorenzo de' Medici 5 vermutlich Angelo Poliziano 6 vermutlich Giovanni Pico della Mirandola 7 Giuliano de' Medici 8 vielleicht Johannes Argyropulos 9 vielleicht Lorenzo Tornabuoni 10 Sandro Botticelli

Lorenzo stehen vermutlich Angelo Poliziano (1454–1494), der Humanist und Dichter am mediceischen Hof, und Giovanni Pico della Mirandola (1463–1494), der Philosoph, von dem bereits ausführlich die Rede war.

Auf der rechten Bildseite fällt Giuliano de' Medici (1453–1478) auf, der Bruder Lorenzos, der wegen seiner Schönheit, Liebenswürdigkeit und Freude an heiteren Festen sehr geschätzt war und dem Lorenzo manche politische Mission anvertraute. Als Botticelli sein Dreikönigsbild malte, konnte niemand ahnen, daß Giuliano nur noch eine kurze Lebenszeit vergönnt war. Er starb 1478 bei der Verschwörung der Pazzi, die mit ihm und seinem Bruder verschwägert, aber auch verfeindet waren. Der Mordanschlag, an dem Papst Sixtus IV. und sein Neffe Girolamo Riario die Mitschuld trugen, erfolgte bei einer Messe im Florentiner Dom. Während Lorenzo sich retten konnte, starb Giuliano an vielen Dolchstichen.

Der bärtige Mann auf der rechten Bildseite wird oft als Johannes Argyropulos (um 1416 bis 1486) gedeutet, der von Konstantinopel nach Italien gekommen war, der die Schriften des Aristoteles kommentierte und teilweise ins Lateinische übersetzte und der sich sehr um die Vereinigung der Ost- und der Westkirche bemühte. Der Mann mit dem Federhut soll Lorenzo Tornabuoni sein, ein Verwandter von Lorenzo und Giuliano Medici, deren Mutter eine geborene Tornabuoni war. Vor ihm steht Sandro Botticelli selbst. Er blickt aus dem Bild heraus, um so den Kontakt zum Betrachter herzustellen.

Zeitgenossen in Gozzolis »Zug der Heiligen Drei Könige«

Bereits mehr als ein Jahrzehnt vor Botticelli hatte Benozzo Gozzoli (1420–1497), der eigentlich Benozzo di Lese hieß, die Drei Könige mit den Mediceern in Verbindung gebracht. Es ging darum, die Kapelle im Florentiner PALAZZO MEDICI auszumalen. Benozzo stellte den Zug der Heiligen Drei Könige dar, und zwar als Fresko, das drei Wände der CAPPELLA MEDICI bedeckt. Mit unglaublich viel Gefolge reiten die Könige durch eine anmutig gemalte Landschaft, die der toskanischen gleicht. Das Fresko stellt eine Erinnerung an das große Unionskonzil im Jahre 1439 dar, von dem bereits im Zusammenhang mit dem Humanismus die Rede war; denn die beiden ersten Könige haben die Gestalt des Patriarchen Joseph von Konstantinopel und des byzantinischen Kaisers Johannes VIII. Paläologos (Farbabb. 8) erhalten, welche die prominentesten Vertreter der griechisch-orthodoxen Kirche beim Konzil waren.

Der dritte König erscheint als der jugendliche Lorenzo de' Medici, der zur Zeit des Konzils noch gar nicht gelebt hat (Abb. 77). Er reitet auf einem Schimmel, trägt ein prächtiges Gewand, hat blonde, gepflegte Locken, die von einer blauen Krone mit goldenen Zacken bedeckt sind, und ein Gesicht, das hinsichtlich seiner Schönheit sehr idealisiert zu sein scheint.

Das unmittelbare Gefolge des jungen Königs besteht aus Mitgliedern der mediceischen Familie, aus befreundeten Fürsten und aus Gelehrten. Die Meinungen darüber, wer wen verkörpert, gehen stark auseinander. Wenn man die Berittenen der ersten Reihe von links nach rechts näher betrachtet, kann man mit Sicherheit sagen, daß es sich bei dem Reiter mit dem gut profilierten Gesicht ohne Kopfbedeckung um Sigismondo Malatesta (1417 bis 1468), den Herrn von Rimini, handelt. Ungewisser ist es schon, ob der junge Reiter mit der roten Mütze neben ihm Galeazzo Maria Sforza (1444–1476), den Sohn des Herzogs von Mailand, darstellt. Wer aber ist der Alte in der ersten Reihe? Man denkt an Cosimo de' Medici, aber man wird bedenklich, weil die Porträtähnlichkeit so gering ist. Rechts von ihm, auf einem wunderschönen weißen Pferd, reitet wahrscheinlich Cosimos Sohn Piero il Gottoso; und es ist nicht ausgeschlossen, daß der, dessen Gesicht zwischen seinem und dem Kopf des vermeintlichen Cosimo zu sehen ist, sein Bruder Giovanni sein soll.

»Es folgt ein langer Zug von Gelehrten und Literaten«, so schreibt G. F. Young, »der sich bis weit in die Ferne erstreckt: es sind sowohl Florentiner, von den Medici zur Pflege des Wissens herangezogen, wie Marsilio Ficino und die Brüder Pulci, als auch jene gefeierten griechischen Gelehrten aus Konstantinopel, die von den Medici zur Übersiedlung nach Florenz bewogen wurden und de-

77 Benozzo Gozzoli (1420–1497), Lorenzo de' Medici mit Gefolge. Detail aus: Zug der Heiligen Drei Könige (vgl. auch Farbabb. 8). 1459–1460

nen man Lehrstühle eingerichtet hatte, wie Argyropoulos, Chalcondylas, Bessarion und Plethon. Diese unterscheiden sich von den Florentinern durch ihre griechische Kopfbedeckungen. Die Florentiner sind glattrasiert, während die Griechen nach östlicher Sitte Bärte tragen . . . Inmitten des Gedränges von Wissenschaftlern, zwischen den griechischen Gelehrten hat Gozzoli sich selbst verewigt: da man ihn in so erlauchter Gesellschaft wohl kaum vermuten würde, hat er auf seine Kappe deutlich seinen Namen geschrieben.«[41]

Ghirlandaio malt die Florentiner Gesellschaft

Zum Spiegelbild der großbürgerlichen Gesellschaft in der Stadt Florenz ließ Domenico Ghirlandaio (1449–1494) seine religiösen Szenen werden. Wie es heißt, ist Ghirlandaio ein Schüler von Alesso Baldovinetti (um 1425 bis 1499) gewesen, der seinerseits bei Domenico Veneziano in der Lehre war. Doch auch Werke Masaccios, Uccellos, Filippo Lippis und Benozzo Gozzolis hatten den Künstler beeinflußt. Er ahmte aber nicht nach, sondern entwickelte einen eigenen Stil.

Gelegenheit, berühmte Florentiner in religiösen Bildern darzustellen, bot sich Ghirlandaio in Rom und in Florenz, hier zuerst durch Francesco Sassetti, der als Teilhaber des Bankhauses der Medici längere Zeit in Avignon und Lyon geweilt hatte und 1482/83 dem Künstler den Auftrag erteilte, eine Kapelle in der Kirche s. TRINITA auszumalen, die er für sich und seine Gattin als Grabkapelle vorgesehen hatte. Es sollte die Geschichte des hl. Franziskus dargestellt werden, welcher der Namenspatron Francesco Sassettis war. Das interessanteste Bild in diesem Zyklus ist die Bestätigung der Ordensregel durch Papst Honorius III. (Abb. 78).

Der Ort der Handlung ist vom Vatikan nach Florenz verlegt. Den Hintergrund des Freskos bildet die Piazza della Signoria mit dem PALAZZO VECCHIO und der LOGGIA DEI LANZI. Auf dem päpstlichen Thron sitzt Honorius III., der dem auf den Stufen knienden Franziskus die Bestätigung der Ordensregel überreicht. Im Gefolge des Heiligen befinden sich seine Brüder, hinter denen einige Kardinäle als Repräsentanten der Amtskirche im Bild erscheinen. Der Vordergrund ist ganz den Familien Sassetti und Medici vorbehalten. Auf der rechten Seite stehen nebeneinander vier Personen: der alte Antonio Pucci, der als politischer Anhänger der Medici galt und mit der Familie Sassetti verschwägert war, Lorenzo de' Medici il Magnifico, Francesco Sassetti und sein jüngster Sohn Federigo, der

78   Domenico Ghirlandaio (1449–1494), Papst Honorius III. bestätigt die Regel des hl. Franziskus (vgl. Farbabb. 9). Ab 1482/83

79 Domenico Ghirlandaio (1449–1494), Angelo Poliziano und Giuliano de' Medici. Detail aus:
Papst Honorius III. bestätigt die Regel des hl. Franziskus (vgl. Abb. 78)

80   Domenico Ghirlandaio (1449–1494),
      Szenen aus dem Leben Johannes des Täufers. 1486–1490

81   Domenico Ghirlandaio (1449–1494), Geburt Johannes des Täufers. 1486–1490

schon als Knabe dem geistlichen Stande angehörte (Farbabb. 9). Das Gegenstück auf der linken Seite bildet die Gruppe der drei ältesten Söhne Sassettis: Galeazzo, Cosimo und Bartolommeo. Auf der Treppe zwischen den beiden Gruppen sieht man auf den oberen Stufen den Humanisten Angelo Poliziano mit Giuliano, dem dritten Sohn Lorenzos, dem späteren Herzog von Nemours. Es folgen Piero, der älteste Sohn, der nach dem Tode Lorenzos dessen Nachfolge antreten und durch Unfähigkeit und Hochmut das Erbe verlieren wird, sowie sein Bruder Giovanni, der etwa 30 Jahre später als Leo X. den päpstlichen Thron besteigen wird. Den Abschluß des kleinen Zuges bilden zwei Mitglieder des mediceischen Hofes. Vermutlich handelt es sich – von rechts nach links – um den Literaten Matteo Franco und um Luigi Pulci, den humorvoll-volkstümlichen Dichter.

Domenico Ghirlandaio beweist in diesen Bildern, daß er mehr als ein Hofmaler war. Er verstand sich auf die realistische Porträtdarstellung und scheute sich nicht, das Gesicht Lorenzos, des ersten Mannes im Staate, wirklichkeitsgetreu darzustellen, obwohl es nicht schön war (Farbabb. 9). Von großem physiognomischen Reiz sind die großflächig angelegten Gesichter von Angelo Poliziano und dem jungen Giuliano de' Medici (Abb. 79).

82 Domenico Ghirlandaio (1449–1494), Geburt Mariens. 1486–1490

Während der Humanist und Erzieher der
Medici-Kinder den Blick aus seinem wohl-
profilierten Gesicht bewundernd und fast ehr-
fürchtig auf seinen Herrn Lorenzo richtet,
blickt Giuliano, dessen Züge schon einen betont eigenen Willen verraten, mit großen
Kinderaugen aus dem Bild auf den Betrachter.

Ghirlandaio hatte seine Arbeiten in der
Kirche s. TRINITA noch nicht beendet, als er
den Auftrag bekam, die Seitenwände des
Hauptchores der Kirche s. MARIA NOVELLA in
Florenz auszumalen. Auftraggeber war Giovanni Tornabuoni, der in geschäftlicher Beziehung zum Bankhaus der Medici stand und

mit ihnen verschwägert war, da Piero der
Gichtige Lucrezia Tornabuoni, eine Schwester
Giovannis, zur Frau genommen hatte.

Namenspatron von Giovanni Tornabuoni
war Johannes der Täufer. Mit Bildern aus
seinem Leben sollte die eine Wand ausgemalt
werden, die andere mit Szenen aus dem Leben der Jungfrau Maria.

Die Geschichte des Täufers beginnt rechts
unten mit der Verkündigung des Engels an
Zacharias. Es folgen: Mariä Heimsuchung, die
Geburt des Johannes-Kindes, die Namens-
gebung, die Predigt in der Wüste, die Taufe
Jesu und das Gastmahl des Herodes (Abb.
80). Diese Szenen spiegeln – ebenso wie die

83 Domenico Ghirlandaio (1449–1494), Ludovica Tornabuoni mit Florentiner Damen. Detail aus:
Geburt Mariens (vgl. Abb. 82)

84 Domenico Ghirlandaio (1449–1494), Davide Ghirlandaio, Tommaso Bigordi Ghirlandaio oder Alesso Baldovinetti, Domenico Ghirlandaio und Bastiano Mainardi. Detail aus: Joachims Vertreibung aus dem Tempel. 1486–1490

des Marien-Zyklus – das Leben des Florentiner Großbürgertums im Quattrocento wider: seine Sitten, seine Moden und seine Wohnkultur. Die in den Bildern erscheinenden Figuren sind zumeist Darstellungen stadtbekannter Prominenter, deren Namen zum Teil auch uns noch geläufig sind. So begegnen wir auf dem Fresko mit der Verkündigung an Zacharias den Humanisten Marsilio Ficino, Cristoforo Landino, Angelo Poliziano und Gentile de' Becchi, von denen in diesem Buch schon mehrfach die Rede war (vgl. Abb. 3).

Durch das Bild von der Geburt des Täufers (Abb. 81) werden wir in die Wochenstube einer vornehmen Florentinerin geführt. Elisa-

beth sitzt aufgerichtet in ihrem Bett. Aller Wahrscheinlichkeit nach trägt sie die Züge Lucrezia de' Medicis, der Mutter des Magnifico, der Schwester Giovanni Tornabuonis. Während eine Dienerin der Wöchnerin eine Mahlzeit bringt, stillt eine Amme das Kind, nach dem eine andere Betreuerin schon die Arme ausstreckt, weil sie es in der neben ihr stehenden Wanne baden möchte. Eine in Brokat gekleidete junge Dame hat den Raum betreten, um Elisabeth zu besuchen. Es folgen ihr zwei Matronen, hinter denen ein Mädchen mit fast tänzerischem Schritt und aufliegendem Schleier erscheint, das als Geschenk für die Wöchnerin eine Früchteschale auf dem

Kopf trägt. Der perspektivisch vertiefte Raum wirkt vornehm, aber einfach.

Das Gegenstück zu dieser Darstellung bildet die Geburt Mariens mit der Wochenstube der hl. Anna, die mit ihren ornamentgeschmückten Säulen, ihren intarsienverzierten, getäfelten Wänden und ihrem heiteren Puttifries die Wochenstube Elisabeths an Schönheit übertrifft (Abb. 82). Wieder gefällt Ghirlandaios klare Komposition, vor allem aber sein Sinn für das Edle, der sich besonders in der Gruppe der Besucherinnen ausdrückt. Sie verstehen es, zu schreiten und damit ihren Gewändern einen schönen und würdigen Faltenwurf zu geben. Ludovica, die Tochter Giovanni Tornabuonis, ist noch ein junges Mädchen, aber ganz Dame (Abb. 83). Es sind drei Generationen, die der hl. Anna hier ihre Aufwartung machen, was Ghirlandaio in den Physiognomien wie in den Gestalten trefflich ausgedrückt hat.

Der Künstler fügte in diesen Zyklus auch sein Selbstporträt ein, und zwar in das Fresko, das Joachims Vertreibung aus dem Tempel zeigt (Abb. 84). Domenico Ghirlandaio blickt aus dem Bild heraus, fast fragend, ob dem Betrachter seine Gemälde gefallen. Der ältere Mann neben ihm soll nach Vasari sein Lehrer Baldovinetti sein. Andere halten ihn eher für seinen Vater Tommaso Bigordi, der als Goldschmied Schmuck-Girlanden für junge Mädchen herstellte, weswegen man ihn Ghirlandaio nannte, ein Name, der dann auch auf den Sohn überging. Die beiden jüngeren Männer sind Domenicos Verwandte und Mitarbeiter, links sein Bruder Davide, rechts sein Schwager Bastiano Mainardi.

So gibt sich auf den religiösen Darstellungen Ghirlandaios die Florentiner Gesellschaft der Renaissance-Zeit ein Stelldichein. Die Fresken von S. TRINITA und S. MARIA NOVELLA sind dadurch über ihre künstlerische Bedeutung hinaus zu einem unersetzlichen kulturhistorischen Dokument für spätere Generationen geworden.

Filippo Brunelleschi als Begründer der neuen Baukunst

Der erste große Architekt der Frührenaissance war der Florentiner Filippo Brunelleschi (1377–1446). Ausgebildet wurde er als Goldschmied. Er arbeitete aber auch als Bildhauer. Gemälde kennen wir keine von ihm. Und doch hat er für die Malerei unendlich viel geleistet. Er entdeckte die Zentralperspektive, die dann sein Freund Masaccio als erster in der Malerei anwandte, und zwar bei seinem Dreifaltigkeitsbild (vgl. Abb. 5).

85 S. Maria del Fiore, der Dom von Florenz. Beg. 1296, die Kuppel Brunelleschis beg. 1420

Durch Brunelleschi bekam der FLORENTINER DOM seine Kuppel (Abb. 85). Im Jahre 1296 hatte Arnolfo di Cambio damit begonnen, an die Stelle des alten Domes S. REPARATA einen neuen zu setzen, der den Namen S. MARIA DEL FIORE erhielt. Nach dem Tode Arnolfos folgten mehrere Dombaumeister – unter ihnen der berühmte Giotto – mit verschiedenen Vorstellungen über die endgültige Form des Gotteshauses, bis dann im Jahre 1368 eine Kommission von Baumeistern und Künstlern sich auf ein Modell einigte, das für alle nachfolgenden Architekten absolut verbindlich war. Man baute den Chorraum aus, errichtete die Vierungspfeiler und für die Kuppel den Tambour; doch nun wußte man nicht, wie man sie bei einem Durchmesser von 41 Metern wölben sollte.

Man konnte schließlich bei diesen Ausmaßen kein Lehrgerüst (ein hölzernes Hilfsgerüst zum Bau eines Gewölbes) zimmern. Es wurden die unmöglichsten Vorschläge gemacht; und wenn man Vasari glauben kann, regte ein Architekt sogar an, man solle Erde aufschütten und die Kuppel darüber wölben. Um nach Fertigstellung den Abtransport des Erdreichs sicherzustellen, solle man es mit Kupfermünzen untermischen, weil dann die Leute von sich aus den Schutt beseitigen würden.

Brunelleschi zeigte sich an dem Kuppelbau sehr interessiert. Doch auch er konnte sich anfangs mit seinen Vorschlägen nicht durchsetzen. Erst ein Modell, das er mit Lorenzo Ghiberti zusammen einreichte, fand Zustimmung; und so konnten die Arbeiten 1420 begonnen werden. Brunelleschi verstand es, Ghiberti, dessen Fähigkeiten mehr auf dem Gebiet der Bildhauerei als dem der Baukunst lagen, nach und nach auszuschalten, so daß der Kuppelbau als *sein* Werk anzusehen ist.

Als Brunelleschi in Rom war, hatte er antike Bauwerke studiert, so den Kuppelbau des sogenannten TEMPELS DER MINERVA MEDICA und das PANTHEON, das seine ganze Bewunderung erregte. Für seinen Kuppelbau in Florenz konnte er kaum Nutzen aus seinen römischen Studien ziehen, da die Voraussetzungen ganz andere waren. So sah sich Brunelleschi veranlaßt, nach gotischer Art, die spitze Form der Kuppel zu wählen, weil seine Vorgänger schon den Ansatz dafür geschaffen hatten und weil bei der spitzen Form der Seitenschub geringer ist als bei der runden. Auch übernahm er von der Gotik seine Konstruktionstechnik. Er schuf das tragende Gerüst seiner Kuppel aus einer Verbindung vertikaler Rippen mit konzentrischen Ringen, die nach Murray nichts anderes sind »als in die Horizontale verlagerte gotische Rippen«. Entscheidend aber ist vor allem, daß die Kuppel nicht aus einer, sondern aus zwei Schalen besteht, die durch Rippenverstrebungen verbunden sind. Durch eine solche Doppelschalenkonstruktion, bei der die innere

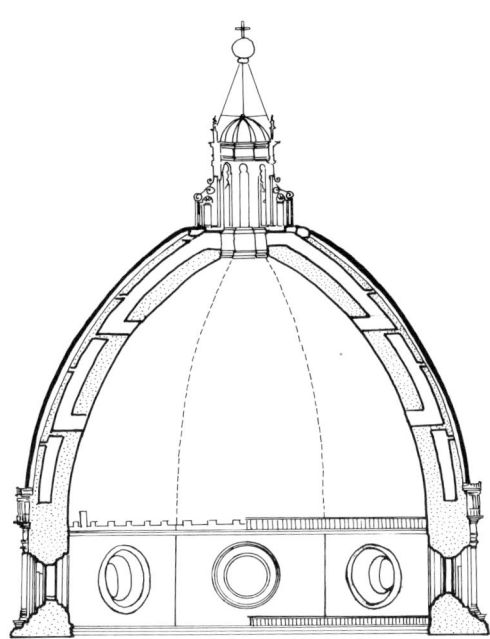

86 Schematische Darstellung der Doppelschalenkonstruktion der Kuppel von S. Maria del Fiore, Florenz, erbaut von Filippo Brunelleschi (1377–1446). Ab 1420

87   Filippo Brunelleschi (1377–1446), Ospedale degli Innocenti, Loggia, Florenz. Im Zustand von 1445

Schale stärker ist als die äußere, werden Kuppeln trotz großer Festigkeit gewichtmäßig leichter (Abb. 86). Schließlich konnte Brunelleschi anstelle eines Lehrgerüstes ein fliegendes Baugerüst verwenden, weil er seine Ziegel im Fischgrätenverband aufmauerte und dabei einen schnell bindenden Mörtel verwendete.

Brunelleschis Domkuppel ist zwar eine geniale Konstruktion, aber nicht eine spezifische Ausdrucksform der beginnenden Renaissance-Zeit. Viel eher ließe sich eine solche beim OSPEDALE DEGLI INNOCENTI sowie bei S. LO-RENZO und seiner ALTEN SAKRISTEI feststellen, an denen der Künstler zur gleichen Zeit baute wie an der Kuppel von S. MARIA DEL FIORE. Diese Florentiner Gebäude erweisen sich insofern als Werke der Renaissance-Kunst, als sie antike Elemente aufweisen. Doch auch hier wieder bedeutet Renaissance nicht Wiedergeburt der Antike, sondern Wiedergeburt antiker Prinzipien. Als Brunelleschi in Rom weilte, studierte er nicht antike Bauwerke, um sie in klassizistischer Weise mehr oder minder nachzuahmen. Er begriff vielmehr durch sie, was Solidität des Bauens heißt, was bauliche Logik bedeutet, wie ein Bauwerk *gravitas,* Würde, bekommt, vor allem aber, daß alle Formschönheit abhängt von einer mathematisch bestimmbaren Wohlproportioniertheit.

Durch Harmonie in den Proportionen zeichnet sich zuerst einmal die Fassade des Findelhauses von Florenz, des OSPEDALE DEGLI INNOCENTI, aus. Brunelleschi erhielt 1419 von der Zunft der Seidenmacher den Auftrag, ein Haus für die Findelkinder zu erbauen, was er in Zusammenarbeit mit Francesco della Luna (1373–nach 1440) tat. Den schönsten und für die Renaissance typischsten Teil des OSPEDALE bildet die Fassade mit Brunelleschis Loggia, die aber im Laufe der Zeit – nicht zu ihrem Vorteil – manche Veränderung erfahren hat. Darum zeigen wir sie in einer Zeichnung, wie sie im Jahre 1445 ausgesehen hat, als das Findelhaus so weit fertiggestellt war, daß das erste Kind aufgenommen werden konnte (Abb. 87). Wenn man die Loggia als Inbegriff von Ruhe und Harmonie empfindet, dann liegt das an den Maßverhältnissen. Die Schönheit des Ganzen gründet sich auf die Wohlproportioniertheit und nicht auf das Ornament, das ja auch spärlich ist. Es besteht aus den korinthisierenden Kapitellen und den Medaillons mit den Wikkelkindern Andrea della Robbias, die allerdings erst um 1463 eingefügt wurden.

Im gleichen Jahr, in dem Filippo Brunelleschi den Entwurf für das OSPEDALE anfertigte, bekam er den Auftrag, die ALTE SAKRISTEI VON S. LORENZO zu bauen. Ihren Namen erhielt sie von ihrem späteren Ver-

88   Filippo Brunelleschi (1377–1446), S. Lorenzo, Alte Sakristei, Florenz. 1419–1428

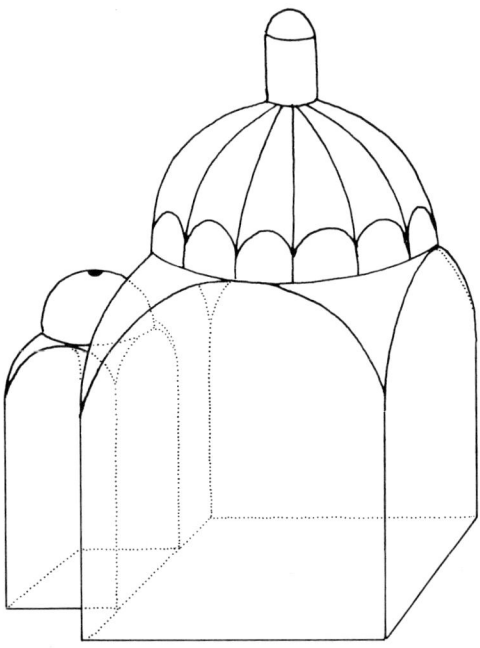

89 Schematische Darstellung der Alten Sakristei von S. Lorenzo, Florenz (vgl. Abb. 88)

90 Grundriß von S. Lorenzo, Florenz, im Jahre 1469

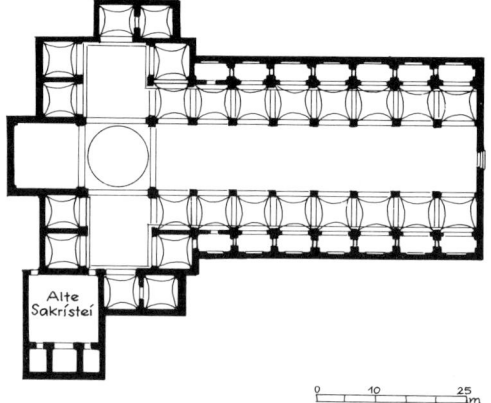

Alte
Sakristei

wendungszweck. Errichtet wurde sie als Mausoleum, das Giovanni d' Averardo de' Medici, der Vater Cosimos, für sich und seine Gattin als letzte Ruhestätte ausersehen hatte.

Mausoleen waren schon zur Zeit des frühen Christentums Zentralbauten, eine Tradition, an die sich auch Brunelleschi hielt. Der Sarkophag sollte im Mittelpunkt stehen, wo er heute noch seinen Platz hat, wenn er auch von einem großen Marmortisch überdeckt ist. Von diesem Zentrum aus wurde der ganze Raum konzipiert, der sich im Prinzip als Kubus darstellt, der von einer Halbkugel als Kuppel überwölbt ist. Möglich wurde diese Verbindung allerdings nur durch die Einfügung von Pendentifs, von Hängezwikkeln in der Form sphärischer Dreiecke, welche die byzantinische Baukunst schon kannte, die aber weitaus vergessen waren (Abb. 88). Da Zentralräume als Ganzes unfotografierbar sind, fügen wir eine schematische Zeichnung hinzu (Abb. 89), welche die Raumordnung zeigt, wie man sie im Innern der ALTEN SAKRISTEI erfährt. Variiert wiederholt sich der Hauptraum im Chor, der durch zwei von Türen verschlossenen Nebenräumen flankiert wird.

Die ALTE SAKRISTEI besitzt eine reiche Ausstattung durch Reliefs und Bronzetüren von der Hand Donatellos. Ihre Schönheit verdankt aber auch sie vor allem ihren Proportionen, deren Wohlklang man wahrnimmt, wenn man in der Mitte des Raumes steht.

Als Brunelleschi seine Arbeiten an der ALTEN SAKRISTEI begann, wurde auch in der angrenzenden Kirche S. LORENZO gebaut. Diese war schon im 4. Jahrhundert errichtet worden. Nach einer Erneuerung im 11. Jahrhundert sollte sie nun abermals umgebaut werden. Weil den Bauherrn die vielen Chorkapellen in S. CROCE so gefielen, sollte auch S. LORENZO neun Chorkapellen erhalten. Man arbeitete bereits am Hauptchor, als Giovanni d' Averardo de' Medici von den Arbeiten Brunelleschis an der ALTEN SAKRISTEI so angetan war, daß er ihn aufforderte, einen Plan für den gesamten Baukomplex von S. LORENZO

91 Filippo Brunelleschi (1377–1446), S. Lorenzo, Innenraum, Florenz. 1422–1469

zu entwerfen, der dann auch angenommen wurde. Freilich wurde im Laufe der Zeit noch einiges an ihm verändert. Die neue Kirche s. LORENZO fand ihre Vollendung erst im Jahre 1469, also 23 Jahre nach dem Tode Brunelleschis. Dennoch läßt sie sich als sein Werk bezeichnen, da sie nach seinem Grundkonzept erbaut ist.

Wenn man den Grundriß betrachtet, wie er dem 1469 vollendeten Bau entspricht, stellt man fest, daß es sich bei dem Kernbau um eine dreischiffige Basilika mit einem Querhaus handelt (Abb. 90). Es wird auch klar, daß die gesamte Baukonzeption hinsichtlich der Maße vom Grundrißquadrat der Vierung ausgeht. Steht man im Hauptschiff (Abb. 91), dann begreift man, daß hier zum ersten Mal eine Kirche im Renaissance-Stil entstanden ist. Nichts Wesentliches erinnert mehr an die Gotik. Der Spitzbogen ist verschwunden; und der Rundbogen gemahnt an toskanische Romanik. Der Gesamteindruck aber läßt an frühchristliche Basiliken denken. Gewiß, es gibt vieles, was anders ist. Kämpfer über den Kapitellen findet man nicht vor der byzantinischen Zeit. An Seitenschiffe angebaute Kapellen kannte das frühe Christentum nicht. Dazu waren die Seitenschiffe mit offenen Dachstühlen gedeckt, hier aber sind sie überwölbt, wobei das Gewölbe – wie im

Innern der Loggia des OSPEDALE DEGLI INNO-CENTI – aus Hängekuppeln besteht, zwischen denen Gurtbögen gespannt sind. Doch die dreischiffige Anlage mit dem flachgedeckten Hauptschiff, dem Lichtgaden an den Langhauswänden des überhöhten Mittelschiffes und den Säulen mit den korinthisierenden Kapitellen erinnert an Basiliken der frühchristlichen Antike, zum Beispiel an S. SABINA in Rom. Wir wissen nicht, ob Brunelleschi solche Basiliken vor Augen hatte, als er S.

LORENZO baute. Vielleicht wollte er auch aus dem neuen Formgefühl der jungen Renaissance heraus die spitzbogige Gotik durch runde Bogen und eine flache Decke sowie durch klassische Maße und Proportionen überwinden, so daß er sich beinahe unbewußt dem altchristlichen Baustil annäherte. Möglich wäre das; denn Brunelleschi war kein Nachahmer, sondern ein Neugestalter. Auch was er von der Antike erlernte, setzte er in neue und eigene Konzeptionen um.

Leon Battista Alberti und die klassische Form

Während Brunelleschi ein auf das Praktische gerichteter Baumeister war, betrieb der universal gebildete Humanist Leon Battista Alberti (1404–1472) die Baukunst als Architekturtheoretiker. Er studierte dazu die Schriften der Antike und ebenso deren Bauwerke, soweit sie in Rom und in anderen italienischen Städten noch vorhanden waren.

Alberti begann seine Tätigkeit als Architekt um 1446 in Rimini, wo er im Auftrag von Sigismondo Malatesta für die Kirche S. FRANCESCO die Fassaden für die Vorderfront und die beiden Langseiten schuf (Abb. 92).

Es wäre übertrieben, wenn man Alberti schlechthin einen Klassizisten nennen würde. Dazu imitierte er Bauten der Antike nicht weitgehend genug. Doch stärker als andere Architekten der Frührenaissance orientierte er sich bei seinen eigenen Projekten an Bauwerken des Altertums. So entwarf er den Mitteltrakt der Fassade von S. FRANCESCO nach dem Vorbild des Ehrenbogens für Kaiser Augustus, der – nur einige hundert Meter von der Kirche entfernt – heute noch am Anfang der alten Via Flaminia zu finden ist. Dem Mittelbogen entsprechen Blendarkaden an den beiden Seiten, die ebenfalls von Säu-

len begrenzt sind. Ursprünglich sollten sie mit Nischen ausgestattet werden, welche für Sarkophage bestimmt waren, in die dereinst Sigismondo und Isotta gebettet werden sollten. Nicht von ungefähr nennt man die Kirche S. FRANCESCO auch TEMPIO MALATESTIANO. Der Neubau war mehr oder minder als Ruhmestempel für Sigismondo Malatesta und seine Geliebte Isotta gedacht, die nach der Ermordung seiner Gemahlin seine Frau geworden war. Zwischen dem Gebälk und dem Giebel verläuft ein gekröpftes Gesims, das an den Seitenmauern ohne Verkröpfung weiterläuft und dort den oberen Abschluß von Wänden bildet, die durch Pfeilerarkaden geöffnet sind.

Das Giebelgeschoß blieb unvollendet. Wir haben aber eine Vorstellung, wie es geplant war, weil Matteo de' Pasti, der Bauleiter von S. FRANCESCO, 1450 eine Medaille geschaffen hat, die den projektierten Bau zeigt. Danach dachte man auch daran, den Kirchenraum mit einer gewaltigen Kuppel zu krönen (Abb. 93). Doch all das kam nicht zur Ausführung. Heute stellt sich die Kirche dar als gotischer Saal, der an drei Seiten von einem Außenbau Albertis ummantelt ist.

92 Leon Battista Alberti (1404–1472), S. Francesco (Tempio Malatestiano), Rimini. Ab 1446

Nach 1456 mußte Leon Battista Alberti abermals eine Fassade entwerfen, und zwar nichts außer dieser; denn der gotische Bau, für den sie bestimmt war, stand fertig da und sollte auch nicht verändert werden. Ja, selbst die Fassade war schon in gotischen Formen im Untergeschoß begonnen und bis zu den Blendarkaden inkrustiert worden. Alberti mußte also das Vorhandene übernehmen und das Werk fortführen.

Die Kirche, von der hier die Rede ist, gehört den Florentiner Dominikanern und heißt s. MARIA NOVELLA (Farbtafel 10). Es ist ganz erstaunlich, mit welchem Geschick Alberti Vorgegebenes aus der vergangenen gotischen Epoche übernahm und es ohne Stilbruch mit

einer Konzeption aus dem neuen Geist der Renaissance verband. Er gab dem schon fertigen Untergeschoß seine Struktur durch vier Halbsäulen und zwei große Eckpilaster und zierte es durch ein prachtvolles Mittelportal. Auf Säulen und Pilaster legte Alberti ein nur schwach gekröpftes Gebälk und betonte die Horizontale noch stärker durch eine Attika. Auf diese stellte er einen Aufbau von der Art eines stilisierten Tempels. Die Voluten, von denen die rechte erst aus dem Jahr 1922 stammt, gehören ganz wesentlich zum Entwurf Albertis; denn nur so verbindet sich der breit hingelagerte Unterbau mit dem verhältnismäßig steilen Aufsatz. In der Inkrustierung setzte Alberti das fort, was be-

93 Nachzeichnung des projektierten Tempio
Malatestiano, wie ihn die Medaille des
Matteo de' Pasti von 1450 zeigt

94 Leon Battista Alberti (1404–1472), S. Andrea,
Fassade, Mantua. Nach 1472

reits begonnen und aus toskanischer Tradition
hervorgegangen war. Aus weißen Platten und
grünen Streifen schuf er ein einfaches und
klares Ornament.

Es fällt bei der Fassade von S. MARIA
NOVELLA auf, daß sie weniger klassizistisch
wirkt als die Fassade von S. FRANCESCO in
Rimini. Alberti bediente sich der antiken
Formen hier weniger direkt. Er verwandelte
sie, stilisierte sie, benutzte sie als Elemente.
Seine geistige Verwandtschaft zur Antike
zeigt sich vor allem darin, daß er für den Bau
wie für die Dekoration Proportionen gewählt
hat, die dem Ganzen wie seinen Teilen ein
harmonisches Aussehen verleihen.

Die letzte Fassade, die Alberti schuf, ziert
die Kirche S. ANDREA in Mantua (Abb. 94).
Der Grundstein zu dem Heiligtum wurde
1472 gelegt, also in dem Jahr, in dem der
Künstler starb. Doch ist die Kirche sein Werk;
denn – wenn man von der Kuppel und einigen Details absieht – entspricht das Bauwerk
seinen Plänen. Immer eigentlich lieferte Alberti nur die Entwürfe, nach denen dann
andere Meister bauten.

S. ANDREA besitzt nicht nur eine Fassade,
sondern einen Vorbau, der an den Narthex
frühchristlicher Kirchen denken läßt. Schrei-
tet man über die Kirchenstufen durch den
großen Mittelbogen, so steht man unter einem
kassettierten Tonnengewölbe in der Vor-
halle, die in Querrichtung von zwei kleineren
und niedrigeren Tonnen überwölbt ist. Die
mehrgeschossige Fassade wird von kolossalen
Pilastern geradezu zusammengehalten. Über
dem Gebälk liegt der große Dreiecksgiebel.
Man hat mit Recht gesagt, daß Alberti in
dem Vorbau von S. ANDREA eine antike Tem-
pelfront mit einem Triumphbogen vereinigt
habe. Dadurch hat er sich antik-unantik ver-
halten.

Der Innenbau erhebt sich über dem Grundriß eines lateinischen Kreuzes und ist mit
Tonnengewölben gedeckt. Druck und Schub
von den Tonnen des Langhauses werden von
den Seitenkapellen mit ihren quergestellten
Tonnengewölben abgefangen. Das erinnert

sehr an römische Thermensäle, läßt aber auch vorausahnen, wie ein Jahrhundert später die barocken Kirchen gebaut werden. So schöpfte Alberti aus den Quellen römisch-antiker Vergangenheit, wies aber gleichzeitig der Architektur den Weg über die eigene Zeit hinaus. Er wirkte jedoch nicht nur mit seinen Bauten, sondern auch mit seinen Schriften, vor allem mit seinen *Zehn Büchern über die Baukunst*, die 1485 zum ersten Mal erschienen sind.

Paläste und ihre Höfe

Das Wohnhaus des Großbürgertums der Renaissance-Zeit war der Palazzo. Es fehlte ihm das Herrscherliche der fürstlichen Paläste. Er zeichnet sich durch Vornehmheit und Einfachheit, ja manchmal durch Nüchternheit aus.

Als einer der schönsten und typischsten Palazzi gilt jener, welcher der Familie Strozzi gehörte (Abb. 95). Drei seiner Fassaden sind in Rustika-Mauerwerk errichtet. Das Gebäude umfaßt drei Geschosse, die durch Gurtgesimse voneinander getrennt sind. Den oberen Abschluß bildet ein ausladendes Kranzgesims. Während die Fenster des Untergeschosses klein und quadratisch sind, haben alle übrigen die Form eines Bogens, der jeweils ein Zwillingsfenster umschließt und nach oben zu von strahlenförmig angeordneten, keilförmigen Steinen umgeben ist, was sich bei den Portalen in größerem Maßstab wiederholt.

Der PALAZZO STROZZI weist keinen Reichtum an Formen auf. Jedes Portal, jedes Fenster, jedes Gesims, ja jeder Stein wiederholt sich. Alles ist aber so gediegen gearbeitet, daß es seine Zierde in sich trägt und keines zusätzlich verwendeten Ornamentes bedarf. Man kann den Palazzo als klassisch bezeichnen. Nichts erinnert an ein Bauwerk der klassischen Antike; und doch ist er einem solchen verwandt; denn alles ist wohlproportioniert: das Verhältnis von Höhe und Breite der Fronten, das Verhältnis der einzelnen Teile zum Ganzen, das Verhältnis der Teile untereinander und schließlich das Maßverhältnis innerhalb jedes einzelnen Details. Das eben bedeutet Renaissance: nicht Imitation der Antike, sondern Wiedergeburt ihres Geistes.

Der PALAZZO STROZZI wurde erst 1489 begonnen und nach 1500 einigermaßen fertiggestellt. Das erste Modell verfertigte Giuliano da Sangallo (1445–1516). Die Baumeister waren aber Benedetto da Maiano (1442 bis 1497) und nach dessen Tod Simone del Pollaiuolo (1457–1508), den man Cronaca nannte. Erst in der Übergangszeit von der Früh- zur Hochrenaissance entstand dieser Palazzo, aber am Typ hat sich kaum etwas geändert seit dem Jahre 1444, in dem Michelozzo den PALAZZO MEDICI begonnen hatte.

In der Grundkonzeption und in den Maßverhältnissen sind sich fast alle Renaissance-Paläste ähnlich. Variiert wurde vor allem in der Gestaltung der Fassaden. Drei Beispiele mögen das deutlich machen.

Der Florentiner Großkaufmann Giovanni di Paolo Rucellai ließ sich von Leon Battista Alberti (1404–1472) einen Palast entwerfen, den dann Bernardo Rossellino (1409–1464) erbaute, womit er im Jahre 1446 begann (Abb. 96). Hier findet man zum ersten Mal in der Florentiner Baugeschichte im Untergeschoß quadratische Fenster und darüber bogenüberwölbte Zwillingsfenster, während die Portale rechteckig sind. Der Reiz dieses Palastes liegt nicht zuletzt in den Pilastern, die in allen drei Geschossen die Mauern nicht nur schmücken, sondern auch vertikal glie-

95　Benedetto da Maiano (1442–1497) und Cronaca (1457–1509), Palazzo Strozzi, Florenz. 1489 bis nach 1500

dern. Beim PALAZZO RUCELLAI sind glatte Steine verwandt, die so wohlüberlegt gehauen und angeordnet sind, daß ihre Fugen förmlich ein Ornament bilden.

Vermutlich von Bernardo Rossellino entworfen wurde der PALAZZO PICCOLOMINI in Siena (Abb. 97), der jener bekannten Familie gehörte, aus der Enea Silvio hervorging, der als Humanist und Dichter großes Ansehen genoß und der von 1458 bis 1464 als Pius II. den päpstlichen Stuhl innehatte. Die Bauleitung war Pietro Paolo Porrina übertragen

worden, der aus der Umgebung von Siena stammte und von dessen Daten nur 1478 als wahrscheinliches Todesdatum bekannt ist. Er begann seine Arbeiten im Jahre 1469.

Die Fassade des PALAZZO PICCOLOMINI besteht aus einem glatten Quadermauerwerk, in das wiederum im Untergeschoß quadratische und darüber bogenförmige Fenster eingefügt sind. Hier liegt die Variante vor allem darin, daß im Untergeschoß sich rechts und links vom Hauptportal noch je vier weitere Bögen öffnen, welche die repräsentative Wirkung der Fassade steigern.

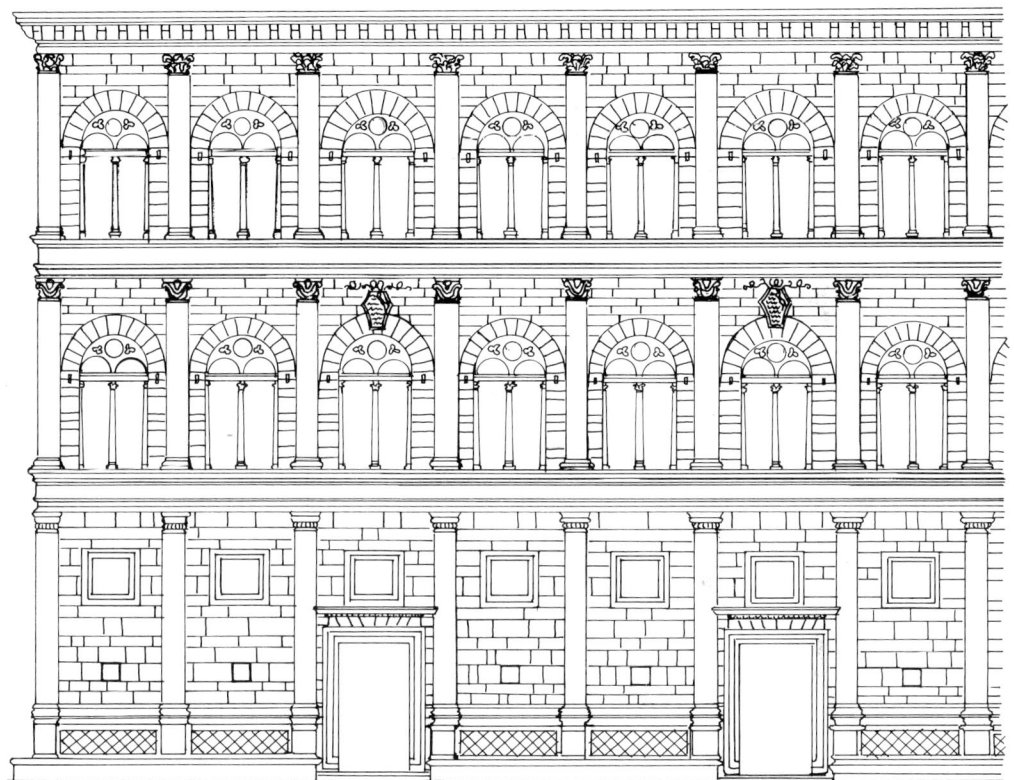

96   Leon Battista Alberti (1404–1472) und Bernardo Rossellino (1409–1464), Palazzo Rucellai, Florenz. Ab 1446

Giuliano da Sangallo (1445–1516) baute in der Zeit von 1490 bis 1501 den PALAZZO GONDI in Florenz (Abb. 98). Bei allen diesen Renaissance-Palästen gewinnen die Stockwerke nach oben zu größere Leichtigkeit, allein schon dadurch, daß sie von Geschoß zu Geschoß niedriger werden.

Beim PALAZZO GONDI wird der Eindruck des Leichterwerdens noch verstärkt durch das Mauerwerk. Das Untergeschoß besteht aus Polster-Quadern. Die drei Portale sind durch einen strahlenförmigen Kranz von konisch verlaufenden Steinen in abgestufter

Größe gekrönt. In ähnlicher Musterung zeigt sich das zweite Geschoß, nur daß die Steine hier geglättet sind. Auch wird das Ornamentale noch mehr betont, allein schon durch die Kreuze zwischen den Fensterumrandungen. Das oberste Stockwerk stellt sich als glatte Wandfläche dar, auf der die Fugen zwischen den Steinen fast unsichtbar werden.

Von besonderem Reiz ist der Hof des PALAZZO GONDI (Abb. 99). Alle Renaissance-Paläste besitzen Innenhöfe. Um sie herum sind die Gebäude angelegt. Während bei den

Fassaden zumeist auf Schlichtheit und vornehme Zurückhaltung Wert gelegt wird, gestattet man sich in den Innenräumen und in den Höfen mehr Aufwand; allerdings hält man auch diesen in Grenzen. Wesentliches Element für den Hof ist die Säule, die in Italien seit der Antike immer verwandt wurde, in der Renaissance aber besondere Bedeutung gewann.

Elegant wirken die Säulenschäfte im PALAZZO GONDI. Sie stehen auf einer Basis und haben wunderbar skulptierte Kapitelle, die aus dem römischen Kompositkapitell entwickelt sind. Die Kämpfer auf diesen dienen als Aufleger für die Bögen, welche die Mauern des um den Hof angeordneten Gebäudes tragen. Ausgewogenheit zwischen Stütze und Last bestimmt den Gesamteindruck. Die Treppe, die in die erste Etage führt, ist nicht zum Steigen, sondern zum Emporschreiten angelegt. Der Brunnen entstand erst 1604, paßt aber in diesen Hof. Die Renaissance sucht nicht wie der Barock die Bewegung, sondern die Ruhe. Deswegen verträgt sie nur Brunnen, die, wie dieser, nicht rauschen, sondern plätschern.

Es gibt auch Höfe, die weniger intim sind als der des PALAZZO GONDI. Bisweilen erweitern sich ihre Ausmaße ganz erheblich. Das trifft zu, wenn es sich um Höfe fürstlicher Residenzen handelt. Architekturen sind Spiegelbilder gesellschaftlicher und machtpolitischer Positionen, und fürstliche Palastanlagen unterscheiden sich von bürgerlichen auch dann, wenn in der Bauform Ähnlichkeiten feststellbar sind. Allein schon die Größe einer Anlage läßt erkennen, ob sie für einen Fürsten oder einen Bürger geschaffen wurde.

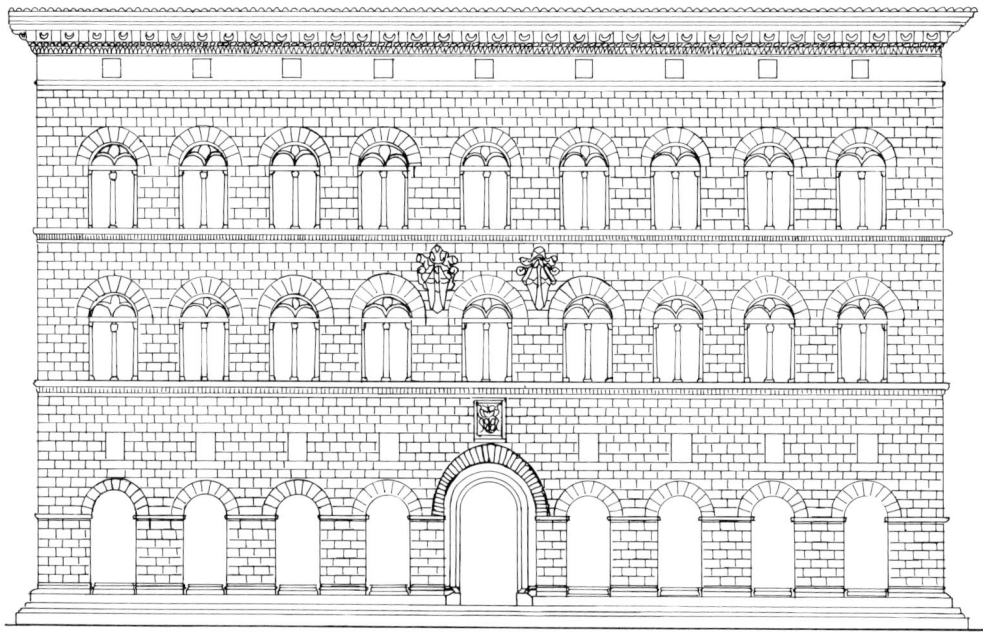

97 Bernardo Rossellino (1409–1464) und Pietro Paolo Porrina (gest. um 1478), Palazzo Piccolomini, Siena. Ab 1469

Bestes Beispiel eines fürstlichen Palasthofes der Renaissance-Zeit ist der des PALAZZO DUCALE von Urbino (Abb. 100). Sein Bauherr ist Federigo da Montefeltro, als Generalkapitän der päpstlichen Truppen ein hervorragender Feldherr, dazu ein weitsichtiger, gütiger und gerechter Herrscher über sein kleines Staatsgebiet und schließlich ein gelehrter Humanist und Mäzen der Künstler, der hinsichtlich der Architektur eigene Ambitionen hatte. Als Baumeister für den bereits begonnenen Palast verpflichtete er Luciano Laurana (1420/25–1479), der in Dalmatien geboren war.

Es liegt in der Natur des großen und repräsentativen Hofes, wenn die Säulen nicht die schlanke Eleganz der Säulen Florentiner Bürgerpaläste aufweisen können. Sie sind fester und stämmiger, vermögen aber dennoch nicht die Mauern des Obergeschosses mit seinen Festsälen allein zu tragen, so daß an den vier Hofecken kräftige Mauerstücke als Stützen eingefügt wurden, denen an den Seiten Halbsäulen anliegen, während ihnen zum Hof hin große Pilaster zur Zierde und Verstärkung vorgesetzt sind. Über den Pilasterkapitellen erscheinen Verkröpfungen, die an allen vier Hofseiten zu jenem Gebälk gehören, das über die Arkadenscheitel verläuft und dessen Fries mit einer Inschrift zum Lobe Federigos versehen ist. Das zweite Geschoß besteht in einer geschlossenen Backsteinwand mit viereckigen Fenstern, die durch Pilaster gegliedert ist, welche genau über den Säulen des Untergeschosses angeordnet sind und abermals ein Gebälk mit einer Inschrift tragen. (Die Stockwerke darüber wurden erst später hinzugefügt.) So stellt sich der Hof

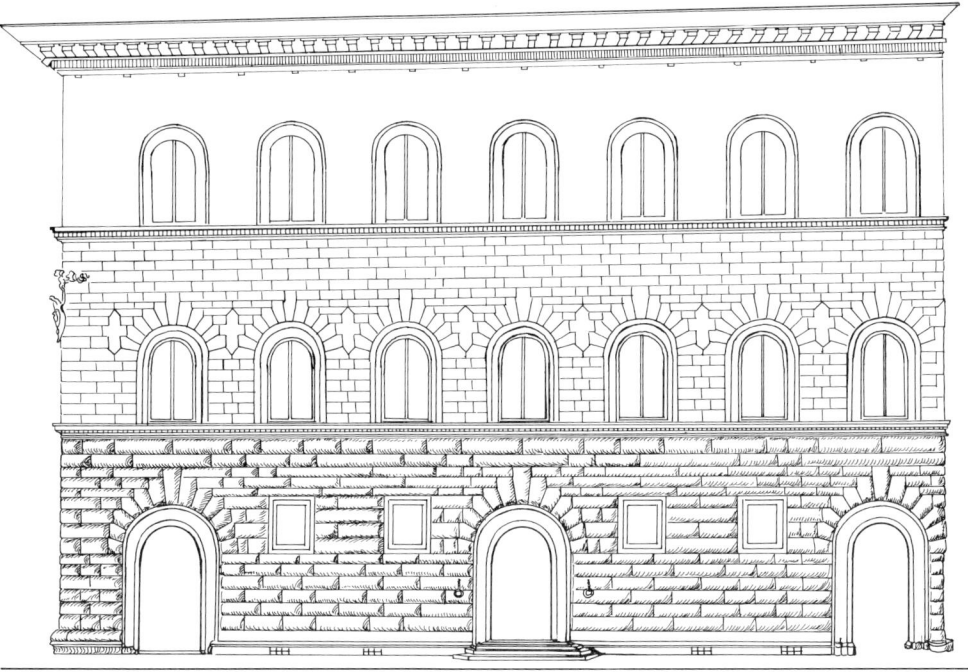

98   Giuliano da Sangallo (1445–1516), Palazzo Gondi, Florenz. 1490–1501

99   Giuliano da Sangallo (1445–1516), Palazzo Gondi, Hof, Florenz. 1490–1501

des PALAZZO DUCALE in Urbino als eine Dokumentation fürstlicher Kultur und Macht dar.

Eine gewisse Verwandtschaft zum Hof des Montefeltro-Palastes in Urbino weist der Hof des PALAZZO DELLA CANCELLERIA in Rom auf (Abb. 101). Luciano Laurana hatte seine Arbeiten am herzoglichen Schloß um 1468 begonnen und sich in manchem an das Vorbild Leon Battista Albertis gehalten. Im Hof zeigt sich das beispielsweise an der Pilasteraufteilung im oberen Geschoß. Als die CANCELLERIA im Jahre 1483 begonnen wurde, war Alberti bereits elf Jahre tot, aber sein Einfluß wirkte noch immer fort. Im Prinzip unterscheidet sich der Hof in Rom von dem in Urbino nur dadurch, daß zwischen das erste und zweite Geschoß ein weiteres Arkadengeschoß eingeschoben ist. Wer das als Baumeister unternommen hat, wissen wir nicht. Man spricht davon, daß Donato Bramante (um 1444–1514) an der Gestaltung des Hofes mitgewirkt hat, aber es handelt sich nur um eine Vermutung. Die Beibringung der 44 Säulen machte keine Schwierigkeiten, da man sie der frühchristlichen Kirche S. LORENZO in Damaso entnahm.

100   Luciano Laurana (1420/25–1479), Palazzo Ducale, Hof, Urbino. Ab 1447

101   Palazzo della Cancelleria, Hof, Rom. Ab 1483 (Meister unbekannt)
102   Palazzo della Cancelleria, Rom. Ab 1483 (Meister unbekannt)

Auch über den Baumeister der Gesamtanlage herrscht Unklarheit. Man spricht heute von Andrea Bregno (1418–1506), einem Bildhauer und Architekten aus Norditalien, der eine Zeitlang in Rom gearbeitet hat. Beweisen läßt sich diese Annahme aber nicht. Sicher ist nur, daß der Palast dem Kardinal Raffaelo Riario, einem Neffen Sixtus' IV., gehörte, später in päpstlichen Besitz kam und seinen heutigen Namen als vatikanische Kanzlei erhielt.

Wenn man die Fassade der CANCELLERIA betrachtet, wird man allein schon durch die Aufteilung der Stockwerke durch Pilaster wieder an Leon Battista Alberti erinnert (Abb. 102). Doch die Zeit ist hier bereits über ihn hinweggegangen, so wie die bürgerlichen Palazzi mehr und mehr den fürstlichen weichen mußten. Auch die CANCELLERIA war Besitztum eines Kirchenfürsten. Wenn man sieht, wie breit hingelagert der Palast sich darstellt, weiß man, daß hier keine bürgerlichen, sondern fürstliche Dimensionen gelten.

Die Mauer besteht in allen Stockwerken aus großen, glatten Quadern. Einen Vorrang nimmt das zweite Geschoß, also das erste Obergeschoß, als *piano nobile* ein. Im Gegensatz zu den einfachen Fenstern in Rundbogenform im Erdgeschoß und den rechtwinklig gerahmten im obersten Stockwerk sind die Rundbogenfenster hier in ornamentgeschmückte Rahmen mit horizontalen Bedachungen eingefügt, über denen Rosen in kreisrunden Rahmen stehen. Das Hauptportal ist deutlich als Werk des beginnenden Barock erkennbar und entstand erst im Jahre 1589. Schon vor 1495 war aber die Fassade vollendet, die bereits ganz flache, kaum erkennbare Eckrisalite[42] aufweist, womit sie schon Barockes vorwegnimmt. Die Mauer ist nur im zweiten und dritten Geschoß durch Pilaster gegliedert, und das in ganz neuer Anordnung. Worin die schöne Proportion auch dieser Gliederung liegt, hat Peter Murray erkannt, wenn er sagt: »Der Raum zwischen jedem Pilasterpaar steht zu dem, der das Fenster enthält, im Verhältnis des Goldenen Schnittes, und das gleiche Verhältnis läßt sich an vielen anderen Teilen feststellen, so etwa im Verhältnis der Höhe zur Breite der Fenster im obersten Stockwerk und in anderen Flächen und Tiefen.«[43] Klassisch ist also auch der PALAZZO DELLA CANCELLERIA vor allem hinsichtlich seiner Wohlproportioniertheit.

Kirchen der Hochrenaissance

Es läßt sich nicht leicht sagen, wann die Frührenaissance in Italien endet und die Hochrenaissance anfängt. Man spricht zumeist von der Zeit um 1500. Im Quattrocento strebte man in allen Künsten nach Vollendung. Den Zeitpunkt, in dem man sie erreicht hat, kann man als Beginn der Hochrenaissance bezeichnen. In der Architektur ist dieser Punkt markiert durch den Bau von Bramantes Tempietto 1502 (Abb. 103).

Lange Zeit war man davon überzeugt, daß Petrus in Rom nicht im Zirkus des Gaius und des Nero am vatikanischen Hügel sein Martyrium erlitten habe, sondern – etwa zwei Kilometer entfernt – auf dem Gianicolo. Deswegen erbaute man ihm hier zu Ehren die Kirche s. PIETRO IN MONTORIO. Man glaubte sogar zu wissen, wo das Kreuz gestanden hat; und an dieser Stelle sollte Bramante (um 1444–1514) einen Gedenkbau errichten, den man, obwohl es sich um ein kleines christliches Gotteshaus handelt, TEMPIETTO – Tempelchen – genannt hat. Darum herum war ein runder, von einer Säulenhalle eingefaßter Hof geplant, der sicher eine bessere Umgebung gewesen wäre als der heute viereckige Klosterhof.

Über drei konzentrischen Kreisen als Stufen des TEMPIETTO erhebt sich ein ebenfalls kreisrunder Podest, der den mit Türen und Fenstern ausgestatteten Rundbau trägt. Ihn umgeben Säulen, auf denen ein Gebälk mit dorischem Fries ruht, dessen Metopenreliefs liturgische Gegenstände und Petrus-Symbole zeigen. Auf dem Gebälk erhebt sich eine Balustrade, in deren Mitte sich der Tambour befindet, dessen Mauer durch Lisenen gegliedert ist, zwischen denen muschelüberwölbte Rundnischen mit rechteckigen Nischen wechseln. Der Bau wird durch eine Kuppel gekrönt, deren Dach und Laterne im Laufe der Zeit leichte Veränderungen erfahren haben.

Stärker, als wir es bisher gesehen haben, wurden vom Architekten Bauteile der Antike verwandt, und zwar außer den Säulen der dorische Fries mit Triglyphen und Metopen. Dennoch wurde kein Tempel der klassischen Antike imitiert. Dieser christliche TEMPIETTO stellt in seiner Konzeption etwas Neues und Eigenes dar. Was ihn den Bauwerken des Altertums – genauer: der griechischen Klassik – ähnlich macht, sind wieder die Maße. Mehrfach wurde von Kunstwissenschaftlern darauf hingewiesen, daß bei ihnen der Goldene Schnitt bestimmend ist, was wir im Anschluß an die Ausführungen von Herbert Pothorn[44] demonstrieren möchten (Abb. 104).

Eine Strecke ist nach dem Goldenen Schnitt geteilt, wenn sich die kleinere Teilstrecke zur größeren verhält wie diese zur Gesamtstrecke. Man kann auch Rechtecke nach den Maßen des Goldenen Schnitts bilden und dann von Goldenen Rechtecken sprechen. Solche sind bei Bramantes TEMPIETTO nachweisbar, wie die Zeichnung zeigt, wodurch die Wohlproportioniertheit des Bauwerks auch mathematisch-geometrisch in Erscheinung tritt.

Es ist eine Frage des persönlichen Geschmacks, ob einem der TEMPIETTO gefällt oder nicht. Ganz sicher aber stellt er den Inbegriff von Ruhe und Harmonie dar, und in letzterer wiederum liegt seine Vollkommenheit beschlossen. Darin aber erkennen die Italiener der Renaissance-Zeit das Göttliche. Wenn die Menschen der Gotik Dome bauten, die durch ihre Disproportioniertheit von Höhe und Breite den Eindruck unendlicher Höhe erweckten, dann taten sie es nicht zuletzt deshalb, weil sie in ihnen Gott in seiner Unendlichkeit erleben wollten. Für die Italiener der Renaissance stellt sich Gott vor allem in seiner Vollkommenheit dar. Das Wort »Vollkommenheit« läßt sich gegen das Wort »Vollendung« austauschen. Darin liegen die

103   Donato Bramante (um 1444–1514), Kloster S. Pietro in Montorio, Tempietto, Rom. 1502

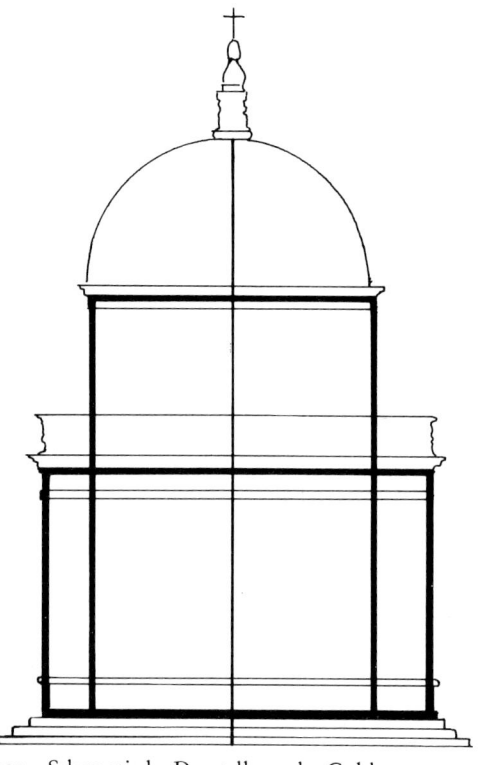

104 Schematische Darstellung des Goldenen
Schnitts bei Bramantes Tempietto
(vgl. Abb. 103)

Begriffe »Ende« und »endlich« beschlossen. Insofern ist das Vollendete das, was nicht unendlich, sondern endlich, übersehbar ist, aber in seinen Proportionen so vollkommen, daß es vollkommener nicht gedacht werden kann. Für den Renaissance-Menschen Italiens ist ein Gotteshaus in vollendeter Proportion wie der TEMPIETTO ein Symbol des Göttlichen. Nach Alberti muß das Haus Gottes der Vollkommenheit Gottes würdig sein. Luca Pacioli hält für liturgische Feiern eine Kirche in gebührender Proportion für unabdingbar. Und für Michelangelo ist alles, was vollendet ist, Abbild der Vollkommenheit Gottes.

Im Gegensatz zu einem ins Unendliche strebenden gotischen Dom muß das vollendete, das vollkommene Bauwerk, den Maßen des Menschen entsprechen. Diese Forderung stellte schon Vitruv, Baumeister und Ingenieur in der Zeit des Kaisers Augustus, für den Tempel, wenn er sagt: »Die Formgebung der Tempel beruht auf Symmetrie, an deren Gesetze sich die Architekten peinlichst genau halten müssen. Diese aber wird von der Proportion erzeugt, die die Griechen Analogia nennen. Proportion liegt vor, wenn den Gliedern am ganzen Bau und dem Gesamtbau ein berechneter Teil [modulus] als gemeinsames Grundmaß zu Grunde gelegt ist. Aus ihr ergibt sich das System der Symmetrien. Denn kein Tempel kann ohne Symmetrie und Proportion eine vernünftige Formgebung haben, wenn seine Glieder nicht in einem bestimmten Verhältnis zu einander stehen wie die Glieder eines wohlgeformten Menschen.«[45]

Leonardo da Vincis Freund Luca Pacioli nahm den Gedanken auf und schrieb: »Zuerst wollen wir von den Proportionen des Menschen sprechen, weil vom menschlichen Körper sich alle Maße und ihre Bezeichnungen ableiten und in ihm alle Zahlenverhältnisse und Maßbeziehungen zu finden sind, durch welche Gott die tiefsten Geheimnisse der Natur enthüllt.«[46]

Das Verhältnis zwischen Mensch und Bauwerk machte Francesco di Giorgio Martini (1439 bis um 1501), Architekt, Maler, Bildhauer und Kunsttheoretiker aus Siena, zeichnerisch deutlich, und zwar zuerst einmal an einer Proportionsstudie für eine Säule (Abb. 105). Es geht indes nicht nur um die Proportion. Die Säule ist förmlich eine Nachbildung des Menschen in abstrahierender oder stilisierender Weise, was bis ins Sprachliche hinein sichtbar wird, sofern das Haupt des Menschen im Lateinischen caput heißt und das Haupt der Säule Kapitell.

Betrachtet man aber Francescos Einzeichnung eines Menschen in den Grundriß einer Kirche, dann hat man förmlich die Illustra-

tion zu einer Darlegung Paciolis (Abb. 106).
Dieser schrieb im Anschluß an Vitruv:
»Nachdem die Alten das rechte Maß des
menschlichen Leibes studiert hatten, proportionierten sie alle ihre Werke, besonders die
Tempel, im Einklang damit. Denn im Menschenleib fanden sie die beiden Hauptfiguren,
ohne welche kein Kunstwerk gelingen kann,
nämlich den vollkommenen Kreis und das
Quadrat.«[47] Bei Francesco di Giorgio nun
erscheinen Kreis und Quadrat als die Hauptfiguren im Grundriß eines christlichen Heiligtums, einer Kirche, die aus Zentralbau und
Langhaus kombiniert ist.

Die großen Theoretiker wie Alberti, Leonardo, Pacioli und Francesco di Giorgio
sprachen schon im Quattrocento Gedanken
aus, die erst im beginnenden Cinquecento,
also in der Zeit nach 1500, zur Anwendung
kamen. Der vollkommene Bau war das Ziel
jener Zeit. Um der Vollkommenheit willen
hatte man auch eine Vorliebe für den Zentralbau, in dem sie erst gänzlich in Erscheinung treten kann. »Für die Menschen der Renaissance war diese Architektur mit ihrer
klaren Geometrie, ihrer strengen Anmut,
ihrem harmonischen Wohlklang und vor
allem der Pracht der sphärischen Kuppel, ein
Abglanz, ja noch mehr, eine Offenbarung
göttlicher Vollkommenheit, Allmacht, Wahrheit und Güte«, sagt Rudolf Wittkower[48].

Als vorbildlicher Zentralbau galt der TEMPIETTO des Bramante. Der Neubau von ST.
PETER sollte ihm ähnlich werden, nur daß es
sich um andere Ausmaße gehandelt hätte und
daß an die Stelle eines kreisrunden Grundrisses der eines griechischen Kreuzes hätte
treten sollen.

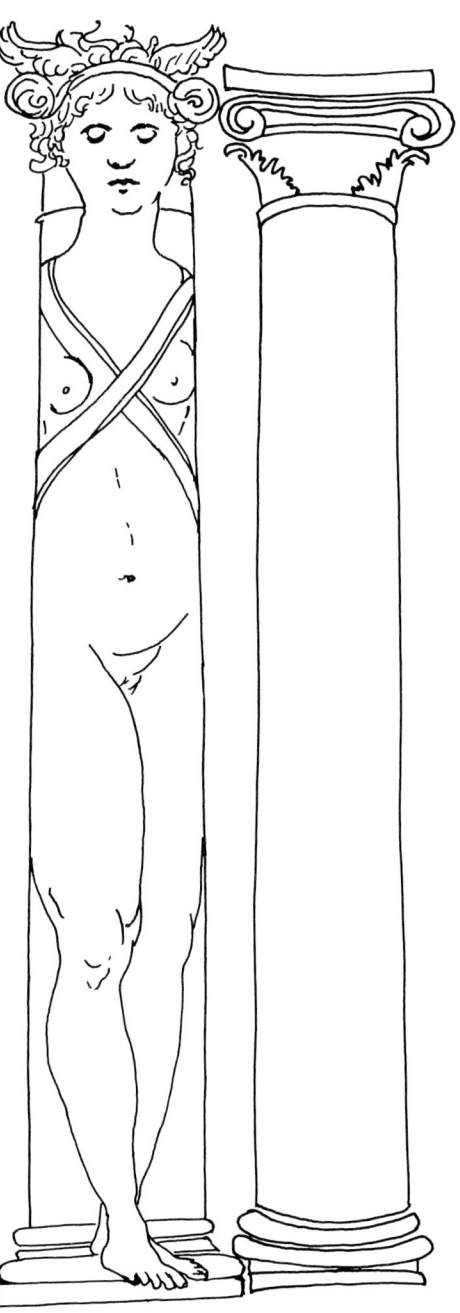

105 Vereinfachte Nachzeichnung von: Francesco
di Giorgio Martini (1439 bis um 1501), Proportionsstudie für eine Säule. 2. Hälfte des
15. Jh.

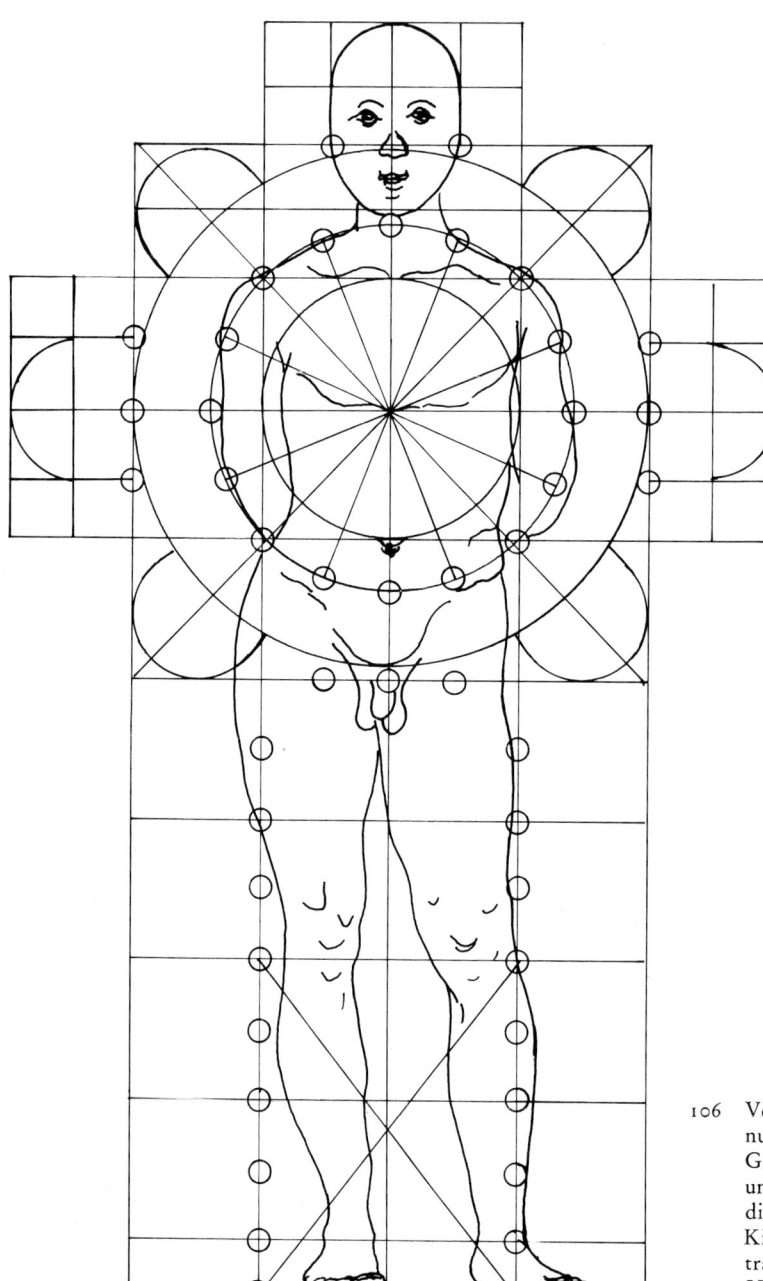

106 Vereinfachte Nachzeichnung von: Francesco di
Giorgio Martini (1439 bis
um 1501), Proportionsstu-
die für den Grundriß einer
Kirche, bestehend aus Zentralbau und Langhaus. 2.
Hälfte des 15. Jh.

Der Neubau der PETERSKIRCHE war nötig geworden, weil die von Kaiser Konstantin erbaute Basilika bereits über 1100 Jahre alt war und trotz mancher Restaurationen vielerlei Schäden aufwies. Im übrigen nahm man in der kunstfreudigen Zeit der Renaissance gern die Möglichkeit wahr, etwas Neues zu schaffen. So ließ also Papst Nikolaus V. um 1450 Bernardo Rossellino Pläne für einen Neubau entwerfen und mit den Arbeiten beginnen. Nach dem Tode des Papstes blieb zuerst einmal alles liegen. Um 1470 ging man wieder ans Werk, doch mit wenig Elan, bis dann der tatkräftige Julius II. im Jahre 1506 Bramante mit dem Neubau betraute.

Wie sich Bramante den Neubau von ST. PETER vorgestellt hat, wissen wir aus einer Grundrißzeichnung von seiner Hand. Leider handelt es sich hier um einen Teilgrundriß, so daß man nur mit Hilfe einer ergänzenden Rekonstruktion zur Darstellung bringen kann, wie Bramantes Plan wohl ausgesehen hat (Abb. 107). Die neue PETERSKIRCHE sollte also über dem Grundriß eines griechischen Kreuzes – eines Kreuzes mit vier gleichlangen Armen – als Zentralbau entstehen. In seinem späteren Leben beschäftigte sich Donato Bramante mit dem Gedanken, ein Langhaus anzubauen, weil sonst nicht der gesamte geheiligte Bezirk, den die Konstantinische Basilika bedeckt hatte, eingeschlossen gewesen wäre. Auch mußte man dafür sorgen, daß genug Raum für die große Zahl der Kirchenbesucher zur Verfügung stand. Bei einer Verbindung von Zentralraum und Langhaus wäre der Grundriß eines griechischen in den eines lateinischen Kreuzes umgewandelt worden, bei dem der eine Arm länger ist, als es die drei anderen sind. Aber zur baulichen Umgestaltung ist es nicht mehr gekommen. Bei Bramantes Tod waren nur die Vierungsbogen und der Chor einigermaßen fertiggestellt. Die Arbeiten am südlichen Querarm und an den ersten Pfeilern des Mittelschiffs befanden sich noch in ihren Anfängen.

Der erste Entwurf sah jedoch den Grundriß eines griechischen Kreuzes vor, weil ein Zentralbau über einem solchen Bramantes Vorstellung von einem vollkommenen Bauwerk am meisten entsprach. Wie ST. PETER bei Verwirklichung dieses Planes ungefähr ausgesehen hätte, zeigt die Rückseite einer Medaille, die Cristoforo Foppa Caradosso (um 1452–1527) zur Grundsteinlegung im Jahre 1506 geschaffen hat und deren Ansicht von der PETERSKIRCHE wir in Nachzeichnung wiedergeben (Abb. 108).

Die Nachfolger Bramantes in der Bauleitung von ST. PETER waren Raffael (1483 bis 1520), Baldassare Peruzzi (1481–1536) und Antonio da Sangallo d. J. (1484–1546). Die Arbeiten gingen nur langsam voran. Dabei wechselten die Tendenzen zum Grundriß des lateinischen und griechischen Kreuzes, bis dann Michelangelo (1475–1564) die Bauleitung übernahm und sich eindeutig für das griechische Kreuz und damit den Zentralbau

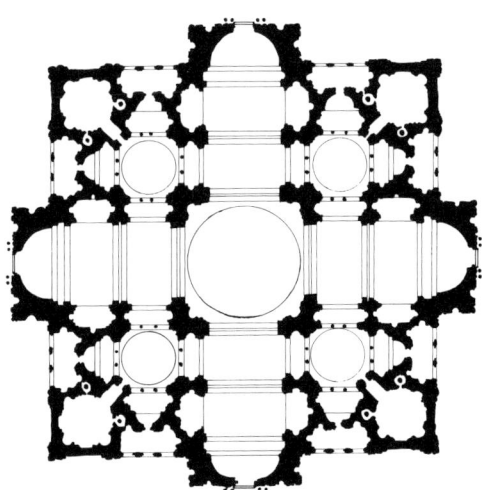

107 Rekonstruktion des Grundrisses von St. Peter, Rom, nach dem von Bramante gezeichneten Teilgrundriß

108 Nachzeichnung der projektierten Peterskirche, wie sie die Gründungsmedaille des
Jahres 1506 von Cristoforo Foppa Caradosso zeigt

entschied. In einem Brief, den er vermutlich
an Bartolomeo Ferratini schrieb, nennt er die
Abkehr von Bramantes erstem Plan die
Entfernung von der Wahrheit. Damit wird
abermals deutlich, daß für die Künstler der
Hochrenaissance der Zentralbau zwar nicht
die einzig mögliche, aber die einzig wahre
Form war.

Schon für Leonardo da Vinci, der zwar
keine Kirchen gebaut, aber solche entworfen
hat, galt die Zentralbauform als die beste.
Typisch für ihn sind jene Entwürfe, bei denen
eine große Mittelkuppel von kleineren Kuppeln umgeben ist, wobei dann im Inneren die
kleinen Zentralräume im großen aufgehen
oder ihn – verhältnismäßig selbständig –
umrahmen (Abb. 109). Doch auch Leonardo
machte gelegentlich Konzessionen an die Verbindung eines Zentralbaus mit einem Langhaus (Abb. 110). Wittkower nennt diesen
Kirchentyp den »kompositiven«[49]. Die Recht-
fertigung für ihn stellt sich gleichsam in Fran-
çesco di Giorgios Proportionsstudie (Abb.
106) dar.

Für die wenigen Kirchen, die stilmäßig zur
Hochrenaissance gehören, mag s. MARIA
DELLA CONSOLAZIONE in Todi als Beispiel an-

geführt werden (Abb. 111). Als Bauführer
der 1508 begonnenen Wallfahrtskirche werden u. a. Cola da Caprarola und Ambrogio
da Milano genannt. Beide sind sonst so wenig
in Erscheinung getreten, daß wir weder ihr
Geburts- noch ihr Todesjahr wissen. Bekannt
sind dagegen die Namen der Berater, zu denen Peruzzi und Antonio da Sangallo d. J.
gehörten.

Der Bau ist einfach und klar gegliedert.
Seine Mitte bildet eine Vierung, auf welche
ein hoher Tambour und die Kuppel gesetzt
sind. Die Vierung ist von vier Apsiden umgeben, von denen die für den Altar bestimmte gerundet ist, während die drei übrigen
eine polygonale Form aufweisen. Im Grundriß stellt sich das so dar, daß ein griechisches
Kreuz dergestalt abgewandelt wurde, daß
an die Stelle der Arme Apsiden getreten sind
(Abb. 112). Der Querschnitt macht anschaulich, wie ausgewogen und harmonisch der
Innenraum auf den Besucher wirkt (Abb.
113). Ganz gleich, welcher Apsis er sich zuwendet, immer präsentiert sich ihm die
Ansicht als ein symmetrisches Bild. Die Auf-
gliederung der Wände durch flach gekröpfte
Gebälke, elegante Pilaster und ebensolche
Gurtbänder in den Halbkuppeln der Apsiden
gibt dem Raum eine gefällige Leichtigkeit.
Auch stellt sie sich in schönen Proportionen
dar. Dabei entsprechen Pilaster und Gebälke
der Innenwände genau denen der Außen-
mauer.

Die Kuppel von S. MARIA DELLA CONSO-
LAZIONE wurde erst 1607 vollendet. Das ist
in gewisser Hinsicht bezeichnend für ein Bauwerk dieser Zeit. In der Hochrenaissance
hatte man das langerstrebte Ziel erreicht,
nämlich Werke geschaffen, von denen sich
sagen läßt, daß sie vollkommen in der Form
sind, was weitgehend auf der Harmonie
ihrer Maße beruht. Nun ist aber Vollkommenheit ein Endzustand ohne weitere Ent-
wicklungsmöglichkeiten. Das Gleiche gilt von
der Harmonie. Darum bedeuten alle klassischen Perioden, sobald Vollkommenheit und
Harmonie erreicht sind, einen Abschluß. Das

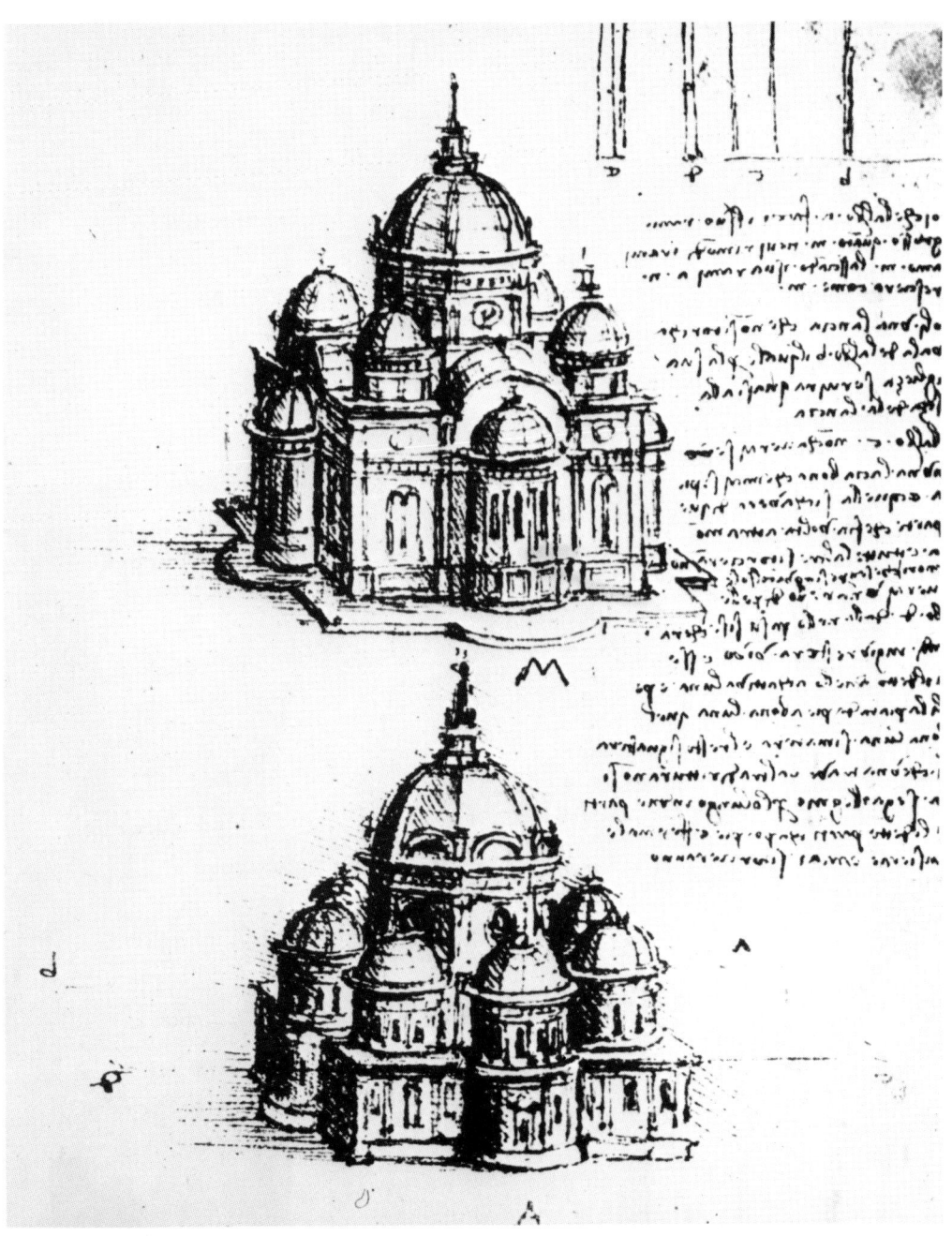

109   Leonardo da Vinci (1452–1519), Entwürfe für Zentralbauten

Verweilen auf der Höhe kann nur von kurzer Dauer sein. Soll das Leben nicht erstarren, sondern weitergehen, muß der ruhig ausgewogenen Harmonie neue Bewegung folgen. Soll die Vollendung kein Ende bedeuten, muß ein neuer Anfang gesetzt werden. Im Gefolge des Klassischen erscheint darum zwangsläufig das Barocke. So war es in der Antike, als sich an die Klassik der Hellenismus anschloß, so in der beginnenden Neuzeit, als der Hochrenaissance der Barock folgte.

In der von Natur aus kurzen Epoche der Hochrenaissance konnten zwar kleine Bauwerke wie der TEMPIETTO Bramantes entstehen, größere Bauprojekte wie ST. PETER, die im Stil der Renaissance begonnen wurden, fanden ihre endgültige Form aber als Barock-Bauten. Auch die Kirche S. MARIA DELLA CONSO-

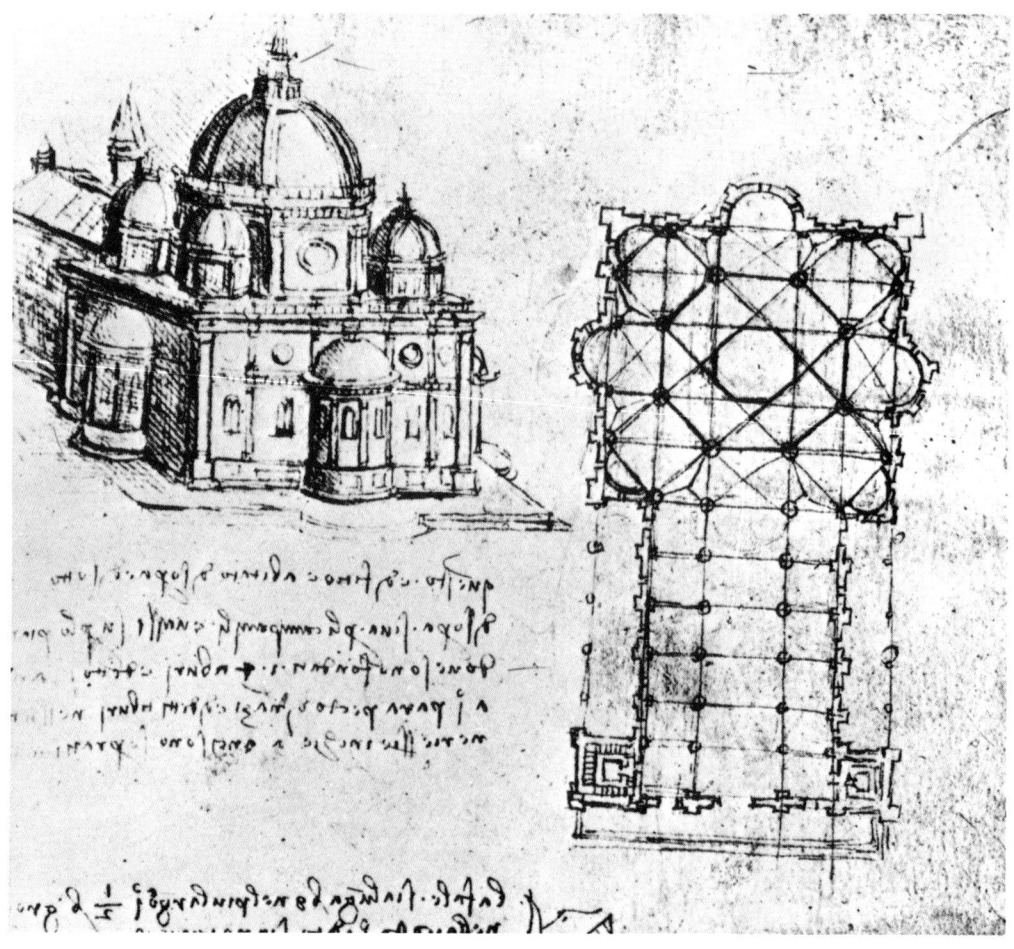

110   Leonardo da Vinci (1452–1519), Studie für eine Kirche. Um 1490

111 Cola da Caprarola und andere, S. Maria della Consolazione, Todi. Ab 1508

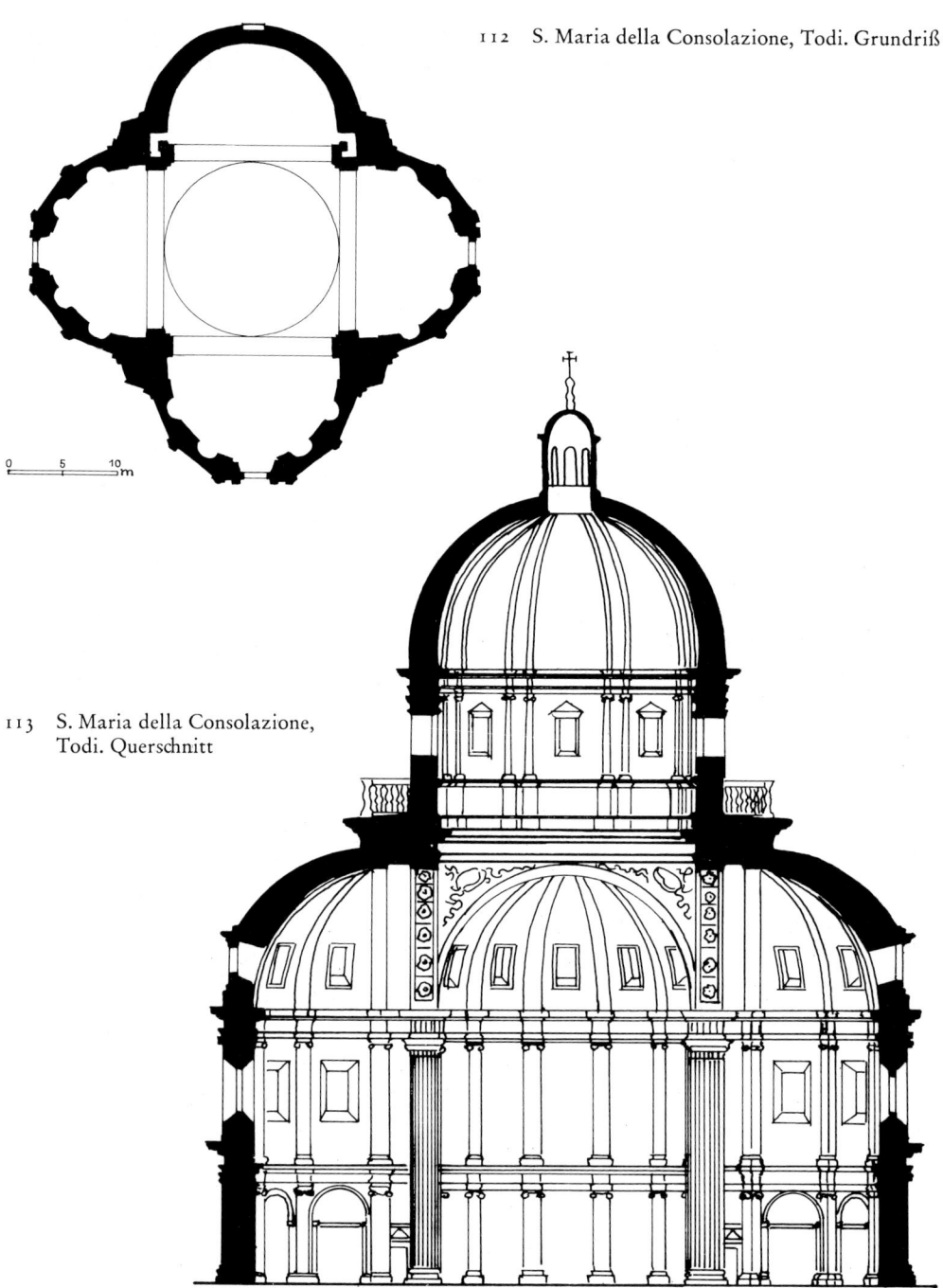

112 S. Maria della Consolazione, Todi. Grundriß

113 S. Maria della Consolazione,
     Todi. Querschnitt

0   5   10
                m

114   Cola da Caprarola und andere, S. Maria della Consolazione, Altarraum, Todi. Ab 1508

LAZIONE erhielt ihren baulichen Abschluß erst im Zeitalter des Barock. Ihren wesentlichen Bestandteilen nach gehört sie noch zu den Renaissance-Bauten. Dennoch weist sie schon barocke Züge auf, und zwar nicht nur wegen der erst später aufgesetzten Kuppel, sondern auch wegen der Gesamtproportion, bei der sich Vertikale und Horizontale nicht mehr wie in der Hochrenaissance die Waage halten, bei der die Vertikale vielmehr dominiert. Darum auch verbindet sich der barocke Hochaltar, in dessen Mittelpunkt das Gnadenbild aus dem Quattrocento steht, recht gut mit der Apsis der Renaissance-Kirche (Abb. 114).

Leonardo da Vinci

Von Leonardo da Vinci (1452–1519) war in diesem Buch schon mehrfach die Rede. Er gehört der Früh- wie der Hochrenaissance an. Eines seiner bedeutendsten Werke, das »Abendmahl«, entstand in den Jahren, welche die beiden Epochen miteinander verbinden.

Das 1495 begonnene Wandgemälde befindet sich im Refektorium des Klosters S. MARIA DELLE GRAZIE in Mailand (Abb. 115). Leider wurde es schon etwa 20 Jahre nach seiner Fertigstellung schadhaft. Leonardo bediente sich nicht der Freskotechnik, sondern malte mit Tempera-Farben auf einen zweischichtigen Wandputz, wodurch er zwar langsamer arbeiten konnte, aber kein Werk von Dauer schuf. Mehrfach mußte das »Abendmahl« restauriert werden, vor allem nach dem Zweiten Weltkrieg, den es bei einer Bombardierung fast wie durch ein Wunder überlebt hatte. Man befestigte die abblätternde Farbe an der Wand, beseitigte Übermalungen und stellte das Bild so gut wie nur möglich wieder her.

Mehrfach hatte man in der Zeit der Renaissance das Abendmahl schon dargestellt. Immer saßen die Apostel verhältnismäßig unbeweglich um den Tisch, bis Leonardo Leben in die Szene brachte, sofern er jenen Augenblick darstellte, der den Worten Christi folgte: »Wahrlich, ich sage euch, einer von euch wird mich verraten.« (Matth. 26,21)

Goethe schildert die Darstellung des Ereignisses trefflich in folgenden Sätzen: »Das Wort, die Voraussagung des Herrn, es werde ihn einer der mit zu Tische Sitzenden verraten, regt die ganze Gesellschaft urplötzlich gewaltsam auf, alle fahren zusammen und bilden höchst belebte, vortrefflich angeordnete Gruppen, alles lebt, alles ist in Bewegung; die Mannigfaltigkeit der Affekte, der Gebärden kann nicht größer sein, Gestalt und Züge einer jeden Figur sind mit dem, was sie vernimmt, was sie leidet, ganz übereinstimmend, der Ausdruck wahr und kräftig; Judas erschrickt, fährt zurück und stößt das vor ihm stehende Salzfaß um.«[50]

Die Männer, die um Christus versammelt sind, stellen verschiedenartige Charaktertypen dar. Sie gliedern sich in vier Gruppen mit je drei Personen. Die gewagteste Kombination ist die, welche Petrus und Johannes mit Judas zusammenschließt (Abb. 116). Letzterer saß auf früheren Darstellungen meist allein an der gegenüberliegenden Tischseite. Jetzt bildet er eine Gruppe mit den prominentesten Aposteln, mit Petrus, dem Fels, und Johannes, dem Lieblingsjünger. Dieser ruht nicht an der Brust des Herrn, sondern sitzt mit zur Seite geneigtem Haupt da, erschüttert von dem, was er soeben hören mußte. Der aktive Petrus schiebt Kopf und Hand zwischen ihn und Judas, der sich weit auf den Tisch lehnt. Er möchte wissen, wer der Verräter ist.

Auf der anderen Seite von Jesus befinden sich drei Apostel, die ebenfalls sehr verschieden reagieren (Abb. 117). Thomas hebt den Finger, als habe er etwas Bedeutungsvolles zu sagen. Jakobus d. Ä. lehnt sich, entsetzt

115 Leonardo da Vinci (1452–1519), Abendmahl. 1495–1497

116 Leonardo da Vinci (1452–1519), Judas, Petrus, Johannes. Detail aus: Abendmahl (vgl. Abb. 115)

über das Gehörte, zurück, während Philippus treuherzig beteuert, daß er unschuldig ist.

Jesus legt die geöffnete Linke auf den Tisch, als wolle er damit andeuten, daß er sich seinen Aposteln jetzt geoffenbart habe. Er blickt ernst und gefaßt vor sich hin. Seine Züge sind edel, Ausdruck eines vollendeten Menschentums. Sein Haupt ist wie das der Apostel ohne Heiligenschein, doch durch den Platz in der Tischmitte vor dem mittleren Fenster in dem perspektivisch vertieften Raum gewinnt seine Gestalt besondere Bedeutung.

In der Zeit zwischen 1503 und 1507 malte Leonardo in Florenz, wohin er zurückgekehrt war, sein so berühmt gewordenes Bild der Mona Lisa (Abb. 118). Obwohl man die wunderbaren Feinheiten der Malerei unter den Schichten von Firnis und Staub nicht mehr erkennt, übt das Gemälde auch heute noch einen großen Reiz aus. Zum Verständnis der Darstellung trägt noch immer bei, was Vasari im 16. Jahrhundert schrieb: »Wer sehen wollte, wieweit es der Kunst möglich sei, die Natur nachzuahmen, der erkannte es ohne Schwierigkeiten an diesem Kopfe. Denn alle kleinsten Einzelheiten waren darin dargestellt, die man mit aller Feinheit nur malen kann. Denn auch die Augen hatten jenen Glanz und jene Feuchtigkeit, wie wir es fortwährend im Leben sehen; rings um sie bemerkte man die rötlichblauen Kreise und

117 Leonardo da Vinci (1452–1519), Jesus, Thomas, Jakobus d. Ä., Philippus. Detail aus: Abendmahl (vgl. Abb. 115)

118   Leonardo da Vinci (1452–1519), Mona Lisa. 1503–1507

119   Leonardo da Vinci (1452–1519), Anna Selbdritt (vgl. Farbtafel 11). Vor 1510

das Geäder, welche man nur mit der größten Zartheit ausführen kann. Die Brauen, wo sie am vollsten, wo am spärlichsten sind, wie sie aus den Poren der Haut hervorkommen und sich wölben, konnten nicht natürlicher sein. Die Nase, mit allen jenen schönen Öffnungen rötlich und zart, sah wie lebend aus. Der Mund schien in seinen Winkeln und Rändern, wo das Rot der Lippen mit der Farbe des Gesichtes sich vereint, nicht wie gemalt, sondern in Wahrheit wie Fleisch und Blut; wer die Halsgrube aufmerksam betrachtete, sah das Schlagen der Pulse. Wahrhaftig, man kann sagen, dies war nach einer Weise gemalt, die jeden starken Künstler und überhaupt jeden erbeben und Ehrfurcht empfinden ließ. Obwohl Mona Lisa sehr schön war, brauchte Lionardo noch die Kunst, daß, während er sie abmalte, immer jemand zugegen sein mußte, der sang, spielte und Scherz trieb, damit sie fröhlich bleiben möchte, um das traurige Ansehen zu beheben, das häufig die Malerei den Bildnissen gibt. Über diesem Lionardos dagegen schwebte ein so liebliches Lächeln, daß es eher von himmlischer als von menschlicher Hand zu sein schien; und es galt für bewundernswert, weil es dem Leben völlig gleich war.«[51]

Vasari erfaßt *einen* Aspekt, unter dem das Bild zu sehen ist, völlig richtig. Es handelt sich um ein Porträt, das Leonardo gemalt hat, und zwar von der etwa 25 Jahre alten Gattin des Francesco di Bartolommeo del Giocondo aus Florenz, die vor ihrer Ehe Lisa Maria di Gherardini hieß. Leonardo, der sich ganz bewußt immer an das Vorbild der Natur hielt, malte auch hier ein Gesicht so, wie es von der Natur geschaffen war. Doch er begnügte sich nicht damit, aber davon schreibt Vasari nichts. Es läßt sich auch schwer in Worte fassen, was das Bild Mona Lisas aussagt. Das weich modellierte Gesicht ist von sinnlichem Reiz, aber es ist kein sinnliches Gesicht. Auch als vergeistigt kann man es nicht bezeichnen, doch fehlt das Geistige nicht. Es ist beseelt, aber aus dem Blick spricht Distanz. Dennoch verraten die Au-

gen, in denen man einen Schimmer von Sehnsucht wahrnimmt, daß Distanz nicht immer sein muß. Doch traut man ihnen auch zu, daß ihr Blick abweisend sein kann. Und was ist das, was die Lippen umspielt? Ist es wirklich ein Lächeln? Und wenn, ist es verheißend oder ein wenig spöttisch? Der Mund sagt nicht ja, aber auch nicht nein. Dieses Verhaltene, Ungewisse, der Reichtum an seelischen Möglichkeiten macht den Reiz des Gesichtes aus. Die Felslandschaft des Hintergrundes mit ihrer nicht eindeutigen Stimmung entspricht der seelischen Landschaft; und die rundlichen Hände mit den festen Gelenken sind sensibel bis in die Fingerspitzen hinein. Mona Lisa wird in dieser ihrer Art immer eine Faszination bleiben. Ihr Bild aber gehört zu den vollkommensten Werken der Kunstgeschichte.

Dem Mona-Lisa-Bild folgte sehr bald ein Gemälde der »Anna Selbdritt« (Abb. 119). Das Thema beschäftigte Leonardo schon ein Jahrzehnt; und von allen seinen Versuchen blieb noch ein Karton in der Londoner National Gallery erhalten, auf dem Anna dargestellt ist, wie sie neben Maria sitzt, welche den Jesus-Knaben in den Armen hält, der den kleinen Johannes segnet.

Auf dem LOUVRE-Gemälde ist die Komposition konzentriert und die Szene dramatisiert. Vor dem Hintergrund einer hellen Berglandschaft sitzt die hl. Anna. Auf ihrem Schoß trägt sie ihre Tochter Maria, die sich weit nach vorn beugt, um den Jesus-Knaben von dem Lämmchen fortzuziehen, mit dem er spielt. Dahinter verbirgt sich ein tiefer Sinn. Das Lamm ist das Zeichen des Opfers. Zu ihm strebt der kleine Jesus hin, aber seine Mutter möchte ihn davor bewahren. Liebevoll bittend blickt sie ihn an, aber fast ein wenig spitzbübisch schaut er zurück, ohne sich von seinem Lämmchen zu lösen. Über allem aber waltet der Blick Annas (Farbtafel 11). Die Mutter Mariens wirkt nicht viel älter als ihre Tochter. Sie hat ein schönes Gesicht und einen sprechenden Mund. Ihre

Augen sind von den Lidern fast überdeckt; denn sie schaut nach unten. Sie beobachtet das bedeutungsvolle Spiel zwischen Mutter und Sohn, aber sie greift nicht ein. Es scheint, als sei ihr bewußt, daß alles so kommen muß, wie es vorausbestimmt ist. Das Bild der hl. Anna verkörpert ein schönes und reifes Menschentum.

Die Gesamtdarstellung aber zeigt in ihrer Komposition, in ihrer Form, in ihrer Farbgebung und in ihrem ausgewogenen Spiel von Licht und Schatten, daß Leonardo den Gipfelpunkt seiner Kunst erreicht hat. Außer einem etwas fragwürdigen Bild, das Johannes den Täufer darstellt, hat Leonardo auch kein weiteres Gemälde geschaffen. 1513 ging er nach Rom, von wo aus er viele Reisen unternahm. 1516 folgte er einem Ruf von Franz I. nach Frankreich und lebte dort bis zu seinem Tod am 2. Mai 1519.

Raffael

Die dritte Auflage von Herman Grimms *Leben Raphaels,* die 1896 erschien, beginnt mit folgenden Sätzen: »Von Raphael werden die Menschen immer wissen wollen. Von dem jungen, schönen Maler, der alle anderen übertraf. Der früh sterben mußte. Dessen Tod ganz Rom betrauerte. Wenn die Werke Raphaels einmal verloren sind, sein Name wird eingenistet bleiben in das Gedächtnis der Menschen. In fünfundzwanzig Jahren wird die Welt das vierhundertjährige Erinnerungsfest seines Todes begehen. Alle Völker und alle Religionen werden ihn feiern.«[52]

Heute noch gilt Raffael (1483–1520) als ein besonders typischer Repräsentant der Hochrenaissance, aber wir halten ihn nicht mehr vorbehaltlos für den größten Künstler dieser Epoche und betrachten ihn kritischer als die Menschen des 18. und 19. Jahrhunderts.

Geboren wurde er in Urbino, wo sein Vater Giovanni Santi Hofmaler der Herzöge von Montefeltro war. Beim Vater bekam der junge Raffael, der mit vollem Namen Raffaello Santi hieß, auch seinen ersten Malunterricht. Sein zweiter Lehrer wurde Pietro Vanucci (um 1450–1523), den man Perugino nannte und der in seiner Zeit als einer der bedeutendsten Künstler galt. Es ist nicht ganz klar, ob Giovanni Santi seinen Sohn noch selbst zu Perugino gebracht hat oder ob Raffael erst nach dem Tod des Vaters im Jahr 1494 zu ihm kam. Jedenfalls war Peruginos Einfluß auf den Schüler sehr stark, weshalb wir wenigstens ein Bild von ihm zeigen (Abb. 120).

Dargestellt ist Maria mit dem Jesus-Knaben zwischen Johannes dem Täufer und dem hl. Sebastian. Die Madonna sitzt auf einem Thron mit kunstvollem Unterbau, auf der Mittelachse. Alles in dem Bild ist auf Symmetrie abgestellt, die durch die Architektur im Hintergrund noch verfestigt wird. Die virtuos gemalten Gestalten zeichnen sich durch einen rhythmischen Linienfluß aus, was besonders am Sebastian deutlich wird. Ihre Gesichter sind schön, aber ohne Ausdruck. Wo er gewollt ist wie beim Sebastian, gleitet er ins Sentimentale ab.

Der oft allzu weiche Linienfluß und das Sentimentale bei Perugino wurden zur Gefahr für den jungen Raffael. Nicht ohne Einfälle komponierte der kaum 20jährige die »Krönung der Madonna«, wenn er die Apostel um einen diagonal gestellten Sarkophag gruppierte (Abb. 121).

120   Perugino (um 1450–1523), Madonna mit Johannes dem Täufer und Sebastian. 1493

Die Schar der Apostel, die ihn umsteht, wirkt geschlossen, auch hinsichtlich der feierlich-traurigen Stimmung. Im Himmel dagegen herrscht verhaltene Freude. Anmutige Engel musizieren aus Anlaß der Krönung. Die Blicke aber, welche die jüngeren unter den Aposteln aus ihren allzu weich modellierten Gesichtern nach oben senden, sind von einer Süße, die Peruginos Sentimentalität noch übertrifft.

121 Raffael (1483–1520), Krönung der Madonna. 1502–1503

122   Raffael (1483–1520), Die Vermählung der Jungfrau Maria. 1504

123   Raffael (1483–1520), Die Madonna mit dem Stieglitz. 1507

Was Raffael seinem Lehrer wirklich zu danken hat, spricht sich in dem Bild mit der Vermählung der Jungfrau Maria aus (Abb. 122). Die Darstellung aus dem Jahre 1504 ist von einer wunderbaren Symmetrie, welche man ja im Zeitalter der Hochrenaissance, in dem man das vollendet Harmonische sucht, ganz allgemein schätzt. Die Mittelachse teilt den Tempel, der eine so vollkommene Form aufweist wie der TEMPIETTO des Bramante, in Hälften und geht durch den Ring, den Joseph im Beisein des Hohen Priesters Maria an den Finger steckt, so daß die Gruppen von Frauen und Männern hinter den beiden Hauptgestalten gleichgewichtig auf den Vordergrund verteilt sind.

Mit den Stäben, welche die Männer in der Hand halten, hat es folgende Bewandtnis: Nach dem apokryphen Protoevangelium des Jakobus gab der Hohepriester den Witwern Stäbe, und der, aus dessen Stab eine Taube hervorkam, sollte Maria zur Frau bekommen. Es gibt noch eine andere Fassung der Legende. Danach sollte derjenige Marias Gatte werden, dessen Stab zu blühen begann. Darum sieht man Joseph hier mit einer Blüte am Stab, während die anderen Stäbe dürr sind, weswegen ein junger Mann im Vordergrund den seinen zornig zerbricht.

Das Gemälde mit der Vermählung Mariens zeigt, daß sich der Einfluß Peruginos auf Raffael nicht nur negativ, sondern in weit stärkerem Maße positiv ausgewirkt hat. Perugino malte kurz vor Raffael die Vermählung Mariens. Der Schüler hat sich bei seinem Werk sehr stark an das Vorbild des Lehrers gehalten, es in manchem allerdings auch übertroffen. Doch das ist nicht das Entscheidende. Wesentlicher ist, daß Raffaels Bild beweist, daß er bei seinem Meister das erworben hat, was seine weiteren Arbeiten bestimmte: den Sinn für die vollkommene Proportion, für die klare Form und für die menschliche Schönheit.

Im Jahre 1504 ging Raffael nach Florenz. Dort malte er eine große Zahl von Madonnenbildern. Nicht wenige von ihnen werden belebt durch das Spiel des Jesus-Kindes mit dem Johannes-Knaben. Besonders gefällig zeigt sich das auf dem Bild, auf dem Johannes einen Stieglitz in der Hand hält und eine diebische Freude daran hat (Abb. 123). Der kleine Jesus daneben schaut sehnsüchtig zu seinem Gespielen, der ihm den Vogel hinhält, und ist dankbar, daß er das Köpfchen streicheln darf. Es geschieht im Schutz der dahintersitzenden Madonna, die nicht in ihrem Buch weiterliest, sondern mütterlich auf die Kinder herabblickt. Mädchenhaft erscheinen die Züge in dem symmetrisch schönen Mariengesicht. Die Umgebung der lieblichen Landschaft mit den zarten Bäumen entspricht atmosphärisch der Figurengruppe.

Als Raffael 1508 nach Rom kam, erhielt er von Papst Julius II. sehr bald den Auftrag, im Vatikan die Räume über dem APPARTAMENTO BORGIA auszumalen. Der Saal, der dabei seine größte Bedeutung erlangte, war die STANZA DELLA SEGNATURA. Hier befinden sich drei berühmte Fresken: die »Disputà«, die »Schule von Athen« und der »Parnaß«.

Der Name »Disputà del SS. Sacramento« hat wenig Berechtigung. Es geht hier nicht um einen Disput über die Eucharistie, sondern um ihre Verherrlichung (Abb. 124). Im weiteren Sinne könnte man von einem Triumph des Göttlichen und der Kirche im Himmel und auf Erden sprechen. Streng im Stile der Hochrenaissance ist das Bild, das kosmisch gerundet erscheint, wieder symmetrisch komponiert. Auf der Mittelachse befindet sich das Göttliche im Himmel – der Vater, der Sohn und der Heilige Geist – sowie das Göttliche auf Erden in Gestalt der Hostie in der Monstranz, also der Eucharistie. Neben Christus, der in der Gestalt des Auferstandenen erschienen ist, sitzen Maria und Johannes. Das Motiv kommt aus der byzantinischen Kunst. Es handelt sich um die Deësis, um die Fürbitte, die Maria und Johannes beim Jüngsten Gericht leisten, Maria für die Menschen des Neuen, Johannes für die des Alten Testamentes.

Über den Wolken thronen die Großen der Heilsgeschichte. Zwischen ihnen gibt es in der Ewigkeit keine historisch-zeitlichen Abstände mehr, keine Trennung zwischen alt- und neutestamentlicher Ära. Darum sitzen auf der rechten Bildseite – von rechts nach links – nebeneinander: Paulus, Abraham, Stephanus, Jakobus d. J. (oder Matthäus), Moses und Laurentius. Auf der linken Seite – von links nach rechts – sind es: Petrus, Adam, der Evangelist Johannes, David mit der Harfe und Stephanus (Abb. 125).

Die Verbindung zwischen Himmel und Erde stellen die vier Evangelien her. Darum werden diese mit ihren Titelseiten von Engeln präsentiert, die vor der Wolkenbank schweben. Unten aber herrscht mehr Bewegung als in der himmlischen Sphäre. Man sitzt, man kniet, man steht, man lehnt sich an und gestikuliert. Zu denen, die das Göttliche preisen, gehören Päpste, Kirchenlehrer, Theologen, Dichter und Künstler. Ein Ausschnitt aus der großen Schar der Versammelten mag zeigen, in welcher Weise die Gestalten kombiniert sind (Abb. 126). Ganz links sitzt Augustinus, der einem Jüngeren etwas diktiert. Hinter ihm steht der große Dominikaner-Theologe und Scholastiker Thomas von Aquin. Nach rechts folgt ein Papst; es ist Innozenz III., der zur Zeit Friedrichs II. von Hohenstaufen

124   Raffael (1483–1520), Disputà. 1509

und Franziskus' von Assisi regierte. Neben ihm steht ein Ordensmann – im Franziskaner-Habit mit einem Kardinalshut –, der ein Buch in der Linken hält und schreibt. Es ist Bonaventura, der berühmte Theologe des Franziskanerordens. In voller Gestalt sichtbar, steht – mit strengem Gesicht, mit erhobener Hand und in seinem Ornat ganz Amtsperson – Sixtus IV., ein Onkel des regierenden Papstes Julius II., dem Raffael damit seine Reverenz erweist. Auf ihn deutet eigens eine männliche Gestalt im Vordergrund mit dem Zeigefinger hin. Rechts neben dem Papst erscheint Dante und noch weiter rechts ein Ordensmann, den man kaum erwartet, weil es nicht viel länger als ein Jahrzehnt her ist, daß man ihn hingerichtet hat: Hieronymus Savonarola.

Dem Triumph des Göttlichen und der Kirche gegenüber befindet sich der Triumph der Wissenschaft, dargestellt in der »Schule von Athen« (Abb. 127). Die gewaltige Philosophenhalle vermittelt einen Eindruck, wie man sich in diesen Jahren Bramantes Neubau von ST. PETER vorgestellt hat. Die Architektur liefert mit ihrem symmetrischen Aufbau den Rahmen, um die verschiedenen Gruppen zusammenzuhalten. So konnte Raffael hier lockerer komponieren als auf dem Disputà-Fresko. Gemalte Treppen schaffen die Mög-

125 Raffael (1483–1520), Gestalten des Alten und des Neuen Testaments. Detail aus: Disputà (vgl. Abb. 124)

126   Raffael (1483–1520), Berühmte Männer der Kirche. Detail aus: Disputà (vgl. Abb. 124)

lichkeit, die Gruppen auf zwei Ebenen zu verteilen. Die Mitte der oberen Ebene bilden die Philosophenfürsten Platon und Aristoteles. Schüler und Gelehrte umgeben sie. Unten sind die Gestalten zu zwei Gruppen zusammengefaßt. Links umringen die Philosophen Pythagoras, dem der arabische Aristoteliker des 12. Jahrhunderts Averroes über die Schulter blickt, rechts die Naturwissenschaftler den Mathematiker Archimedes (oder Euklid), der in gebückter Haltung mit dem Zirkel seine Kreise zieht. Noch weiter rechts sieht man den persischen Weisheitslehrer Zarathustra und den alexandrinischen Geographen und Astronomen Ptolemäus mit Kugeln in den Händen, aber auch Raffael und seinen Malerkollegen Sodoma (Farbtafel 16).

Ein Bildausschnitt soll einen Teil der Szenerie in größere Nähe rücken (Abb. 128). In der oberen Reihe erscheint als zweiter von links, mit den Händen gestikulierend, Sokrates, der Lehrer Platons. Unter ihm steht ein Philosoph, von dem man annimmt, daß es der Grieche Anaxagoras ist, der im 5. Jahrhundert v. Chr. den Begriff der Weltvernunft in die Philosophie eingeführt hat. Rechts neben ihm sitzt Heraklit, der »dunkle« Denker von Ephesus aus der Zeit um 500 v. Chr., von dem die bekannten Sätze stammen: »Alles fließt« und »Der Krieg ist der Vater aller Dinge«. Diagonal auf die Treppen gelagert und damit die obere und untere Ebene verbindend, zeigt sich Diogenes, der kynische Philosoph, der die Selbstgenügsamkeit pre-

127   Raffael (1483–1520), Die Schule von Athen (vgl. Farbtafel 14, 16). 1509–1510

digte und von dem die Anekdote berichtet, daß er in einer Tonne wohnte.

Den Mittelpunkt des Freskos bilden die griechischen Philosophen des 4. Jahrhunderts v. Chr., Platon und Aristoteles (Farbtafel 14). Obwohl sie Lehrer und Schüler waren, unterschied sich ihre Philosophie nicht unerheblich. Platon sah den Ursprung der Ideen in der Transzendenz, im Jenseitigen, Aristoteles glaubte, daß sie den Dingen selbst immanent seien, also innewohnen. Darum weist der Platon Raffaels mit dem Finger nach oben, während Aristoteles die Hand in die irdische Wirklichkeit hinein ausstreckt. Von Platon sagt man, Raffael habe ihn nach dem Bilde Leonardo da Vincis gemalt. Wie dem auch sei, Platon erscheint als ein Mann voller

Würde. Aristoteles trägt dazu noch Züge männlicher Schönheit; und beides entspricht dem Menschenbild der Renaissance.

Das dritte große Fresko in der STANZA DELLA SEGNATURA zeigt den Parnaß als Triumph des Musischen und der Dichtkunst (Abb. 129). Bei seiner Planung mußte Raffael auf ein vorhandenes Fenster Rücksicht nehmen, das er in seine Komposition aber geschickt einbezog.

In der Mitte des Bildes sitzt auf dem Gipfel des Parnaß der Viola spielende Apollon zwischen den neun Musen. Darum herum gruppieren sich die Dichter. Auch im ewigen Reich der Kunst sind die Zeitbegriffe aufgehoben. Die rechte Bildseite vereinigt Pindar, Horaz und Terenz mit Ariost und Boccaccio.

Links oben neben den Musen steht Homer zwischen Dante und Vergil; und darunter sieht man Petrarca mit dem lebensfrohen Anakreon im Gespräch, an dem Corinna von Theben teilnimmt, während das Dichterpaar von der Insel Lesbos aus dem 6. Jahrhundert v. Chr. zu ihnen hinüberblickt: Alkaios, indem er sich an einen Baum lehnt, die schöne Sappho, auf einem Stein sitzend (Abb. 130).

An die STANZA DELLA SEGNATURA grenzt die STANZA D'ELIODORO an, die Raffael ebenfalls ausgemalt hat, und zwar in der Zeit um 1511–1512, allerdings unter stärkerer Beteiligung von Mitarbeitern. Ihren Namen hat die Stanza von einem Fresko, das nach einem alttestamentlichen Bericht, entsprechend

dem 2. Buch der Makkabäer (3, 1–27), gemalt ist. Danach sandte der König Seleukos seinen Kanzler Heliodor aus, um den Tempelschatz in Jerusalem zu rauben, in dem sich aber hinterlegtes Gut der Witwen und Waisen befand. Als Heliodor schon mit der Leibwache an der Schatzkammer stand, »erschien ihnen ein Pferd mit einem schrecklichen Reiter darauf; das Pferd war mit prächtigem Geschirr geschmückt. Es stürmte wild auf Heliodor ein und traf ihn heftig mit den Vorderhufen. Sein Reiter aber trug eine goldene Rüstung. Noch zwei andere junge Männer erschienen, voll gewaltiger Kraft, in strahlender Schönheit und herrlich gekleidet. Sie traten auf Heliodor zu und peitschten von beiden Seiten auf ihn ein; pausenlos schlugen

128 Raffael (1483–1520), Philosophen um Platon und Aristoteles. Detail aus: Die Schule von Athen (vgl. Abb. 127)

sie ihn mit vielen Hieben. Da stürzte er zu Boden, und es wurde ihm schwarz vor den Augen«.[53]

Raffael hielt sich an diesen Bericht. Vor dem Hintergrund des jüdischen Tempels, in dem der Hohepriester kniet, stellte er auf der rechten Bildseite dar, wie der himmlische Reiter in strahlender Rüstung erscheint und Heliodor zu Boden wirft; auch die jungen Männer, die auf ihn einpeitschen, fehlen nicht (Abb. 131, 132).

Von der Form her ist man nicht befriedigt. Raffael versteht sich nicht darauf, Tiere zu malen. Es liegt ihm aber auch nicht, Bewegung malerisch zu erfassen. Das Pferd, der Reiter, die peitschenden jungen Männer, sie sind in körperlicher Bewegtheit, aber es ist keine dynamische Bewegung, die von innen kommt. Und die seelische Bewegung, die sich in den Gesichtern ausdrückt, wirkt bisweilen theatralisch, gekünstelt.

Ganz anders verhält es sich, wo Ruhe waltet. Auf der linken Bildseite wird Julius II. auf der *Sedia gestatoria* hereingetragen. In seinem Schutz befinden sich Frauen und Kinder, die ihres Besitzes durch Heliodor beraubt werden sollten. Die Gruppe ist geschickt komponiert. Von den Frauen geben sich die älteren matronenhaft ernst, die jüngeren anmutig; die Männer tragen die Sedia mit Stolz und Würde; der Papst verkörpert Überlegenheit und Energie (Farbtafel 15). Wie Ghirlandaio stellt auch Raffael Zeitgenossen in biblischen Szenen dar, sogar den regierenden Papst.

129 Raffael (1483–1520), Parnaß. 1510–1511

130 Raffael (1483–1520), Dichtergruppe. Detail aus: Parnaß (vgl. Abb. 129)

1 Leonardo da Vinci (1452–1519), Kopf der hl. Anna. Detail aus: Anna Selbdritt (vgl. Abb. 119). **Vor 1510**

12 Raffael (1483–1520), Der Engel im Kerker Petri. Mittelstück aus: Petri Befreiung aus dem Gefängnis. 1513–1514

14 Raffael (1483–1520), Platon und Ari- ▷
stoteles. Detail aus: Die Schule von
Athen (vgl. Abb. 127). 1509–1510

13 Filippo Lippi (1406/09–1469), Anbetun
aus Camaldoli. Um 1463

5 Raffael (1483–1520), Papst Julius II. Detail aus: Heliodors Vertreibung aus dem Tempel (vgl. Abb. ▷
131). Um 1511–1512

17   Giorgione (1477/78–1510), Das Gewitter. 1505–1507

◁ 16   Raffael (1483–1520), Raffael und Sodoma. Detail aus: Die Schule von Athen (vgl. Abb. 127). 1509–1510

18   Tizian (1473?–1576), Assunta (Himmelfahrt Mariä). 1516–1518 [

Raffael ist der eigentliche Repräsentant der Hochrenaissance. Wo es um Schönheit und Vollkommenheit, um Ruhe und Harmonie geht, zeigt er sich als der große Meister. Wo Bewegung notwendig wird, gerät er in Verlegenheit. Nie würde ihm wie seinem Zeitgenossen Michelangelo der Übergang in den Barock vollgültig gelingen.

In erstaunlicher Weise versteht sich Raffael dagegen auf die Darstellung des Lichtes. An der Fensterseite der STANZA D'ELIODORO befindet sich ein Triptychon mit Petri Befreiung aus dem Gefängnis, von der die Apostelgeschichte (12, 6–10) berichtet. Der linke Teil zeigt die bestürzten Wächter, der rechte den befreiten Petrus. Im Mittelteil ist dargestellt, wie Petrus schlafend mit gefalteten Händen und gefesselt am Boden sitzt und wie der Engel sanft seine Schulter berührt, um ihn zu wecken (Farbabb. 12). Dabei steht dieser in einem hellen, gelblich-weißen Lichtkreis, von dem Strahlen ausgehen. Auch Petri Gesicht wird durch das überirdische Licht erleuchtet, und die Rüstungen der rechts und links stehenden Wächter reflektieren es. Gerade diese Darstellung zeigt, was Raffael und seiner Zeit die Form bedeutet. Mancher Künstler hätte die Körperlichkeit des Engels im Licht aufgehen lassen. Raffaels Engel setzt sich, obwohl selbst ein lichtvolles Wesen, gegen den Lichtschein klar ab.

Auf dem gleichen Stockwerk wie die Stanzen befinden sich die LOGGIEN RAFFAELS (Abb. 133). Es handelt sich um eine ehemals offene Bogenhalle zum vatikanischen Damasushof hin, die von Bramante begonnen und von Raffael vollendet wurde. Wenn man durch die LOGGIEN hindurchgeht, dann ist man von ihren wunderbaren Proportionen beeindruckt. Es gibt auch einen Zusammenklang der Formen mit der Bildwelt und ihren Farben. Man muß dabei aber das Ganze sehen; im einzelnen handelt es sich bei den Bildern oft nicht um Meisterwerke. Dargestellt sind Szenen aus dem Neuen, vor allem aber aus dem Alten Testament. Man nennt sie die Bibel

Raffaels. Die Dekorationen mit Blumen, Früchten, Tieren, Arabesken, phantastischen Architekturen und Girlanden wurden durch die Malereien des vierten pompejanischen Stils in der *Domus aurea* Neros angeregt. Man hatte Neros Haus damals gefunden. Da es aber von Trajans THERMEN überbaut worden war und im Dunkeln liegt, hielt man es für einen Grottenkomplex. Deswegen nannte man diese Art Malereien Grotesken.

Die Stuckdekorationen der LOGGIEN sollen auf Giovanni da Udine (1487–1564) zurückgehen. Wie weit all die übrigen Arbeiten der Schüler, die der Raffael-Forscher Fischel »Frühgeburten des Manierismus« nennt, vom Meister mitbeeinflußt waren, läßt sich schwer ergründen. Doch bedeutet das nicht allzu viel; denn die Schönheit der LOGGIEN liegt in ihrer Gesamtwirkung.

Raffael hat in seinem Leben viele Porträts gemalt und entwickelte von Bild zu Bild eine immer größere Meisterschaft. In Würde und Vornehmheit erscheint Graf Baldassare Castiglione, der Verfasser des *Cortegiano* (Abb. 134). Einfach und gediegen ist seine Kleidung. Die Hände sind bescheiden ineinandergelegt. Das Gesicht spiegelt Ruhe und Harmonie. Es wird von Bart und Barett gerahmt, wodurch die Augen mit ihrem gütig menschlichen Blick noch stärker in Erscheinung treten.

An dieser Stelle ist es angebracht, von dem berühmten Buch Castigliones zu sprechen, das zwischen 1508 und 1515 entstand und wie kein zweites den Geist der Hochrenaissance widerspiegelt. Der Verfasser nannte es *Il libro del Cortegiano*, weil darin der vollendete Hofmann beschrieben ist. Es wird oft mit dem Buch *Über den Umgang mit Menschen* des Freiherrn von Knigge aus dem Jahre 1788 verglichen.

Die umfängliche Abhandlung ist in die Form eines Gespräches am Hofe von Urbino gekleidet, das unter der Leitung einer Hofdame der Herzogin geführt wird und an dem bekannte Persönlichkeiten – wie Giuliano

131 Raffael (1483–1520), Heliodors Vertreibung aus dem Tempel (vgl. Farbtafel 15). Um 1511–1512

de' Medici, der Sohn Lorenzos, und der Humanist und spätere Kardinal Pietro Bembo – teilnehmen. Hier nun verlangt man vom Hofmann zuerst einmal Harmonie. Ein harmonisches Verhältnis soll schon zwischen seinen körperlichen und geistigen Fähigkeiten bestehen. Er soll ringen können, reiten, Lanzen schleudern, dazu springen, laufen und steinwerfen. Auch das Ballspiel ist ihm angemessen, weil es die Geschicklichkeit der Glieder und das Ebenmaß des Körpers offenbart, wie auch das Voltigieren zu Pferde, weil es Behendigkeit verleiht (I, 21 ff.) Andererseits soll der Hofmann aber auch eine humanistische Bildung haben, vor allem aber eine entwickelte Vernunft, die ihn auch auf den Weg

der Tugend führen und dort weiterbegleiten soll; denn zum humanistischen Menschen gehört auch, daß er tugendhaft ist. Tugend ist aber die Mitte zwischen zwei Extremen (IV, 40). Das ist eine alte aristotelische Weisheit, die dem Streben der Renaissance nach Harmonie in jeder Weise entgegenkommt. Tugend ist also Mitte und Maß. Deshalb wird auch die Keuschheit gepriesen, ist sie doch die Tugend der Mäßigkeit. Sie begründet die Herrschaft der Vernunft, gibt Ruhe und Frieden, Gleichgewicht und Ausgeglichenheit und dazu eine heitere Gelassenheit. So gehen aus ihr noch viele andere Tugenden hervor (IV, 17). Nicht die Begierden sollen unterdrückt werden – das wird ausdrücklich betont (IV,

132 Raffael (1483–1520), Der himmlische Reiter und Heliodor. Detail aus: Heliodors Vertreibung aus dem Tempel (vgl. Abb. 131)

18) –, sondern nur, »was unter den Begierden verkehrt ist«. Maßhalten ist das oberste Gebot der Tugendlehre.

Zum harmonischen Menschen gehört auch ein entwickelter Kunstsinn. Deshalb soll der Hofmann die Musik lieben, soll singen können und verschiedene Instrumente spielen (I, 47). Und ebenso soll er sich in der Zeichenkunst üben. Es ist sehr interessant, daß man diese auch als erzieherisches Mittel zum Verständnis der Kunstwerke ansah. Wenn der Hofmann, so heißt es im *Cortegiano,* schon keinen anderen Nutzen aus dieser Kunsttätigkeit ziehe, dann doch wenigstens den, daß er durch sie die Vollkommenheit alter und neuer Statuen, Vasen, Gebäude, Münzen,

geschnittener Steine und dergleichen beurteilen lerne und darüber hinaus ein Empfinden bekomme für die Schönheit lebender Körper, für die Feinheit ihrer Gesichter und die Ebenmaße des ganzen Leibes, und zwar des menschlichen wie des Leibes eines jeden anderen Lebewesens (I, 52).

Es kommt dem Zeitgeist entgegen, wenn Castiglione vom vollendeten Hofmann verlangt, daß er Ernst und Würde an den Tag lege. Da aber das Äußere auf den inneren Menschen schließen lasse, solle der Hofmann – es sei denn zu Festen, die einen prächtigen, farbigen Rock verlangen – schwarz oder zumindest in dunkle Farben gekleidet sein (II, 27). Deshalb stellt man auch die gemes-

133 Raffael (1483–1520), Die Loggien, Vatikan. Um 1513–1519

134   Raffael (1483–1520), Baldassare Castiglione. 1514–1515

sene Würde des Spaniers über die Lebhaftigkeit des Franzosen (II, 37) und empfiehlt dem Hofmann das spanische Vorbild. Harmonisch müsse auch der äußere Eindruck des Hofmanns insofern sein, als er nicht nur auf die Pflege des Haares oder des Bartes, auf die Schönheit der Zähne oder der Stiefel oder des Barettes bedacht sein solle, sondern auf alles zugleich (II, 27). Und es gehöre zu seiner Würde, daß er jegliche Ziererei verabscheue (I, 41) und nichts gezwungen tue, sondern alles mit einer fast mühelosen Selbstverständlichkeit.

Solcher Art sind also die Forderungen, die man an einen Hofmann stellt; und es ist noch interessant zu wissen, daß man bei allen seinen Erwägungen Orientierung an der Antike sucht. Das Bild des vollendeten Hofmannes will Castiglione entwerfen. Es ist zugleich das Bild des vollendeten Menschen. Dieser soll immer die Mitte zwischen den Extremen suchen. Dabei ist dieser Gedanke so weit getrieben, daß man sogar nur den Menschen von mittlerer Größe als wahrhaft geraten ansieht (I, 20) und das mittlere Lebensalter als die »beste und maßvollste Zeit des menschlichen Lebens« (II, 15), was im übrigen der Praxis der herrschenden Kunst entspricht, welche die ausgereiften Formen von Mann und Frau den schlanken Gestalten von Jüngling und Mädchen vorzieht. Bei allem Streben nach Vollkommenheit weiß man aber sehr wohl, daß »die menschliche Natur . . . nur sehr selten, vielleicht nie« absolute Vollkommenheit zuläßt. Dennoch muß der Mensch »Selbstvertrauen haben« und danach trachten, immer »eine höhere Stufe zu erlangen«, damit er sich, so er die Vollkommenheit auch nicht erreicht, ihr doch wenigstens annähere (II, 38).

Eine sehr reife Porträtdarstellung Raffaels ist die von Papst Leo X., der ein Sohn Lorenzo de' Medicis war (Abb. 135). Er sitzt vor einem Tisch, auf dem ein Codex mit Miniaturen liegt, auf einem Sessel, hinter dem die Kardinäle Giulio de' Medici, der

spätere Papst Clemens VII., und Luigi de' Rossi stehen.

Leo X. war nicht schön. Er hatte kleine Augen, ein etwas schwammiges Gesicht und eine fahlgelbe Haut. Raffael verstand es, die Mängel nicht zu verbergen und dem Gesicht wie der Gestalt doch Ansehen und Würde zu verleihen. Aufgerichtet und nicht über den Codex gebeugt, sitzt der Papst in seinem Sessel und hat die gepflegten, sensiblen Hände, von denen die eine ein Leseglas hält, auf den Tisch gelegt. Sein Gesicht ist vom Licht beschienen, die geschwungenen, etwas sinnlichen Lippen sind geschlossen; den kleinen Augen, die vor sich hinblicken, mangelt es nicht an geistigem Ausdruck, und die Haltung von Kopf und Körper haben etwas Herrscherliches. Die beiden Kardinäle wirken keineswegs unbedeutend, aber sie treten doch hinter der Hauptgestalt zurück und mehren deren Ansehen.

Von den weiblichen Porträts sei das der Donna Velata, der Dame mit dem Schleier, genannt (Abb. 136). In ganz erstaunlicher Weise hat Raffael die Qualität des Stofflichen der verschiedenen in Weiß und Gelb gehaltenen Kleidungsstücke erfaßt. Aus dem Rahmen von Schleier und Bluse blicken Gesicht und Hals hervor. Fast scheint es, als ob die schöne Haut atme und blühe. Aus den ebenmäßigen, aber anmutig weichen Zügen des Gesichtes blicken samten-dunkle Augen, die den Angeschauten erwärmen.

Doch wer ist diese Donna Velata? Manche meinen, in dem Gesicht die Züge der Fornarina, der Geliebten des Künstlers, zu erkennen. In der Tat könnte man der Dame schon einmal begegnet sein, nämlich auf dem Bild der Sixtinischen Madonna, das knapp drei Jahre früher entstanden ist und für dessen Hauptgestalt sie Modell gesessen haben soll (Abb. 137).

Die Sixtinische Madonna hat ihren Namen nach dem hl. Papst Sixtus, der zusammen mit der hl. Barbara im Bild erscheint. Wenn man die erhabenen Gestalten und die schönen und symmetrischen Gesichter von Maria und Bar-

135 Raffael (1483–1520), Papst Leo X. mit den Kardinälen Giulio de' Medici und Luigi de' Rossi. 1518–1519

136   Raffael (1483–1520), Donna Velata. Um 1516

137   Raffael (1483–1520), Die Sixtinische Madonna. 1513–1514

bara sowie die ehrwürdigen Züge von Sixtus betrachtet, dann weiß man, daß man sich im Zeitalter der Hochrenaissance befindet. Und doch gibt es manches, was darüber hinausweist, obwohl das Bild schon in den Jahren 1513–1514 entstanden ist. Die Madonna wirkt nicht mehr bürgerlich oder großbürgerlich wie Raffaels Florentiner Madonnen. In dem geöffneten Vorhang steht sie da wie eine Fürstin, die einen kleinen Prinzen auf dem Arm hält. Darin liegt schon Barockes. Auch kommt Bewegung in die Gewänder, da der Wind in sie hineinfährt. Maria sitzt auch

nicht mehr auf einer Wiese, auf der das Jesus-Kind und der Johannes-Knabe spielen. Sie steht auf den Wolken, ohne zu versinken. Nur die beiden Heiligen sinken ein wenig ein. Sixtus blickt bewundernd zur Madonna auf, während Barbara zu den beiden Engelputti herabschaut, die ebenfalls schon an den Barock gemahnen.

Es gibt eine Kunstgeschichte[54], die den Begriff Renaissance nicht kennt und die gesamte Hochrenaissance dem Frühbarock zurechnet. Wenn man dem auch nicht beipflichten kann,

138 Raffael (1483–1520), Der wunderbare Fischzug. 1515

muß man doch zugeben, daß in der Hoch-renaissance – da Vollkommenheit und Harmonie ihrem Wesen nach von so kurzer Dauer sind – schon Barockes wahrzunehmen ist.

Man setzt das Ende der Hochrenaissance zumeist mit 1520 an, also mit dem Todesjahr Raffaels, wenn sich auch geistige Prozesse nicht genau datieren lassen. Man stellt sich manchmal dabei besorgt die Frage, wie sich Raffaels Kunst weiterentwickelt hätte, wenn er nicht schon mit 37 Jahren gestorben wäre. Manches, was nach ihm kam, hätte er mitvollziehen können. Die Darstellung der dynamischen Bewegung, die Michelangelo zum Vater des Barocks machte, hätte ihm, wie das Heliodor-Fresko im Vatikan zeigt, vermutlich nie gelegen. Was er dagegen vermochte, war die Darstellung rhythmischer Bewegung. Den Beweis dafür liefert ein Gobelin, der nach einem Karton Raffaels aus dem Jahre 1515 angefertigt wurde.

Es geht um den wunderbaren Fischzug, von dem das Lukas-Evangelium (5, 4–10) berichtet. Die Jünger hatten die ganze Nacht auf dem See Genezareth nichts gefangen, als sie aber auf Jesu Geheiß noch einmal hinausfuhren, füllten sich ihre Boote bis zum Rand. Simon Petrus war davon so überwältigt, daß er Jesus zu Füßen fiel und sagte: »Geh fort von mir, Herr, ich bin ein Sünder.«

Diese Szene stellt Raffael dar, aber nicht mehr in der üblichen Weise (Abb. 138). Er setzt die Hauptgestalt Jesus nicht in die Bildmitte, sondern an die rechte Seite, und zwar so weit, daß der Rahmen sein Gewand im Rücken noch abschneidet. Dennoch sind alle Augen auf ihn gerichtet, weil die Bewegung zu ihm hinführt, eine rhythmische Bewegung, die links bei dem Ruderer beginnt, über die Rücken der beiden, die das Netz hochziehen, verläuft, um mit der Gestalt des stehenden Andreas anzusteigen. Dann fällt die Linie bis zum Kopf des knienden Petrus, um sich abermals und endgültig zu Jesus zu erheben. Dem korrespondieren die Uferränder mit ihren Landschaften und die fliegenden Vögel. Die Darstellung rhythmischer Bewegung liegt Raffael. »Der wunderbare Fischzug« ist in seiner Art vollkommen.

Raffaels Anliegen war es in allen seinen Bildern, Menschen und Dinge, welche die Natur hervorgebracht hat, natürlich und wirklichkeitsgetreu darzustellen. Er bemühte sich dabei aber, das, was die Natur unvollkommen erschaffen hat, zu vervollkommnen und dabei zu den Urbildern der Dinge zurückzukehren. Eben dieses wollte Pietro Bembo mit dem Distichon ausdrücken, das an Raffaels Grab im römischen PANTHEON zu lesen ist und das in Übersetzung lautet: »Hier ruht jener Raffael, von dem die Natur, die große Mutter aller Dinge, als er noch lebte, befürchtete besiegt zu werden, und da er tot ist, befürchtet zu sterben.«

Michelangelo

Als *uomo universale* läßt sich auch Michelangelo Buonarotti (1475–1564) bezeichnen. Er war nicht wie das Universalgenie Leonardo zugleich Wissenschaftler und Künstler, doch vereinigte er in sich die Fähigkeiten zum Maler, Bildhauer, Architekten und Dichter.

Geboren wurde Michelangelo in Caprese in der Toskana. Sein Vater hätte gern einen Gelehrten aus ihm gemacht, aber den Sohn trieb es zur Kunst. So erlernte er das Malen bei Domenico Ghirlandaio und die Bildhauerei bei Bertoldo di Giovanni, einem Schüler Donatellos. Sein erstes Meisterwerk

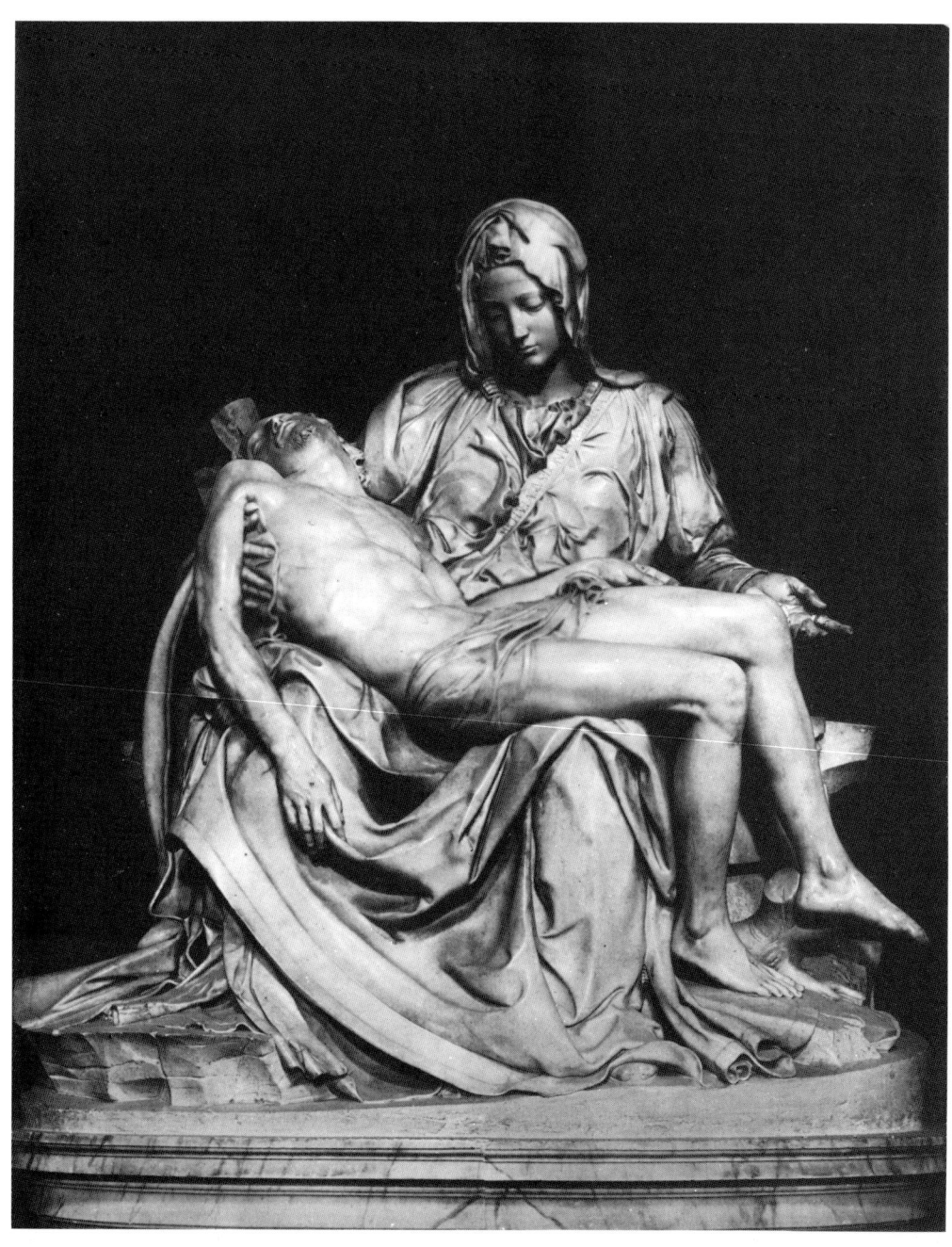

139   Michelangelo (1475–1564), Pietà. 1498–1501

begann er mit 23 Jahren: die »Pietà« von ST. PETER (Abb. 139).

Das sogenannte Vesperbild mit der Schmerzensmutter war ein bevorzugtes Motiv der spätgotischen Kunst des Nordens. Körperlich häßlich, verhärmt, das Gesicht ein einziger Ausdruck des Leidens, so stellte man sie dar, während man ihrem toten Sohn die abgezehrte Gestalt eines vom Leiden Entstellten gab.

In dieser Weise konnte man in Italien zur Zeit der hohen Renaissance das Thema nicht angehen. Michelangelo schuf eine Maria, die zwar ernst und in sich gekehrt ist, aber jugendlich schön, mit symmetrischem Gesicht, über das die Trauer sich wie ein leichter Flor ausbreitet. Christus wirkt nicht wie ein Toter, sondern wie ein schöner Schlafender. Sein Kopf ist mit einem feinen, gepflegten Bärtchen und herabfallendem, gelocktem Haar geziert, und sein Gesicht trägt Züge vollendeter Schönheit und edlen Menschentums (Abb. 140). Damit aber auch Harmonie in der Gruppe walte, bedient sich Michelangelo eines Kunstmittels. Er schiebt unter den rechten Fuß Marias fast unmerklich einen Stein. Dadurch steht das rechte Knie höher als das linke. Täte er es nicht, dann würde der Oberkörper des Sohnes den Arm der Mutter herabziehen oder anspannen. So aber sind Stütze und Last im harmonischen Ausgleich.

Im Jahre 1501 ging Michelangelo von Rom nach Florenz zurück, wo er seine Jugend verbracht hatte. Dort interessierte er sich für einen Marmorblock, aus dem vor längerer Zeit ein Meister, der nach Vasari Simone da Fiesole hieß, eine Kolossalfigur arbeiten wollte, wovon er aber nach begonnener Arbeit sehr bald Abstand nahm. Unglücklicherweise hatte Simone an der Stelle, wo er die Beine herausformen wollte, ein Loch in den Block gehauen. Der junge Michelangelo wagte es aber dennoch, aus dem Marmor eine Figur herauszumeißeln: seinen David (Abb. 141).

Donatello und Verrocchio hatten den David dargestellt, wie er nach der Tat den Fuß triumphierend auf das abgeschlagene Haupt Goliaths setzt. Michelangelo zeigt ihn vor der Tat, und zwar nicht mit dem Schwert, sondern mit der Schleuder. Dabei faßt die Linke den Schleudersack mit dem Stein, während die Rechte den Holzgriff mit der Schlinge hält, die es anzuziehen gilt.

Dieser David scheint noch ganz aus der Tradition der Frührenaissance hervorgegangen zu sein; denn er steht da wie ein kräftiger Bursche, der ganz nach der Natur gebildet ist. Doch hat Michelangelo die Natur veredelt und den Körper vervollkommnet, ein Bemühen, das in der Hochrenaissance zur vollen Auswirkung kam. Es kündigt sich aber in diesem frühen Werk auch schon an, daß Michelangelo einst der »Vater des Barock« werden wird. Der David ist nämlich, obwohl er so ruhig dasteht, voller Bewegung.

Bei Michelangelo heißt Bewegung nie wilde Bewegtheit, sondern Spannung; und diese kommt von innen. Ganz deutlich wird das, wenn man in Davids Gesicht schaut (Abb. 142). Nase und Mund werden umspielt von Kraftlinien der Energie, die Stirn zieht sich vor Zorn in Falten zusammen, das Auge fixiert den Gegner; und diese Spannung strafft den Körper und erfüllt ihn mit Dynamik.

Im Jahre 1505 finden wir Michelangelo zum zweiten Mal in Rom. Der energische und baufreudige Papst Julius II. hatte durch den Florentiner Architekten Giuliano da Sangallo von dem jungen Künstler gehört und ließ ihn kommen, damit er ihm schon zu Lebzeiten sein Grabmal für den Neubau von ST. PETER errichte.

Michelangelo lieferte einen Entwurf, der dem Papst gefiel. Er fuhr nach Carrara, um beim Brechen des Marmors Anweisungen zu geben; als er aber heimkam, mußte er erleben, daß Julius die Arbeiten am Grabmahl zurückstellen wollte. Michelangelo verließ erbost die Ewige Stadt. Es kam zum Zerwürfnis mit dem Papst, schließlich aber zur Versöhnung. 1508 finden wir Michelangelo wieder in Rom, dieses Mal jedoch mit einer Aufgabe als Maler betraut.

Von 1478 bis 1484 war von Papst Sixtus IV. die SIXTINISCHE KAPELLE im Vatikan erbaut worden. Angesehene Maler aus der Toskana und aus Umbrien hatten die Wände mit Fresken geschmückt, aber die Decke war noch frei. Michelangelo erhielt den Auftrag, sie auszumalen; und er tat es in dem unvorstellbar kurzen Zeitraum von 1508 bis 1512.

Die SIXTINA-Decke (Abb. 143) ist aus einer großen Anzahl von Einzelbildern zusammengesetzt, und man weiß nicht, was man mehr bewundern soll: die meisterhafte Komposition des Ganzen oder die vollkommene Darstellung des Einzelnen. Das Mittelstück der Decke besteht aus neun Bildern. Die ersten fünf beschäftigen sich mit der Erschaffung der Welt und des Menschen. Das sechste Bild zeigt den Sündenfall und die Vertreibung aus dem Paradies. Auf den drei folgenden Bildern sehen wir das Opfer Abels und Kains, die Sintflut und die Trunkenheit Noahs.

Die gewölbte Decke weist viele Zwickel auf, je einen an ihren vier Ecken und je vier an ihren beiden Langseiten, die jeweils zwischen den Fenstern in die Seitenwände verlaufen. In den vier Eckzwickeln finden wir Begebenheiten aus der Geschichte des jüdischen Volkes dargestellt, in den acht Seitenzwickeln und den zwölf Lunetten über den Fenstern die Vorfahren Christi, indes zwi-

140   Michelangelo (1475–1564), Kopf Christi. Detail der Pietà (vgl. Abb. 139)

schen den Zwickeln – auf den Gewölbespitzen – zwölf gewaltige Gestalten thronen: sieben Propheten und fünf Sibyllen. Zwischen der Vielzahl dieser Darstellungen finden wir noch eine Fülle nackter Gestalten, die rein ornamentale Bedeutung haben, u. a. wundervolle Jünglingsgestalten, von denen je vier fünf Bilder des Mittelstückes umgeben.

Einige wenige Bilder wollen wir genauer betrachten. Da sind zuerst einmal fünf verschiedene Darstellungen, die Gott bei der Schöpfung zeigen. Auf dem ersten Bild trennt Gott das Licht von der Finsternis. Michelangelo läßt ihn dabei als Urkraft durch das Leere wirbeln (Abb. 144). Er ist der *ruach elochim*, der Gottessturm, wie es im Alten Testament heißt. Aufgewirbelt ist auch das Gewand, und unscharf erscheinen die Ränder der Figur, so daß die Wirbelbewegung noch deutlicher wird. Wenn man aber die hochgeworfenen Arme der kräftigen Gottesgestalt sieht, dann kann man sich vorstellen, daß die Linke einen Meißel und die Rechte einen Hammer hält. Michelangelo arbeitete mit besonderer Hingabe als Bildhauer und erlebte in dieser Weise das Glück und die Qualen eines schöpferischen Menschen. Da ist es gut vorstellbar, daß er bewußt oder unbewußt dem Schöpfergott die Haltung eines Bildhauers gegeben hat.

Das zweite Bild zeigt den greisen, energischen Gott wieder in Bewegung, jedoch nicht in Wirbelbewegung, sondern rotierend auf einer Kreisbahn (Abb. 145). Er hat die Arme ausgestreckt. Dort, wo sie hindeuten, stehen Sonne und Mond. Auch die Erde hat der Schöpfergott schon ins Dasein gerufen, was Michelangelo durch die Gräser und Farne in der linken unteren Bildecke andeutet. Dieses Mal ist Gott nicht mehr vom Nichts umgeben. Von seinem auffliegenden Mantel werden Kinder mitgetragen, von denen das eine die Hand über die Augen hält, weil es von dem neu geschaffenen Licht geblendet wird. Vor ihm sehen wir eine Gestalt sich davonbewegen, von der wir nicht wissen, wen sie darstellt. Durch sie jedenfalls wird noch anschau-

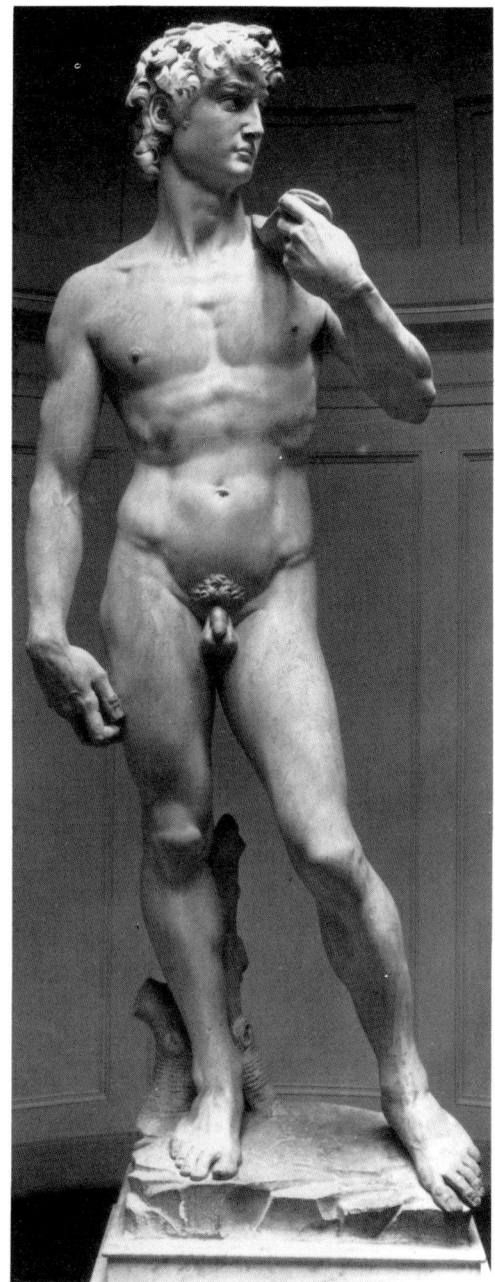

141   Michelangelo (1475–1564), David. 1501–1504

142   Michelangelo (1475–1564), Kopf Davids. Detail der Statue (vgl. Abb. 141)

licher, daß Gott sich auf einer Kreisbahn bewegt.

Das dritte Bild, das Gott zeigt, trägt in den meisten Büchern die Unterschrift: »Scheidung von Wasser und Himmel« oder »Scheidung von Wasser und Erde« (Abb. 146). Man möchte aber meinen, es schwebe hier der Geist Gottes über den Wassern, um die Welt zu segnen. So gütig schaute Gott noch auf keinem Bild hernieder. Liebevoll segnend hat er die Arme erhoben. War Gott auf dem ersten Bild Urkraft, auf dem zweiten Weltschöpfer, so ist er hier Vater.

Auf dem vierten Bild liegt Adam in vollendet schöner Körperlichkeit auf dem Boden. Aus der Höhe schwebt Gott heran, getragen von himmlischen Wesen, die ein aufgeblähtes Tuch zusammenschließt (Abb. 147). Hier erscheint der greise Gott viel vergeistigter als auf den anderen Bildern. Er ist feingliedriger, sensibler; er wirkt wie ein Künstler. Es handelt sich fast mehr um die Beseelung als um die Erschaffung Adams. Er existiert bereits, aber jetzt erst weckt der Blick Gottes seinen Blick; und vom Finger der ausgestreckten Gotteshand springt ein zündender und belebender Funke auf seinen Finger über. Was die Humanisten über die Würde des Menschen lehren, der Gottes Ebenbild sei, wurde hier durch Michelangelo in einmaliger Weise zum Bild (vgl. Umschlagabb. Vorderseite).

Und abermals erscheint Gott auf der SIX-TINA-Decke, zum fünften Mal also, und dieses Mal zur Erschaffung Evas (Abb. 148). Gott schwebt nicht aus der Höhe heran, sondern steht mit beiden Füßen auf dem Boden. Wunderbar ist die Geste seiner rechten Hand. Mit ihr winkt er förmlich Eva aus der Seite des schlafenden Adam hervor, und mit ihr erwidert er den anbetenden Gruß der ersten Frau. Eva ist viel schneller als Adam. Lag dieser am Tage seiner Schöpfung passiv am Boden, so weiß sie gleich im ersten Augenblick, was sie ihrem Schöpfer schuldig ist. Betrachtet man aber das ernste, beinahe sorgenvolle Gesicht Gottes, so ahnt man die nächste Szene voraus.

Das nächste Bild ist ein Diptychon und zeigt auf der einen Seite den Sündenfall, auf der anderen die Vertreibung (Abb. 149). Nach dem biblischen Bericht war der Mensch als Ebenbild Gottes erschaffen, wollte aber Gott gleich sein, aß darum vom Baum der Erkenntnis und wurde zur Strafe aus dem Paradies vertrieben.

Auf Michelangelos Fresko liegt Eva in verführerischer Schönheit unter dem Baum und greift nach der Frucht, läßt sich aber von Adam den Zweig herabziehen und von der Schlange in Weibsgestalt beim Abbrechen der Frucht helfen (Abb. 150). Rechts erscheint der Engel mit dem Schwert. Adam erhebt die Arme, als könne er die strafende Gewalt abwenden. Leidvoll und schmerzzerfurcht ist sein Gesicht, Verzweiflung zeichnet seine Züge. Eva verbirgt und duckt sich vor dem, was über ihr schwebt. Sie zieht den Kopf in den Winkel ihres rechten Armes, mit dem sie, nun da sie die Unschuld der Natur verloren hat, ihre Blöße bedeckt. Beider Gesichter, die einst so schön waren, sind bis zur Häßlichkeit entstellt. Das Häßliche erscheint als Folge der Schuld (Abb. 151).

Geistig übersteigt Michelangelo mit diesem Bild zum ersten Mal seine Zeit. Sah man den Menschen bisher fast ausschließlich in seiner Gottebenbildlichkeit, so begreift Michelangelo ihn auch wieder in seiner Geworfenheit und Kreatürlichkeit. Er erfaßt ihn auf diesem Diptychon in der Zweipoligkeit seines Wesens.

Auf den Gewölbespitzen der SIXTINA-Decke thronen Propheten und Sibyllen. Weil Michelangelo selbst die seherhafte Gabe des Künstlers und Dichters besaß, hatte er eine besondere Vorliebe für die Propheten. Dabei bemühte er sich, einen jeden von ihnen in einer ganz bestimmten Erscheinungsform des Prophetischen zu erfassen. Zwei seiner sieben Propheten, ein alter und ein junger, mögen das anschaulich machen.

Jeremias ist nicht dargestellt als der Feuerkopf, der den Untergang Jerusalems und die babylonische Gefangenschaft vorhersagte,

143 Michelangelo (1475–1564), Decke der Sixtinischen Kapelle. 1508–1512

eher als der Dichter der Klagelieder und vor allem als alter Mann, dessen Prophezeiungen eingetroffen sind und der über sein Volk trauert (Abb. 152). Es sind aber nicht nur Trauer und Schmerz, die diese Gestalt erfüllen. Es ist auch aus dem Schmerz erwachsenes Wissen, höheres, göttliches Wissen, dessen Jeremias inne wird, indem er sich ganz in sich versenkt. Die Beine gekreuzt, das vollbärtige Kinn in die schwerfällige rechte Hand gestützt, ganz in sich zusammengesunken, in sich verschlossen, so sitzt er da. Er hat keinerlei Verbindung zur Außenwelt. Hier offenbart sich das Prophetische als Versunkenheit in sich selbst, in eine innere Welt, welche die Welt des Göttlichen ist. Was Jeremias sieht, sieht er mit den

Augen des Geistes. Seine leiblichen Augen sind zwar halb geöffnet, aber sie sind blicklos. Man könnte Jeremias einen mystischen Propheten nennen; denn das Wort Mystik kommt von der griechischen Vokabel *müo*, und das heißt: ich schließe die Augen. Der Mystiker tut es, um sich in die Welt Gottes in seinem Inneren zu versenken.

In ganz anderer Weise verkörpert sich das Prophetische in Jonas. Aus dem Alten Testament kennen wir ihn als jüdischen Patrioten. Sein Nationalstolz war es auch, der ihn veranlaßt hat, sich dem göttlichen Auftrag, in Ninive zu predigen, durch eine Schiffahrt nach Tharsis zu entziehen, was ihm jedoch nicht gelang, weil er bei einem Sturm als der

am göttlichen Zorn Schuldige von seinen Begleitern ins Meer geworfen wurde. Nach dem biblischen Bericht verschlang ein großer Fisch den Propheten und spie ihn nach drei Tagen an Land. Diesen Augenblick machte Michelangelo zum Gegenstand seiner Darstellung (Abb. 153).

Fast nackt, mit einem jugendlich-männlichen Körper, aufgestützt auf den Ellenbogen, so liegt Jonas da. Er ist in der ruhevollsten aller Stellungen, im Liegen, dargestellt; und doch wirkt sein Körper lebendig bewegt. Wieder geht die Bewegung vom inneren Geschehen aus. Man sieht im Gesicht des Jonas nur ein Auge, das dazu noch verhältnismäßig klein ist. Doch dieses Auge beherrscht den ganzen Körper. Es nimmt das wiedergewonnene Licht nach der Dunkelheit im Fischleib begierig in sich auf, so wie der leicht geöffnete Mund die wiedergeschenkte Luft in sich hineinschlürft. Im Gegensatz zu Jeremias sucht Jonas das Göttliche nicht in seinem Inneren, er erlebt es in der geschaffenen Welt, deren Licht und Luft er von neuem genießt und deren Sonne er seinen Körper wieder hinbreiten kann.

Zwischen den Propheten thronen auf den Gewölbespitzen die Sibyllen. Schon im Mittelalter fand man sie in den Kirchen, weil man glaubte, daß diese Seherinnen der heidnischen Antike die christliche Ära bereits vorausgesehen hätten. Im Zeitalter der Renaissance,

144   Michelangelo (1475–1564), Gott trennt das Licht von der Finsternis
Detail der Sixtina-Decke (vgl. Abb. 143)

145 Michelangelo (1475–1564), Gott erschafft die Welt. Detail der Sixtina-Decke (vgl. Abb. 143)
146 Michelangelo (1475–1564), Gott segnet. Detail der Sixtina-Decke (vgl. Abb. 143)

147 Michelangelo (1475–1564), Gott erschafft Adam. Detail der Sixtina-Decke (vgl. Abb. 143)

da man auch in der heidnischen Welt Wahrheit und Weisheit suchte, brachte man den Sibyllen eine besondere Verehrung entgegen. Wie bei den Propheten wollen wir auch hier unser Augenmerk auf eine alte und eine junge Seherin richten.

Die Persica, die alte Sibylle, wirkt wie Jeremias ganz in sich geschlossen, aber sie blickt nicht in sich hinein, sondern in ein Buch, das sie dicht vor ihre kurzsichtigen Augen hält (Abb. 154). Sie sucht die göttliche Weisheit in den alten persischen Schriften. Sie wendet sich mit ihrem Gesicht von der Welt ab und läßt sich auch durch deren Lärm nicht stören,

weswegen sie ein dickes Kopftuch über die Ohren gezogen hat. Wie es heißt, wollte Michelangelo mit den Sibyllen auch die Erdteile symbolisieren – mit der Persica das dunkle Asien.

Für Europa konnte nur die Delphica Sinnbild sein, jene Sibylle, die ihre Orakelsprüche im Heiligtum Apollons im griechischen Delphi kundtat (Abb. 155). Würdevoll, aber doch gelockert sitzt sie da. Die Hand des waagerecht gehaltenen schönen Armes faßt eine Schriftrolle, in welche die Delphica jedoch nicht hineinschaut. Ihr Blick ist im Gegensatz zu Persica in die gottgeschaffene Welt gerichtet.

148 Michelangelo (1475–1564), Gott erschafft Eva. Detail der Sixtina-Decke (vgl. Abb. 143)

Das Gesicht der delphischen Sibylle zeigt eine herbe Schönheit (Umschlagabbildung Rückseite). Es ist ganz symmetrisch. Um aber jede Monotonie des allzu Regelmäßigen zu vermeiden, läßt Michelangelo die Delphica nicht geradeaus, sondern zur Seite schauen. Auch hat er ihr ganz leicht den ausdrucksvollen Mund geöffnet, von dem man die Orakelsprüche erwartet.

In der delphischen Sibylle verbirgt sich das Frauenideal Michelangelos. Es ist die Frau, die nicht unter, sondern neben dem Mann steht und das Geistige nicht rational, sondern intuitiv – mit weit geöffneten Augen – erfährt.

Unter den Arbeiten, die Michelangelo nach Fertigstellung der SIXTINA-Decke in Angriff nahm, standen die für das JULIUS-GRABMAL an erster Stelle. Am 21. Februar 1513 war Papst Julius II. gestorben. Im Testament des Papstes war die Ausführung des Grabmals bestimmt, die Erben schlossen mit Michelangelo einen neuen Kontrakt, aber auch diesem selbst lag es am Herzen, dem Papst ein großartiges Grabmonument zu errichten; denn Julius, mit dem er so manche harte Auseinandersetzung gehabt hatte, war ihm mehr und mehr zum Freund geworden.

Auch der neue Vertrag wurde nicht eingehalten. Immer traten Michelanglo äußere und innere Hemmnisse entgegen, so daß nie zur Ausführung kam, was geplant war. Das kümmerliche Monument, das man heute in der römischen Kirche S. PIETRO IN VINCOLI vorfindet, hat wenig mit dem zu tun, was Michelangelo im Sinn hatte. Dennoch sind einige Figuren entstanden, die so schön oder so gewaltig sind, daß sich dafür alle Mühe am nie vollendeten Grabmal gelohnt hat.

Da ist zuerst einmal der Moses, der die Mitte des geplanten Grabmals bilden sollte und der heute in der Mittelnische des Ersatzmonuments sitzt (Abb. 156). An dieser Stelle

erwartet man ein Standbild des Verstorbenen, aber Michelangelo, der eine Abneigung gegen alle Porträtdarstellungen hatte, glaubte, den Papst nicht besser ehren zu können als dadurch, daß er ihn gleichsam mit dem großen Gottesmann des Alten Testamentes identifizierte.

Moses sitzt hochaufgerichtet da. Er ist vom Sinai herabgekommen und stützt auf die Gesetzestafeln die rechte Hand, die mit ihrem Zeigefinger den langen Bart zur Seite zieht. Seine stark geäderte Linke und der schwellende Armmuskel sind Zeichen seiner Kraft.

149 Michelangelo (1475–1564), Sündenfall und Vertreibung aus dem Paradies. Detail der Sixtina-Decke (vgl. Abb. 143)

150 Michelangelo (1475–1564), Sündenfall. Detail der Sixtina-Decke (vgl. Abb. 143)

151 Michelangelo (1475–1564), Vertreibung aus dem Paradies. Detail der Sixtina-Decke (vgl. Abb. 143)

HIEREMIAS

152   Michelangelo (1475–1564), Der Prophet Jeremias. Detail der Sixtina-Decke (vgl. Abb. 143)

153   Michelangelo (1475–1564), Der Prophet Jonas. Detail der Sixtina-Decke (vgl. Abb. 143)

PERSICHA

154   Michelangelo (1475–1564), Die Sibylle Persica. Detail der Sixtina-Decke (vgl. Abb. 143)

155   Michelangelo (1475–1564), Die Sibylle Delphica. Detail der Sixtina-Decke (vgl. Abb. 143)

156   Michelangelo (1475–1564), Moses. Um 1513–1516

157   Michelangelo (1475–1564), Oberkörper des Moses. Detail der Sitzfigur (vgl. Abb. 156)

Das greise Haupt mit der schon welken Haut ist noch immer Ausdruck männlicher Energie (Abb. 157). Die Falten zwischen den Brauen verleihen dem von Haar und Bart umrahmten Gesicht den Ausdruck von Zorn und Sorge. Der feurige Blick ist offensichtlich auf das Volk gerichtet, welches um das goldene Kalb tanzt. Auf dem Kopf trägt Moses zwei Hörner. Wenn man ihn seit dem 12. Jahrhundert so darstellt, dann tut man es infolge eines Übersetzungsfehlers, der aus Strahlen im Hebräischen im Lateinischen Hörner gemacht hat. Man möchte aber auf diese nicht verzichten, weil sie die Gestalt des Moses noch herrscherlicher, noch königlicher machen.

Die in der Zeit zwischen 1513 und 1516 entstandene Moses-Figur steht im wesentlichen noch im Zeichen der Hochrenaissance. Andere für das Grabmal bestimmte Figuren tragen schon Zeichen des nachfolgenden Zeitalters. Davon soll dann im letzten Kapitel dieses Buches die Rede sein.

Architektur und Plastik

Wenn man von Renaissance spricht, kann man Venedig nicht in einem Atemzug mit Rom und Florenz nennen. Als offizielles Gründungsjahr der Stadt gilt 421. Die Lagunen-Stadt kennt also keine Tradition, die auf die Zeit der alten Römer zurückgeht. Dafür war sie an das oströmische Reich in Byzanz gebunden. In seinen Anfängen stand Venedig unter dem Schutz des Exarchen von Ravenna, das von Byzanz, also von Konstantinopel, aus regiert wurde. In kultureller Hinsicht öffnete sich Venedig von Anfang an Byzanz. Darum hat man auch das zentrale Bauwerk, den MARKUS-DOM, als byzantinische Kirche errichtet.

Die Verbindung, die zu Griechenland bestand, bezog sich mehr auf das Byzantinische als auf das Altgriechische. So wurde Venedig im 15. Jahrhundert auch kein Zentrum des Humanismus. Gewiß, es gab einige Humanisten wie Ermolao Barbaro (1454–1493), der ein Freund Polizianos war, aber sie bildeten im Gegensatz zu den Florentiner Humanisten nicht die geistige Führungsschicht der Stadt. Erst in der Spätzeit der Renaissance brachte Venedig einen bedeutenden Humanisten hervor: Pietro Bembo (1470 bis 1547), der lateinische Episteln, Dialoge und Carmina schrieb, außerdem eine zwölfbändige Geschichte Venedigs, die er selbst ins Italienische übersetzte. Viele Jahre seines Lebens verbrachte Bembo allerdings in Rom, wo ihn Paul III. 1539 zum Kardinal ernannte.

Unter den Bauwerken, die Venedig zur Renaissance-Zeit hervorgebracht hat, ist vor allem die Kirche S. MARIA DEI MIRACOLI zu nennen (Abb. 158). Wie schon der Name besagt, wurde sie zur Verehrung eines wundertätigen Marienbildes erbaut, und zwar in den Jahren 1481 bis 1489. Ihr Baumeister war Pietro Lombardo (um 1435–1515), dessen Söhne Tullio und Antonio an den Arbeiten mitbeteiligt waren.

In ihren schönen Proportionen entspricht S. MARIA DEI MIRACOLI ganz dem Geist der Renaissance. Dabei fällt auf, daß man in Venedig nicht nur die Schönheit der Maße, sondern auch die der Dekoration sucht. Pilaster, die im ersten Geschoß durch einen Architrav und im zweiten durch Rundbogen verbunden sind, gliedern das Äußere in Felder. Die Mauern sind im zweiten Geschoß durch Rundbogenfenster durchbrochen; im übrigen sind sie mit Marmor inkrustiert. Die farbigen Streifen sowie die rötlichen Zierfenster, teilweise in Kreuzesform, innerhalb der hellen Felder geben dem Bauwerk in gewisser Hinsicht ein orientalisches Aussehen. Es fehlt auch nicht an plastischer Dekoration. Über dem Portal sieht man eine Madonnenbüste. In den Bogenzwickeln des zweiten Geschosses befinden sich Reliefs mit Propheten, Heiligen und Engeln, in der gleichen Höhe an den Kanten Figuren von Maria und dem Verkündigungsengel. Über den Bogen zeigt der Fries ein Relief mit Greifen und Ranken; und auch das Tympanon, das den Abschluß der Fassade bildet, trägt auf seinem Scheitel-

158   Pietro Lombardo (um 1435–1515), S. Maria dei Miracoli, Venedig. 1481–1489

159   Pietro Lombardo (um 1435–1515), S. Maria dei Miracoli, Innenraum, Venedig. 1481–1489

punkt eine Madonna, die von zwei Engeln zu seiten des abschließenden großen Bogens verehrt wird.

Das Innere besteht aus einem Saal, der mit einem Tonnengewölbe gedeckt ist (Abb. 159). Den Abschluß bildet eine höher gelegene ALTARKAPELLE, die an Zentralbauten wie Brunelleschis ALTE SAKRISTEI in Florenz denken läßt. Die abschließende Pendentifkuppel erinnert allerdings, wenn man sie von außen betrachtet, an byzantinische Kuppeln. Das Dekorative spielt im Innern dieselbe Rolle wie für den Außenbau. Die Holzdecke zeigt in 50 Kassetten gemalte Propheten- und Heiligenbüsten. Alle Wände sind mit Marmor inkrustiert; und der reiche plastische Schmuck ist gut verteilt und geschmackvoll angeordnet.

Die venezianischen Palazzi stehen unter besonderen Bedingungen. Sie liegen an den Kanälen und haben dort auch ihre Haupteingänge. Ihre Höhe beträgt zumeist drei bis vier Geschosse, wobei das Erdgeschoß nicht selten als Lagerraum benutzt wird.

160 Mauro Coducci (1440–1504) und Tullio Lombardo (um 1455–1532), Palazzo Vendramin-Calergi, Venedig. 1500–1509

161 Antonio Rizzo (erwähnt 1465–1498), Eva. Zwischen 1484 und 1490

Venedig vereinigt an seinen Wasserstraßen Paläste aus allen Stilepochen. Ein typischer Renaissance-Bau ist der PALAZZO VENDRAMIN-CALERGI, in dem Richard Wagner am 13. Februar 1883 gestorben ist (Abb. 160). Begonnen hat den Bau Mauro Coducci (1440 bis 1504), der auch Codussi genannt wird, um das Jahr 1500. Fortgesetzt hat ihn nach dessen Tod Tullio Lombardo (um 1455 bis 1532). Er konnte ihn 1509 beenden.

Gegenüber florentinischen und römischen Palästen wirkt der PALAZZO VENDRAMIN-CALERGI prachtvoller, ja majestätischer. An der Fassade tragen Säulen im zweiten wie im dritten Geschoß ein Gebälk. Der Mitteltrakt ist hervorgehoben, sofern je drei große, zweigeteilte Fenster, die durch Säulen getrennt sind, rechts und links von rechteckigen, dekorierten Mauerteilen begrenzt werden. An den beiden Seiten schließen sich schmalere Trakte an, bei denen je ein Großfenster von säuleneingefaßten rechteckigen Mauerteilen flankiert wird. Vor dem *piano nobile* sind Balkons angebracht. Die Fassade des PALAZZO VENDRAMIN-CALERGI weist im Detail wie im Ganzen harmonische Proportionen auf und hat ein klassisches Gepräge.

Von den berühmten Statuen Venedigs sei die Eva genannt, die ebenso wie der dazugehörige Adam in einer Nische des Foscari-Bogens des DOGENPALASTES stand und die heute im Innern des Palastes ihre Aufstellung gefunden hat (Abb. 161). Von ihrem Schöpfer Antonio Rizzo wissen wir nur, daß er von 1465 bis 1498 erwähnt wird und die beiden Figuren zwischen 1484 und 1490 geschaffen hat.

Wenn man die Eva unvoreingenommen zum ersten Mal sieht, möchte man vielleicht meinen, sie sei ein Kunstwerk, das von einem Meister nördlich der Alpen stammt. Sie steht nicht frei, sondern sie ist für eine Nische geschaffen. Dazu lehnt sie sich noch an einen Baumstumpf. Ihr Körper ist zwar nackt, aber er entspricht keinesfalls klassischen Vorstellungen. Die Schultern sind wie bei Figuren nördlicher Künstler schmal und abfallend, die Hüften ausladend, die Brüste verhältnismäßig klein, und die Bauchpartie ist vorgeschoben.

Man findet bisweilen Ähnliches in der venezianischen Kunst und braucht darüber nicht erstaunt zu sein. Venedig war nicht nur Umschlagplatz für den Orienthandel, es stand auch in wirtschaftlicher Verbindung mit den Ländern nördlich der Alpen, was kulturelle Einflüsse zur Folge hatte.

Die Bellinis und Vittore Carpaccio

Venedig ist eine Stadt der Farbe und der Malerei. Hier lebte eine berühmte Malerfamilie: die Familie Bellini. Der Vater Jacopo (um 1400 bis um 1470) war ein Schüler Gentile da Fabrianos (vor 1370–1427) und erwies sich in manchem noch als Nachfahre der Gotik. Seine Söhne Gentile (um 1429–1507) und Giovanni (um 1430–1516) repräsentierten die Renaissance. Zur Familie gehörte aber auch noch Andrea Mantegna (1431–1506), der mit Gentiles und Giovannis Schwester verheiratet war, was einen Kontakt zwischen den Schwägern auch in künstlerischer Hinsicht mit sich brachte.

Gentile Bellini war in seiner Zeit als Bildnismaler sehr geschätzt, so daß sich sogar der Sultan Mohammed II. von ihm porträtieren ließ. Für uns ist er besonders wertvoll durch seine Gemälde, welche die Legende des Heiligen Kreuzes zum Gegenstand haben, weil sie uns das zeitgenössische Venedig vor Augen führen. »Das Wunder der Kreuzesreliquie, die in den Kanal von San Lorenzo gefallen ist« zeigt, wie sich die Mönche in das Wasser gestürzt haben, um die Reliquie herauszuholen, und wie der Pater Guardian Andrea Vendramin sie gefunden hat und emporhebt (Abb. 162). Venedig mit seiner Brücke und seinen Häusern stellt sich nicht viel anders dar, als wir es heute erleben. Viel Volk hat sich zusammengefunden. Es fehlen auch nicht die Honoratioren der Stadt, deren Gesichter den Zeitgenossen wohlbekannt waren und die Gentile Bellini späteren Generationen als gelungene Porträts überliefert hat.

Der berühmtere der beiden Brüder ist Giovanni Bellini, auch Giambellino genannt. 1506 schrieb Dürer an Pirckheimer: »Er ist schon sehr alt, aber noch der Beste im Gemäl.« Giovanni hat eine große Zahl von Madonnenbildern gemalt und diese immer wieder variiert. 1490 entstand das Gemälde, das die Madonna zwischen der hl. Katharina und der hl. Magdalena zeigt (Abb. 163).

Maria hat ihr volles Gesicht mit dem kleinen Mund leicht zur Seite gedreht, während der Jesus-Knabe seinen Blick himmelwärts richtet. Die beiden weiblichen Heiligen sind dem kleinen Jesus betend zugewandt. Ihr prächtiger Schmuck gewinnt noch durch das Licht, das auf den Gesichtern liegt und Teile der Gewänder belebt. Die Atmosphäre des Bildes ist ausgesprochen fromm.

Etwa 15 Jahre später entstand ein Madonnenbild von ganz anderer Art. Hier sitzt Maria auf dem Thron, der in der Apsis einer Bogenhalle steht (Abb. 164). Die strenge Architektur ist belebt durch Ranken und Vögel im oberen Teil der Apsis. Auch sieht man rechts und links von ihr einen schmalen Streifen Natur. Das Bild ist ganz symmetrisch komponiert. Auf der Mittelachse steht der Thron, dessen oberen Abschluß ein »steinerner« Königskopf – vielleicht das Haupt Gott-Vaters – bildet. Die Madonna hat ebenmäßige Züge und blickt ernst. Der Jesus-Knabe steht auf ihrem linken Knie und setzt den einen Fuß auf ihre darunter geschobene Hand. Auf der untersten Thronstufe spielt der Engel mit

Andacht seine Geige. Die weiblichen Heiligen Katharina und Lucia sind dem Thron zugewandt, während Petrus und Hieronymus vor den Pilastern stehen. Es handelt sich um eine *sacra conversazione,* von der im Zusammenhang mit Domenico Veneziano die Rede war.

In der Zeit zwischen 1475 und 1480 hatte Giovanni Bellini begonnen, statt mit Tempera-Farben mit Öl zu malen. Diese Technik hat Antonello da Messina (1430–1479) den Venezianern vermittelt. Der Sizilianer hat sie von den Niederländern gelernt, ohne daß er sich je in ihrem Lande aufgehalten hat. Mit Öl läßt sich nicht nur verhältnismäßig schnell malen. Man kann auch durch ein Übereinandersetzen der nicht verlaufenden Farben feinere Übergänge schaffen, eleganter mit Lichtern und Schatten umgehen und so Atmosphäre verbreiten.

Ungefähr zur gleichen Zeit, in der das Madonnenbild der Kirche S. ZACCARIA entstand, malte Giovanni Bellini eine Pietà (Abb. 165). Im Vordergrund sitzt Maria und hat ihren toten Sohn auf dem Schoß. Bei der Darstellung des Schmerzes besteht in Italien, besonders im Zeitalter der Renaissance, immer die Gefahr, daß er so gedämpft wird, daß er kaum noch in Erscheinung tritt, oder aber, daß er bei größerer Ausdrucksstärke Züge des Theaterhaften bekommt. Hier dagegen ist der Schmerz Mariens stark verinnerlicht; und dadurch besteht wieder eine Verbindung zur Kunst des Nordens. Christus hat eine gut gewachsene Gestalt, aber er ist kein schöner Schlafender, sondern ein Toter. Wie so oft bei Giovanni Bellini wird Maria in einer Landschaft dargestellt. Diese ist bei ihm mehr als Hintergrund, sie hat ein eigenes Leben; und auch dadurch ist eine Beziehung zur Kunst nördlich der Alpen gegeben. Darüber hinaus schließt die Beleuchtung die Personengruppe mit der Landschaft zu einer Einheit zusammen.

Äußerst reizvoll sind die Tafeln, die einst ein kleines Möbelstück für Toilettengegenstände zierten und die heute in den GALLERIE DELL' ACCADEMIA aufbewahrt werden. Sie zei-

162 Gentile Bellini (um 1429–1507), Das Wunder der Kreuzesreliquie, die in den Kanal von S. Lorenzo gefallen ist. Um 1500–1503

163 Giovanni Bellini (um 1430–1516), Madonna mit Kind zwischen der hl. Katharina und der hl. Magdalena. 1490

164　Giovanni Bellini (um 1430–1516), Madonna mit Kind zwischen den
Heiligen Petrus, Katharina, Lucia und Hieronymus. 1505

gen Allegorien, und zu ihnen gehört jenes nur 34 x 21 cm große Gemälde, von dem man nicht genau weiß, ob es die Wahrheit oder die Klugheit darstellen soll. Für die »Wahrheit« spricht, daß sie nackt ist, für die »Klugheit«, daß sie zur Selbsterkenntnis einen Spiegel in der Hand hält, der allerdings nicht *ihr* Bild zeigt (Abb. 166). Wie dem auch sei, es ist schön anzusehen, wie die Gestalt denkmalhaft vor einer Nische steht und drei Putti mit Instrumenten sich zu ihren Füßen tummeln, von denen der eine etwas – vielleicht doch die Wahrheit? – ausposaunt. Der dargestellte weibliche Körper entspricht auch hier mehr den Vorstellungen nördlicher Kunst als dem Ideal klassischer Schönheit.

Giovanni Bellini war ein guter Porträtist. Eines seiner besten Bildnisse ist das des Dogen Leonardo Loredan (Abb. 167). Dargestellt ist das individuelle Gesicht eines älteren Mannes, dessen Züge äußerst diszipliniert sind. Der festgeschlossene Mund zeigt eine schmale Ober- und eine breitere, leicht sinnliche Unterlippe. Die Falten, die von den Nasenflügeln ausgehen, verraten Energie. Der Blick der klugen Augen ist fest.

Trotz der individuellen Züge handelt es sich um das Gesicht eines Dogen, eines Repräsentanten der Republik Venedig. Eine unglaubliche Ruhe geht von dem Mann aus, der sich allein schon durch seine Amtstracht von Privatpersonen abhebt. Giovanni Bellini hat

165   Giovanni Bellini (um 1430–1516), Pietà. 1505

166   Giovanni Bellini (um 1430–1516), Allegorie der Wahrheit oder der Klugheit.
1490

IOANNES BELLINVS

167   Giovanni Bellini (um 1430–1516), Der Doge Leonardo Loredan. 1501

den schön gemusterten Damast in seiner Farbe und Stofflichkeit so erfaßt, wie es nur ein Venezianer vermag. Dazu hat das Licht, das auf dem Bild liegt, geradezu eine verklärende Wirkung.

Mit beiden Bellinis in Verbindung stand Vittore Carpaccio (1455 oder 1465–1526). Ebenso wie Gentile betrieb er mit Vorliebe die Historienmalerei. Nur vermochte er besser als dieser die Szenen mit Leben und Bewegung

168   Vittore Carpaccio (1455 oder 1465–1526), Der Traum der hl. Ursula. 1490–1495

169   Vittore Carpaccio (1455 oder 1465–1526), Zwei Kurtisanen oder Edeldamen.
       Um 1504

zu erfüllen. Carpaccios bekanntestes Werk ist der Zyklus, den er zwischen 1490 und 1495 für die SCUOLA DI SANT' ORSOLA malte und der sich heute in den GALLERIE DELL' ACCADEMIA befindet. Er erzählt darin in neun Bildern die Geschichte der hl. Ursula nach der *Legenda aurea* des Jacobus de Voragine.

Unter den figuren- und ereignisreichen Darstellungen befindet sich ein sehr stilles Bild, das uns in das Schlafzimmer der hl. Ursula führt (Abb. 168). Die bretonische Königstochter, die – wie es heißt – im 5. Jahrhundert von den Hunnen um des Glaubens und der Jungfräulichkeit willen hingemordet wurde, sieht hier ihr Martyrium im Traum voraus. Ein Engel erscheint mit der Märtyrerpalme, doch merkt man dem schönen, friedlich entspannten Gesicht Ursulas nichts von dem schrecklichen Traum an. Um sie herum herrscht eine Atmosphäre bürgerlicher Ordnung. Gepflegt liegt sie im glattgestrichenen Bett. Ihre Krone hat sie fein säuberlich an das Fußende gelegt und die kleinen Schuhe unter das Bett gestellt. Ein Hündchen bewacht ihren Schlaf. So wie Ghirlandaio seine Bildbetrachter in die großbürgerlichen Häuser führt, zeigt Carpaccio ein Schlafzimmer des 15. Jahrhunderts in der Lagunen-Stadt Venedig; und er zeigt es im frühen Morgenlicht. Fast nie fehlt bei den Venezianer Malern die verklärende Beleuchtung, sie erscheint in immer neuen Variationen.

Von ganz anderer Art ist Carpaccios Bild mit den Kurtisanen (Abb. 169). Heute fragt man sich, ob es nicht Edeldamen sind, zumal eine Vase auf der Balustrade steht, die mit dem Wappen der Familie Torella geziert ist. Nun, so edel sehen die Damen zwar nicht aus, aber wie dem auch sei, Vittore Carpaccio erweist sich hier als ein Maler, der mittels der Porträtkunst Charaktere erfassen kann, dem aber auch die Befähigung zum Karikieren nicht fehlt. Da sitzen nun die beiden festlich gekleideten Damen, die sich ähnlich sehen wie Schwestern. Sie sind saturiert und wohlgenährt, doch schauen sie unbefriedigt und gelangweilt vor sich hin. Innerhalb einer Balustrade haben sie sich einen kleinen Tierpark angelegt, der sie aber auch nicht glücklich macht. Ein Knabe schiebt sich zwischen zwei Säulen, weil ihn der Pfau interessiert. Von den Damen aber nimmt die eine an den Tieren überhaupt keinen Anteil, während die andere mit ihnen spielt, ohne sie wirklich zu beachten. Es ist bedauerlich, daß man von dem Tierpark nicht noch mehr sieht. Ursprünglich war das Bild größer, beinahe quadratisch.

Giorgione und Tizian

Von Giorgione (1477/78–1510) weiß man nur sehr wenig. Ob er ein Schüler Giovanni Bellinis war, läßt sich nicht eindeutig feststellen. Jedenfalls wurde er von ihm stark beeinflußt. Nach Vasari schätzte Giorgione die heitere Geselligkeit, er spielte Laute und sang gut. Er fand immer Gefallen an Liebesabenteuern und starb im Alter von 33 Jahren, weil er sich bei einer Geliebten die Pest geholt hatte.

Giorgiones Gemälde geben bisweilen Rätsel auf. Man hat viel darüber geschrieben, wer auf dem Bild dargestellt ist, dem man heute die Unterschrift »Das Gewitter« gibt (Farbtafel 17). Man nannte die verschiedensten mythologischen Gestalten, eine Zigeunerin und einen Soldaten und fand doch nicht heraus, wen Giorgione darstellt. Der heutige Titel ist nicht schlecht gewählt; denn die gewittrige Landschaft bildet das Hauptthema.

170 Giorgione (1477/78–1510), Die Alte. Nach 1507

171 Tizian (1473?–1576), Der Zinsgroschen. 1516

Braun, gelb, blau, grün sind die Farben des Bildes, die aber noch in vielen Nuancen abgewandelt sind. Steine, eine Wiese, Bäume, Sträucher, ein Fluß mit einer Brücke und Häuser, darüber der Himmel, in dem ein Blitz aufzuckt – das alles scheint das Wesentliche zu sein. Auch hier wieder entdeckt man als Gemeinsamkeit zwischen der venezianischen und der deutschen Kunst, daß die Landschaft bei der einen wie der anderen nicht die Kulisse eines Gemäldes bildet, sondern oft ihr eigenes inneres Leben führt. Was in der Gewitter-Landschaft vor sich geht, spiegelt sich anscheinend auch in dem Verhältnis der im Bild dargestellten Menschen wider. Fast nackt sitzt eine Frau auf einer Wiese und stillt ihr Kind. Sie hat ihre Augen zur Seite gewandt und blickt nachdenklich vor sich hin. Ein bekleideter Mann, der seine Augen auf die Frau gerichtet hat, geht vorbei; und es besteht jene Spannung zwischen den beiden, von der Jean-Paul Sartre spricht, wenn er sagt, daß ein Bekleideter einen Unbekleideten durch seinen Blick zum Objekt macht.

Angesichts der Art, in welcher die am Boden sitzende Frau gemalt ist, sei zitiert, was Vasari über Giorgione sagt: »Die Natur gab ihm einen so sanften Geist, daß er die Farbgebung der Öl- wie der Freskomalerei durch Lebhaftigkeit, Weichheit, Einheit und zarte Übergänge der Schatten bereicherte. Dies war die Ursache, daß viele treffliche Meister jener Zeit bekannten: er sei geboren, den Gestalten Geist einzuhauchen und die Frische des lebendigen Fleisches treuer nachzuahmen, nicht nur als die venezianischen Maler, sondern von überall.«[55]

Giorgione versteht sich auch in erstaunlicher Weise auf die naturalistische Darstellung. Seine »Alte« ist eine Frau aus dem Volke mit bräunlicher, altersverfleckter Haut und schütterem Haar (Abb. 170). Sie hat den noch nicht zahnlosen Mund leicht geöffnet und blickt mit zur Seite gewandten Augen, die keine große Intelligenz, aber Lebenserfah-

rung verraten, auf den Bildbetrachter. Zur Belebung hat Giorgione gegen das Braun von Gewand und Haut ein helles Gelb in Schultertuch und Kopftuch gesetzt. Und auch mit diesem Bild gibt der Maler ein Rätsel auf. Hinter der rechten Hand, die nicht ohne Ausdruck ist, erscheint ein Schriftband mit den Worten *COL TEMPO* (Mit der Zeit), und wir fragen uns, ob Giorgione damit dem Menschen vor Augen halten wollte, was die Zeit aus ihm macht.

Mit Giorgione um 1508 zusammengearbeitet hat Tizian, der mit vollem Namen Tiziano Vecellio hieß. Über das Geburtsdatum des Künstlers herrschen große Meinungsverschiedenheiten. Lange war man der Überzeugung, daß Tizian 1477 geboren sei. Vasari sprach von 1480. Dann glaubte man, Tizian habe sich älter gemacht und gab 1490 als Geburtsjahr an, bis man 1955 die Eintragung vom Tode des Künstlers im Sterberegister der Kirche S. CANCIANO in Venedig fand. Danach starb er im Alter von 103 Jahren an einem Fieber. Somit müßte er, da er 1576 gestorben ist, 1473 geboren sein.

Es ist üblich, Tizian den großen Künstlern der Hochrenaissance zuzurechnen; dabei entstanden die meisten Arbeiten des Meisters, als dieses Zeitalter bereits zu Ende gegangen war. Zu den großen Werken, die noch Renaissance-Charakter tragen, gehört das Gemälde »Der Zinsgroschen« aus dem Jahre 1516 (Abb. 171). Leider ist es seitlich beschnitten.

Es geht um jenes von Matthäus (22, 15–22) berichtete Ereignis, da die Jünger der Pharisäer mit Anhängern des Herodes zu Jesus gingen und die Frage stellten: »Was meinst du, ist es erlaubt, dem Kaiser Steuer zu zahlen oder nicht?« Jesus nannte sie Heuchler, ließ sich die Münze zeigen, mit der man Steuern bezahlt, fragte, wessen Bild und Aufschrift sie trage und erwiderte auf die Antwort: »Des Kaisers«: »So gebt dem Kaiser, was dem Kaiser gehört, und Gott, was Gott gehört.«

Tizian stellt nun dar, wie ein Pharisäer Jesus die Münze hinhält. Der Mann mit dunkler Hautfarbe hat einen guten Kopf, aber er blickt listig. Dem begegnet Jesus mit klarem Auge und offenem Blick. Sein Gesicht ist vom Licht beschienen, es wirkt edel und vergeistigt, während der Zeigefinger seiner gepflegten rechten Hand auf die Münze deutet. Wie bei Leonardo und Raffael will Tizian Gottmenschliches durch vollkommene Menschlichkeit darstellen, nur daß die Züge hier beinahe überirdisch durchleuchtet sind. Über dem Bild liegt trotz einer gewissen Spannung eine große Ruhe.

Noch im gleichen Jahr, in dem das Bild mit dem Zinsgroschen entstand, bekam Tizian vom Prior des Franziskanerklosters den Auftrag, für die venezianische Kirche S. MARIA GLORIOSA DEI FRARI eine *Assunta*, eine Himmelfahrt Mariä, zu malen. Dieses fast 7 Meter hohe Gemälde kündigt bereits die Kunst eines neuen Zeitalters an (Farbtafel 18).

Alles in der Welt des Himmels und der Heiligen ist in Bewegung geraten. Maria schwebt, von einer Wolke getragen, in die Höhe und wird dort von dem herabblickenden Gott-Vater mit ausgebreiteten Armen erwartet. Nicht mehr waagerecht, sondern diagonal – in starker perspektivischer Verkürzung – zeigt sich der Himmelsherr, der von Engeln flankiert wird, von denen der kleinere die für Maria bestimmte Krone in der Hand hält. Wie im Barock wimmelt es bereits von Engeln, die sich auf der Wolke noch sehr irdisch als kleine Nackedeis tummeln, in der Höhe Gottes sich aber mit Köpfchen und Körper geradezu in himmlisches Licht auflösen. Die Apostel blicken nicht mehr traurig und sehnsüchtig der Entschwebenden nach. Sie sind vielmehr in Aufruhr und Ekstase geraten. Und alles vollzieht sich in einem Rausch von Farben, unter denen besonders das durchlichtete Gelb und das leuchtende Rot eine erregende Atmosphäre schaffen.

In derselben FRARI-KIRCHE befindet sich Tizians »Madonna der Familie Pesaro« (Abb. 172). Hier ist Maria mit ihrem Kind zum ersten Mal nicht auf der Mittelachse dargestellt. Damit ist die auf Symmetrie und Frontalität abgestellte Komposition, die für die Renaissance ganz selbstverständlich war, aufgehoben und die von Manierismus und Barock so geschätzte Diagonale zum Kompositionsprinzip gemacht worden. Zur *sacra conversazione* um die Madonna sind der mit einem Buch dasitzende hl. Petrus und Franziskus von Assisi vereinigt, hinter dem noch eine stark überschattete Gestalt steht, bei der es sich vermutlich um den hl. Antonius handelt. Vor den Stufen des Thrones kniet Jacopo Pesaro, der Stifter des Bildes, neben dem ein Bannerträger eine Fahne mit den Wappen der Häuser Pesaro und Borgia hochhält, während ein neben ihm stehender gefangener Türke auf die siegreiche Seeschlacht von Santa Maura hinweisen soll. Rechts unten im Bild knien weitere Mitglieder der Familie Pesaro, deren Gesichter gut porträtiert sind.

Es gehört zum Wesen der Renaissance-Kunst, daß sie das Dargestellte in den Grenzen des Endlichen und Überschaubaren hält. Hier aber wachsen die Säulen in den Himmel, und da man keinen Abschluß sieht, weiß man nicht, wo sie enden. Dieser Zug ins Unendliche ist schon typisch barock. Dazu kommt noch die Wolke um die Säulen, auf der zwei Engel das Kreuz halten. Somit sind auf diesem Bild, das zwischen 1519 und 1526 entstand, die Grenzen der Hochrenaissance in die Zukunft hinein schon überschritten; und es ist sehr die Frage, ob man Tizian, von Ausnahmen abgesehen, mit seinen nachfolgenden Werken noch den Renaissance-Künstlern zuordnen darf.

An den Zeitstil weniger gebunden sind Porträts. Tizian hat sehr viele gemalt, besonders in der Zeit zwischen 1530 und 1550. Zu ihnen gehört auch das Bildnis Karls V. in der Münchener ALTEN PINAKOTHEK (Farbtafel 19). Tizian, der beim Kaiser hochangesehen war und immer zu ihm Zutritt hatte, malte ihn 1548 auf dem Reichstag in Augsburg. Karl, nach spanischer Mode gekleidet, sitzt hier im Lehnstuhl. Man glaubt kaum, daß er erst 48 Jahre alt ist. Kaiserliche Würde, eine nicht sehr stabile Gesundheit, ein wenig Dekadenz, nagende Sorge, einen wachen und kritischen Blick – das alles, meint man, dem so trefflich Porträtierten anzusehen. Auch in diesem Bild kündigt sich eine neue Zeit an. Von der Säule sieht man ebenso wie auf dem Bild der Madonna Pesaro nur den Anfang, nicht aber den Abschluß. Und die Landschaft im Hintergrund stellt sich nach Art späterer Barock-Malerei mehr atmosphärisch und verschwebend als greifbar gegenständlich dar. Sie hat keine festen Grenzen mehr, sondern verliert sich in der Unendlichkeit des Horizontes.

172   Tizian (1473?–1576), Madonna der Familie Pesaro. 1519–1526

Ansatz zu Neuem

Im *Cortegiano* des Baldassare Castiglione findet sich folgende Frage: »Habt ihr es nicht gelesen, daß die fünf besonders schönen Mädchen, die der Maler Zeuxis aus der Bevölkerung Krotons ausgewählt hat, um dann aus ihnen eine einzige herrliche Gestalt der Schönheit zu bilden, von vielen Dichtern gefeiert wurden? Es hat sie schließlich derjenige als schön erkannt, der das vollkommenste Urteil über Schönheit haben mußte.« (I, 53)

Es kommt nicht von ungefähr, daß man im Zeitalter der Renaissance die Geschichte vom griechischen Maler Zeuxis erzählte, der die fünf schönsten Mädchen Krotons auswählte, von jedem noch das abzog, was irgendwie unvollkommen an ihm war, um so das Bild vollkommener weiblicher Schönheit zu erkennen und zu malen. Die Geschichte ist insofern gleichnishaft, als die Künstler des Quattrocento, des 15. Jahrhunderts, sich an das Vorbild der Natur hielten, aber mehr und mehr darum bemüht waren, vom einzelnen Menschen das Unvollkommene, das jedem in irgendeiner Form anhaftet, abzuziehen, um so sein vollkommenes Bild, sein Urbild, zu schaffen. Auf diese Weise kam man auch vom Zufälligen und Vereinzelten zum Typischen und Allgemeingültigen. In der Hochrenaissance erreichte man das gesteckte Ziel, soweit es überhaupt von Menschen erreicht werden kann. In der Plastik und Malerei hat man das Bild des vollkommenen Menschen geschaffen. Zu diesem gehört Harmonie in seiner Körperform wie in seinem geistig-seelischen Charakter. In der Malerei mußte auch das Bild als

solches in seiner Komposition, seinen Proportionen und in seiner Verteilung von Licht und Schatten harmonisch sein. In der Baukunst schließlich suchte man den Ruheraum, in dem Stütze und Last sich in harmonischem Ausgleich befinden, in dem sich die Vertikale und die Horizontale die Waage halten und in dem das Verhältnis der Teile untereinander und der Teile zum Ganzen ein absolut wohlproportioniertes ist.

Wenn man Harmonie und Vollendung erreicht hat, steht man auf einem Gipfel, der aber einen Endpunkt bedeutet. Harmonie und Vollendung lassen sich nicht mehr steigern. Man kann auch nicht in ihnen verweilen, wenn man nicht erstarren will. Auf Dauer ist in ihnen nur noch die reine Form, aber kein Leben mehr. Darum spricht Romano Guardini von der »Untergangszone der vollkommenen Harmonie«[56]. Aus diesem Grunde konnte die Hochrenaissance wie alle klassischen Zeitalter nur kurz sein. Und wir haben gesehen, daß die großen Meister in Architektur, Malerei und Plastik schon innerhalb dieser kurzen Epoche bereits den ersten Schritt in eine neue Zeit taten.

Der Hochrenaissance folgten Manierismus und Barock. Über sie zu berichten, gehört nicht mehr zu den Aufgaben, die diesem Buch gestellt sind. Es soll indes noch kurz von den Ansatzpunkten zum Neuen die Rede sein.

Wozu wird ein Künstler verleitet, wenn er den natürlichen Menschen nicht mehr zum vollendeten weiterentwickeln kann, weil das

173   Parmigianino (1503–1540), Madonna dal collo lungo (Madonna mit dem langen Hals). Um 1538–1540

bereits geschehen ist? Er bemüht sich, ihn weiter zu »verfeinern«. Das erleben wir bei Francesco Mazzola (1503–1540), den man nach seiner Vaterstadt Parmigianino genannt hat. Eines der letzten Bilder des so früh verstorbenen Malers ist die »Madonna dal collo lungo«, die Madonna mit dem langen Hals (Abb. 173).

Das Gesicht der Madonna ist schön. Es könnte das Gesicht einer eleganten Dame der Gesellschaft sein. Der Kopf aber ist klein, besonders im Verhältnis zu dem überlängten Körper, der spiralförmig gedreht ist. Die überschlanke Hand der Madonna wirkt nervös-sensibel und findet ihre Entsprechung in den nackten Füßen. Der auf dem Schoß Mariens liegende, schon recht große Jesus-Knabe macht den Eindruck eines überzüchteten, fast schon dekadenten Kindes. Gesund und natürlich scheinen auf diesem Bild nur drei der vier Jugendlichen zu sein, besonders das Mädchen links von der Madonna. Im Hintergrund sollte eine Säulenhalle entstehen. Fertig wurde nur eine Säule. Vielleicht spürte Parmigianino, daß sie vereinzelt, mit dem kleinen emphatischen Propheten davor, viel besser ins Bild paßt als eine ganze Halle. So ist die Wirkung geradezu surrealistisch. Die Madonna sitzt vor einem Vorhang in warmem Dunkelrot. Alle übrigen Farben sind kühl, und es ist nicht falsch, wenn man in ihnen eine Verweslichkeit und im Bild einen Parfümduft wahrzunehmen glaubt.

Angesichts eines solchen Gemäldes spricht man von Manierismus. Heute ist das ein Stilbegriff. Ursprünglich haftete dem Wort etwas von »Manier« und »manieriert« an. Schon im 16. Jahrhundert kritisierte Giovanni Andrea Gilio, daß die Künstler ihren Gestalten Kopf, Arme oder Beine verdrehen. Im 17. Jahrhundert aber erhob Giovanni Pietro Bellori folgende Klage: »Damals erfuhr die Malerei die größte Bewunderung der Menschen und schien wie vom Himmel herabgestiegen, als der göttliche Raffael mit den höchsten Mitteln der Kunst ihre Schönheit zum Gipfel erhob, sie wieder in die alte Majestät aller jener Grazien versetzend und um jene Werte bereichert, die sie schon einmal bei den Griechen und Römern überaus glorreich gemacht hatten. Weil aber die Dinge hier auf Erden niemals im gleichen Zustand beharren und das, was zum Gipfel gelangt ist, im ewigen Wechsel zwangsläufig wieder herabstürzen muß, sah man auch die Kunst, die seit Cimabue und Giotto in der langen Zeit von zweihundertundfünfzig Jahren allmählich fortgeschritten war, schnell niedergehen, so daß sie, eine Königin, niedrig und gemein wurde. Daher verlor sie, als jenes glückliche Jahrhundert vorbei war, binnen kurzem jede Form; und die Künstler verdarben, indem sie das Studium der Natur aufgaben, die Kunst mit der Maniera oder, wollen wir sagen, phantastischen Idea, auf die Praxis und nicht auf die Nachahmung gestützt.«[57]

Bellori sah nicht, wie schwierig die Situation für die Künstler war, nachdem die Renaissance ihren Höhepunkt erreicht hatte. Da man die der Natur abgeschauten Formen nicht weiter vervollkommnen konnte, wollte man sie von sich aus verfeinern, verändern, Neues erfinden. Freilich wurde man dabei oft gekünstelt und affektiert. Das Natürliche wurde maniert abgewandelt. Morbides verdrängte Gesundes, Vitalität wich der Dekadenz.

Letzteres lag in künstlerischer Hinsicht auch in Parmigianinos Wesen begründet. Nach Vasari verbrachte er die Jahre vor seinem Tode völlig isoliert und lebte nur noch alchimistischen Studien. Doch auch die Zeit war eine andere geworden. Als im Jahre 1527 die Landsknechte Karls V. die Ewige Stadt plünderten und verwüsteten, verspürten viele, daß das goldene Zeitalter der hohen Renaissance zu Ende gegangen war. Jetzt erst begriff man in Italien, was es bedeutete, daß es in Deutschland eine Reformation gegeben und die Christenheit sich gespalten hatte. Schließlich war auch die Erde nicht mehr verläßlich, seitdem man von einem gewissen Kopernikus hörte, der an die Stelle des geozentrischen Weltbildes das heliozentrische setzen wollte.

174 Michelangelo (1475–1564), Christus im Kreise der Seligen und der Heiligen. Detail aus: Das Jüngste Gericht. 1534–1541

Im Zeitalter der Hochrenaissance hatte sich an der alten christlichen Glaubenslehre in Italien nichts geändert. In der Vorstellung vieler lebte aber nur noch neben der schönen Erde das Paradies des Himmels. Tod, Gericht und Hölle schienen fast vergessen, bis Michelangelo sein »Jüngstes Gericht« zwischen 1534 und 1541 an die noch freie Altarwand der SIXTINISCHEN KAPELLE malte.

Hier steht jetzt Christus inmitten der Seligen am Himmel in einer überwältigenden Körperlichkeit (Abb. 174). Er ist nicht mehr der richtende Gott, sondern der verdammende. Er hat die schwere Rechte zum Bannfluch gegen die Verdammten erhoben. Fast erdrückt von der Körpermacht Christi, sitzt

Maria am Rande des Lichtovals in manieristischer Kontorsion. Auf den Wolken sieht man die Heiligen Laurentius und Bartholomäus. Während der eine den Rost seines Martyriums wie eine Leiter über die Schulter gehängt hat, hält der andere die Haut, die ihm bei lebendigem Leibe abgezogen wurde, in der Hand; und auf diese hat Michelangelo, der weder Porträts noch Selbstporträts liebte, sein Konterfei gemalt. Das »Jüngste Gericht« ist mit seinen Figuren und seinen einzelnen Szenen zu einem manieristischen Werk geworden.

Die Linie des religiösen Manierismus geht weiter über Daniele da Volterra (1509–1566) bis zu Tintoretto (1518–1594). In diesem Zusammenhang sei erwähnt, daß Hans Weigert

in seiner *Geschichte der europäischen Kunst*
einen Unterschied macht zwischen »artisti-
schem Manierismus«, der nur »formale Werte« kennt, und »transzendentem Manierismus«, der einen »religiösen Impuls« hat.[58]

Michelangelos Kunst nach der Zeit der
Hochrenaissance trägt aber nicht nur Züge
des Manierismus, sondern auch des Barocks.
Die »Pietà« von SANKT PETER zeigt in Christus und Maria Gestalten von vollendeter
menschlicher Schönheit und in der Gruppe
eine harmonische Ausgewogenheit zwischen
Stütze und Last. Ebenso wie die »Pietà«
steht auch der »David« im Zeichen der
Hochrenaissance. Sein Körper ist aber von
Spannung erfüllt, die aus seiner Konzen-
tration auf seinen Gegner Goliath erwächst.
Hier liegt der Ansatzpunkt zur dynamischen
Bewegung, zur Entfaltung der Kraft, die in
der Barock-Kunst später ein wesentliches Element sein wird. Man nennt Michelangelo den
»Vater des Barock«. Ob das gerechtfertigt
ist, mag dahingestellt bleiben. Sicher aber hat
er das neue Zeitalter mitvorbereitet. Barocke
Elemente sind keimhaft schon beim »David«
und bei einigen anderen Werken erkennbar.
In Erscheinung treten sie dann bei den sogenannten Sklaven, die für das JULIUS-MONU-
MENT bestimmt waren und heute unvollendet
in der ACCADEMIA von Florenz stehen.

Seit Adolf von Hildebrand ist man davon
überzeugt, daß Michelangelo die unvollende-
ten Sklaven, die nach 1519 entstanden sind,
nicht eigenhändig gearbeitet hat, daß vielmehr Gehilfen die Vorarbeit geleistet haben.
Der Meister habe dann teils mehr teils weniger die einzelnen Teile überarbeitet. Es seien
jedoch die Arbeiten von den Gehilfen nach
großen Modellen von Michelangelo ausgeführt worden, so daß es sich doch um Geistes-
gut des Meisters handle.

Der sogenannte »Erwachende Sklave« zeigt
den Menschen als Ringenden (Abb. 175). David trat in der Gewißheit zu siegen zum
Kampf an. Hier aber hat der Mensch das Gesicht sehnsüchtig dem Licht zugewandt und
bietet nun alle Kraft auf, um sich den inneren

175 Michelangelo (1475–1564), Der sogenannte
»Erwachende Sklave«. Nach 1519

und äußeren Mächten, die ihn binden, zu ent-winden. Die Fesseln sind Symbole. Der Mensch setzt seine Kraft ein gegen die Masse, die ihn niederhält und die in seiner Passivität, seiner Trägheit, seinen Leidenschaften und seiner inneren Unfreiheit bestehen kann. Lassen wir die Frage beiseite, warum die Figuren nicht vollendet wurden. So jedenfalls ist das Ringen noch viel elementarer, weil der Mensch seine ganze Kraft einsetzt, um aus der Masse des Steins heraus die Freiheit der Gestalt zu erlangen. Diesen Sklaven kann man ebenso wie die drei anderen dem Vorbarock zurechnen.

Das Ringen geht in sublimster Form weiter in der 1531 begonnenen Aurora, die zu den allegorischen Gestalten der Florentiner MEDICI-GRÄBER gehört (Abb. 176). Mag es sich um eine Bergnymphe oder um eine Allegorie des Morgens handeln, dargestellt ist eine Frau während des Erwachens. Müdigkeit macht noch den Körper zur trägen Masse, was sich vor allem in der rechten Körperseite ausdrückt. In die linke zieht schon die Kraft des Erwachens ein; denn der Fuß stützt sich gegen eine Unterlage, und die Hand greift nach dem Schleier. Wenn man die Figur mit den Augen abtastet, erkennt man, wie dieses Ringen durch den ganzen Körper geht. Manche Muskelpartien sind noch von lastender Müdigkeit erschlafft, während andere durch die Kräfte des Erwachens sich zu spannen beginnen. Auch im Gesicht zeichnet sich noch Müdigkeit ab – fast möchte man meinen: eine Müdigkeit der Seele –, gegen die sich die Kräfte des Erwachens langsam, aber doch sichtbar zu regen beginnen.

Die Hochrenaissance suchte den harmonischen Ausgleich von Stütze und Last, der Barock ließ die Kraft mit der Masse ringen, um sie zu bewältigen. Das gilt für die Plastik ebenso wie für die Architektur. Als Michelangelo 1547 Baumeister von SANKT PETER wurde, griff er auf den ersten Plan Bramantes zurück, der einen Zentralbau auf dem Grundriß eines griechischen Kreuzes errichten wollte. Michelangelo verstärkte aber so-fort die Kuppelpfeiler. Auch daran erkennt man, wie er den Barock vorbereitete. Suchte die Hochrenaissance den harmonischen Ausgleich zwischen der Last der Kuppel und den Stützen – mögen sie Pfeiler oder besser noch Säulen sein –, so setzte der Barock gegen die Masse einer gewaltigen Kuppel die gespannte Kraft mächtiger Pfeiler.

Ein anderer Ansatzpunkt zum Barock findet sich bei Antonio Allegri (1494–1534), der nach seinem Geburtsort Correggio genannt wird. Er übte großen Einfluß auf Parmigianino aus, neigte aber weit weniger als dieser zum Manierismus. Seine Eigenart zeigt sich besonders in seinem um 1530 entstandenen Bild »Die heilige Nacht« (Abb. 177). Hier geht das Licht nicht mehr von einer natürlichen Lichtquelle aus, es wird vielmehr vom Jesus-Kind ausgestrahlt, ist also ein überirdisches Licht, das die am Himmel erschienene Wolke mit Engeln hell bescheint und die Umstehenden heftig blendet. Aber nicht nur, daß das Überirdische durch bestimmte Effekte als solches akzentuiert wird, das Licht bekommt jetzt überhaupt eine neue Bedeutung. Liebte die Hochrenaissance eine harmonische Verteilung von Licht und Schatten, so sucht man jetzt den Kontrast, das Gegeneinanderwirken von Hell und Dunkel, das *chiaroscuro*. Die Helldunkel-Malerei, die für den Barock so bedeutend werden soll, beginnt bei Correggio. Dieser Künstler hat den Barock auch insofern vorbereitet, als er die Kuppeln des DOMS und der Kirche S. GIOVANNI EVANGELISTA in Parma ausmalte und dabei den illusionistischen Durchbruch ins Unendliche wagte.

Man liest nicht selten das Wort »Spätrenaissance« und fragt sich, ob das Zeitalter eines Stils, dessen Höhepunkt und Ende in der Erreichung der Vollkommenheit besteht, eine Spätphase haben kann. Man wendet den Begriff mit Vorliebe auf Andrea Palladio (1508 bis 1580) an, der in manchem an die Hochrenaissance anknüpfte, sich auch Manieristisches aneignete, aber letztlich einen eigenen

176   Michelangelo (1475–1564), Aurora. Allegorische Figur vom Sarkophag Lorenzo de' Medicis. Um
1531

177   Correggio (1494–1534), Die Heilige Nacht. Um 1530

178   Andrea Palladio (1508–1580), S. Giorgio Maggiore, Fassade, Venedig. Nach 1566

Weg ging. Er übernahm nicht nur antike Formprinzipien, sondern Formen, studierte Vitruv und die Baukunst der Alten und wurde – im Gegensatz zu fast allen Künstlern der Renaissance – Klassizist.

Als Beispiel mag die Fassade der vielbesuchten Kirche S. GIORGIO MAGGIORE in Venedig dienen (Abb. 178). Palladio hat den Bau 1566 begonnen, vollendet wurde er erst nach seinem Tode. Vorbild ist hier wie bei allen Sakralbauten des Architekten die Fassade eines antiken Tempels, in diesem Fall eines Prostylos, an dessen Stirnseite vier Säulen das Gebälk und den Giebel tragen. Über dem Portal befindet sich eine quadratische Inschriftentafel, in den Nischen stehen Figuren des hl. Georg und des hl. Stephanus, während die Seitenteile mit Dogen-Grabmälern in Ädikulen geschmückt sind. Wie man aus einem Entwurf Palladios entnehmen kann, war ursprünglich nicht daran gedacht, hohe Sockel unter die korinthischen Kolossalsäulen zu stellen. Sie sollten vielmehr auf dem gleichen Niveau beginnen, auf dem die Pilaster der Seitenteile stehen. Solche noch größeren Säulen ohne Sockel hätten der Fassade noch mehr das Aussehen eines antiken Tempels gegeben.

Wenn man bedenkt, daß der Klassizismus Palladios seit der Zeit um 1600 die englische Baukunst bestimmte, daß er nicht viel später in Frankreich Eingang fand und auf die Architektur ganz Europas in der Neuzeit Einfluß nahm, spricht man wohl richtiger von einem Neubeginn als von der Spätphase der Renaissance.

254

Anmerkungen

Bei Zitaten fremdsprachiger Autoren, die nicht in eigener Übersetzung wiedergegeben sind, ist der Name des jeweiligen Übersetzers in Klammern angeführt. – Genaue bibliographische Angaben enthält das Literaturverzeichnis.

1 Petrarca, *Brief an die Nachwelt* (Hefele)
2 Mit diesem Satz, den wir in der Übersetzung von G. Zamboni wiedergeben, beginnt die *Vita di Messer Francesco Petrarca* des Leonardo Bruni, die in den *Autobiografie e vite dei maggiori scrittori italiani* (gesammelt von A. Solerti, Mailand 1903) zu finden ist
3 Vgl. Petrarca, *Epistolae de rebus familiaribus et variae*, 1,8, und Garin, *Der italienische Humanismus*, S. 12
4 Petrarca, *Von seiner und vieler Leute Unwissenheit*, 2 (Hefele)
5 »Grammatik und Rhetorik waren die Hauptfächer des antiken römischen Schulunterrichts. Das Studium dieser Fächer umfaßte das Lesen und die Interpretation klassischer lateinischer Dichter und Prosaschriftsteller wie praktische Übungen im Sprechen und Schreiben.« (Kristeller, *Humanismus und Renaissance*, Bd. 1, S. 118)
6 Bruni, *Epistolae*. In der von Mehus besorgten Ausgabe, Bd. 2, S. 49
7 Salutati, *Epistolario*. Ed. Novati, Bd. 2, S. 303 f. (Zamboni)
8 Pastor, *Geschichte der Päpste im Zeitalter der Renaissance bis zum Tode Sixtus' IV.*, S. 292
9 Bisticci, *Lebensbeschreibungen berühmter Männer des Quattrocento*, S. 26 (Schubring)
10 Alberti, *De iciarchia*. In: *Opere volgari*, Bd. 3, S. 92
11 Landino, *Camaldolensische Gespräche*, S. 25 f. (Wolf)
12 Landino, ebd., S. 27
13 Landino, ebd., S. 52 f.
14 Landino, ebd., S. 45
15 In den »hermetischen Schriften« sind griechische, lateinische und arabische Texte des 1. Jahrhunderts n. Chr. zusammengefaßt, die pythagoreische, platonische und gnostische Vorstellungen enthalten, welche als Offenbarungen des Götterboten Hermes Trismegistos ausgegeben werden
16 Pico della Mirandola, *Über die Würde des Menschen*, S. 50 (Rüssel)
17 Sartre, *Ist der Existentialismus ein Humanismus?* S. 14 (Übersetzer nicht genannt)
18 Landino, *Camaldolensische Gespräche*, S. 47 (Wolf)
19 Vasari, Künstler der Renaissance, S. 85 (Siebenhüner)
20 Voragine, Legenda aurea, S. 351 (Benz)
21 Vasari, *Künstler der Renaissance*, S. 173 f. (Siebenhüner)
22 Ravaisson-Mollien, *Les manuscrits de Leonardo da Vinci*, G 33 r
23 Ravaisson-Mollien, ebd., A 100 r
24 Leonardo, Codex Arundel. London, Britisches Museum, 155 r
25 Sabartès in: W. Boeck, *Pablo Picasso*, Stuttgart 1955, S. 38
26 Leonardo, *Codex Atlanticus*, 86 r a
27 Ravaisson-Mollien, *Les manuscrits de Leonardo da Vinci*, E 55 r
28 Leonardo, *Trattato della pittura*, 1
29 Ravaisson-Mollien, *Les manuscrits de Leonardo da Vinci*, G 96 v
30 Leonardo, *Anatomie-Hefte*, C I 7 r, Windsor 19066
31 Ravaisson-Mollien, *Les manuscrits de Leonardo da Vinci*, ASH I 13 r
32 Cassirer, *Individuum und Kosmos in der Philosophie der Renaissance*, S. 55
33 Ravaisson-Mollien, *Les manuscrits de Leonardo da Vinci*, L 79 r. In: Leonardo da Vinci, *Philosophische Tagebücher*. Hrsg. v. G. Zamboni
34 Ravaisson-Mollien, *Les manuscrits de Leonardo da Vinci*, ASH I 25 r. In: Herzfeld, *Leonardo da Vinci, der Denker, Forscher und Poet*
35 Vasari: *Le vite dei più eccellenti pittori, scultori, architetti*. Biographie Lionardo
36 Vasari, *Künstler der Renaissance*, S. 91 f. (Siebenhüner)
37 Wiedergegeben in der Übersetzung aus dem Hebräischen von Paul Rießler
38 Unter dem Stichwort »Fayence« heißt es in

DuMont's Bild-Lexikon der Kunst: »Französische Bezeichnung (nach der italienischen Stadt Faenza, einem der ersten italienischen Herstellungsorte) für Tonwaren mit porösen, gelblich-grauen oder rötlichen bis bräunlichen Scherben, die nach einem Vorbrand mit einer opak-weißen oder farbig bemalten Zinnglasur überschmolzen werden. Die F. trägt auch die italienische Bezeichnung Majolika (nach der spanischen Insel Mallorca, über die der Handel mit spanischen F.n nach Italien abgewickelt wurde). Die Anfänge der F.-Technik finden sich bereits in der ägyptischen Kultur (4. Jahrtausend v. Chr.) sowie im Indusgebiet und in China. Die echte Fayence wurde von den Babyloniern erfunden und von den Persern übernommen, die die Farbenreihe der F. durch den metallisch-glänzenden Überzug des Lüsters erweiterten. Über die Araber gelangte die F. nach Spanien, wo sich in Malaga und Valencia eine blühende Industrie entwickelte. Von dort verbreitete sich diese Technik nach Italien (Faenza und Florenz, das besondere Bedeutung durch die Arbeiten der Familie della Robbia erhielt) und dem übrigen Europa.«

39 Vasari, *Künstler der Renaissance*, S. 184 (Siebenhüner). – Einige Wissenschaftler vertreten die Ansicht, daß Fra Angelico schon mit 55 Jahren verstorben sei, womit sein Geburtsjahr um 1400 anzusetzen wäre.

40 Vasari, *Künstler der Renaissance*, S. 196 (Siebenhüner)

41 Young, *Die Medici*, S. 131 f. (Ewers-Bumiller/Günther)

42 Ein Risalit ist ein Gebäudeteil, der in seiner ganzen Höhe aus der Fluchtlinie des Gesamtbaus hervortritt

43 Murray, *Architektur der Renaissance*, S. 104

44 Pothorn, *Baustile*, S. 72

45 Vitruv, *Zehn Bücher über Architektur*, S. 137 (Fensterbusch)

46 Pacioli, *De divina proportione*, S. 129 (Winterberg)

47 Pacioli, ebd., S. 131

48 Wittkower, *Grundlagen der Architektur im Zeitalter des Humanismus*, S. 30

49 Wittkower, ebd., S. 17 f.

50 Oppel, *Aufsätze Goethes*, S. 472

51 Vasari, *Künstler der Renaissance*, S. 303 f. (Siebenhüner)

52 Grimm, *Leben Raphaels*, S. 7

53 2. Makk. 3, 25–27. Wiedergegeben in der Bibelübersetzung der Verlage Belser, Stuttgart, und Pattloch, Aschaffenburg

54 Gemeint ist die *Geschichte der Kunst* von Richard Hamann. Neue, erweiterte Auflage. München 1952

55 Vasari, *Künstler der Renaissance*, S. 311 (Siebenhüner)

56 Romano Guardini, *Der Gegensatz – Versuche einer Philosophie des Lebendig-Konkreten*. Mainz 1925, S. 127

57 Giovanni Pietro Bellori (1615–1696) in: *Le Vite de' Pittori, Scultori ed Architetti moderni*. Rom 1672 (zitiert nach: Baumgart, *Renaissance und Kunst des Manierismus*, S. 194 f.)

58 Weigert, *Geschichte der europäischen Kunst*, 3. Aufl. Stuttgart 1951, S. 364

Literaturverzeichnis

Alberti, Leon Battista: Della pittura. Hrsg. von L. Malle. Florenz 1950
– De pictura. Lateinisch und Englisch. – De statua. Lateinisch und Englisch. Übers. von C. Grayson. London 1972
– Opere volgari. 5 Bde. Hrsg. von A. Bonucci. Florenz 1843–1849
– Über das Hauswesen (Della famiglia). Aus dem Italienischen übers. von W. Kraus, eingeleitet von F. Schalk. Zürich 1962
– L'Architettura (De re aedificatoria). Testo latino e traduzione a cura d. G. Orlandi. Mailand 1966
– Zehn Bücher über die Baukunst (De re aedificatoria). Aus dem Italienischen übers. von M. Theuer. Wien und Leipzig 1912 (reprografischer Nachdruck Darmstadt 1956)
Antal, Frederick: Raffael zwischen Klassizismus und Manierismus. Aus dem Englischen übers. von K. Stempel. Gießen 1980
Baldini, Umberto: Michelangelo – Die Skulpturen. Aus dem Italienischen übers. von A. Grote. Stuttgart 1982
Bärtschi, Willy A.: Perspektive, Geschichte, Konstruktionsanleitung und Erscheinungsformen in Umwelt und bildender Kunst. Ravensburg 1976
Battisti, Eugenio: Hochrenaissance und Manierismus. Baden-Baden 1970
– Filippo Brunelleschi. Mailand 1976
Baumgart, Fritz: Renaissance und Kunst des Manierismus. Köln 1963
Becherucci, Luisa: Botticelli – la Primavera. Florenz 1965
Beck, James H.: Raffael. Aus dem Englischen übers. von Ch. Wiemken. Köln 1981
Berenson, Bernard: Die italienischen Maler der Renaissance. Neufassung von H. Kiel. Aus dem Englischen übers. von R. West. Zürich 1952
Bertelà, G. Gaeta: Donatello – Della Robbia. Aus dem Italienischen übers. von B. Baumbusch. Königstein i. T. 1970
Bialostocki, Jan (Hrsg.): Spätmittelalter und beginnende Neuzeit. Berlin 1972
Biermann, Hartmut: Renaissance. München 1976
Bisticci, Vespasiano da: Lebensbeschreibungen berühmter Männer des Quattrocento. Ausgewählt, übersetzt und eingeleitet von P. Schubring. Jena 1914

Bo, Carlo / Mandel, Gabriele: L'opera completa del Botticelli. Mailand 1967
Bode, Wilhelm: Italienische Bildhauer der Renaissance. Berlin 1887
– Florentiner Bildhauer der Renaissance. Berlin 1902
– Botticelli. Berlin 1921
Brion, Marcel: Die Medici – Eine Florentiner Familie. Aus dem Englischen übers. von H. Eggert. 2. Aufl. München 1976
Bruni, Leonardo: Epistolae. Florenz 1741
– Vita di Messer Francesco Petrarca. In: Autobiografie e vite dei maggiori scrittori italiani. Hrsg. von A. Solerti. Mailand 1903
Buono, Oreste del / Vecchi, Pierluigi de: L'opera completa de Piero della Francesca. Mailand 1967
Burckhardt, Jacob: Der Cicerone. Vollständiger Neudruck der Urausgabe. Berlin 1938
– Die Cultur der Renaissance in Italien. Basel 1860 (danach viele Auflagen und Ausgaben)
Busignani, Alberto: Benozzo – la Capella Medici. Florenz 1965
Cagli, Corrado / Valcanover, Francesco: Das Gesamtwerk von Tizian. Deutschsprachige Ausgabe von L. Hertig. Mailand 1969
Camesasca, Ettore: Mantegna. Aus dem Italienischen übers. von B. Baumbusch. Florenz 1981
Cassirer, Ernst: Individuum und Kosmos in der Philosophie der Renaissance. Berlin 1927
Castiglione, Baldassare: Il libro del Cortegiano. Venezia 1528
– Das Buch vom Hofmann. Aus dem Italienischen übers. von F. Baumgart. Bremen o. J.
Chastel, André: Italienische Renaissance – Die Ausbildung der großen Kunstzentren in der Zeit von 1460 bis 1500. Aus dem Französischen übers. von F. Graf von Otting. München 1965
– Italienische Renaissance – Die Ausdrucksformen der Künste in der Zeit von 1460 bis 1500. Aus dem Französischen übers. von F. Graf von Otting. München 1966
D'Ancona, Paolo: Beato Angelico. Mailand 1953
Davis, John H.: Venedig. Aus dem Englischen übers. von H. Fließbach. Wiesbaden 1976
Dress, Walter: Die Mystik des Marsilio Ficino. Berlin und Leipzig 1929
Durant, Will: Die Renaissance. Die Kulturge-

schichte Italiens von 1304 bis 1576. 3 Bde. Aus dem Englischen übers. von M. Lang. (Die dreibändige Ausgabe stellt einen Nachdruck des 5. Bandes der »Geschichte der Zivilisation« dar, erschienen 1955 in Bern)

Einem, Herbert von: Michelangelo – Bildhauer, Maler, Baumeister. Berlin 1973

Ficino, Marsilio: Auswahl aus seinem Epistolarium unter dem Titel »Brief des Mediceer-Kreises«. Aus dem Lateinischen übersetzt und eingeleitet von K. von Montoriola. Berlin 1926

– Opera. Basel 1561 (Nachdruck: 4 Bde. Turin 1959–1961)

Ficinus, Marsilius: Über die Liebe oder: Platons Gastmahl. Aus dem Lateinischen übers. von K. P. Hasse. Leipzig 1914

Fischel, Oskar: Raphael. Berlin 1962

Flaiano, Ennio / Tongiorgi-Tomasi, Lucia: L'opera completa di Paolo Uccello. Mailand 1971

Formaggio, Dino: Botticelli. München 1960

Frey, Dagobert: Manierismus als europäische Stilerscheinung. Stuttgart 1964

Garin, Eugenio: Der italienische Humanismus. Aus dem Italienischen übers. von G. Zamboni. Bern 1947

Ghiberti, Lorenzo: Denkwürdigkeiten des Florentiner Bildhauers L. G. Zum erstenmal ins Deutsche übertragen von J. Schlosser. Berlin 1920

– I Commentari. Hrsg. von O. Morisani. Neapel 1947

Ghiotto, Renato / Pignatti, Terisio: L'opera completa di Giovanni Bellini. Mailand 1966

Gibb-Smith, Charles: Die Erfindungen von Leonardo da Vinci. Aus dem Englischen übers. von H. Jerratsch. Stuttgart und Zürich 1978

Gille, Bertrand: Ingenieure der Renaissance. Aus dem Französischen übers. Wien und Düsseldorf 1968

Goez, Werner: Grundzüge der Geschichte Italiens in Mittelalter und Renaissance. Darmstadt 1975

Goldscheider, Ludwig: Michelangelo – Gemälde, Skulpturen, Architekturen. Köln 1953

Grimm, Herman: Leben Michelangelos. Vollständige Volksausgabe. Wien o. J.

– Leben Raphaels. Neudruck der 3. Aufl. Wien o. J.

Grohn, Hans Werner: Piero della Francesca. Die Fresken in San Francesco zu Arezzo. München 1961

Grote, Andreas: Florenz – Gestalt und Geschichte eines Gemeinwesens. München 1965

Gulian, C. I.: Ursprünge des Humanismus. Aus dem Rumänischen übers. von F. Kollmann. Wien 1973

Hale, John R.: Die Medici und Florenz. Aus dem Englischen übers. von G. und K. E. Felten. Stuttgart – Zürich 1979

Hauser, Arnold: Der Manierismus – Die Krise der Renaissance und der Ursprung der modernen Kunst. München 1964

Haussherr, Reiner: Michelangelos Kruzifixus für Vittoria Colonna. Opladen 1971

Hay, Denys (Hrsg.): Die Renaissance. Aus dem Englischen übers. von L. Dewiel. München 1968

Heilmann, My: Florenz und die Medici. Köln 1968

Hertz, Anselm: Fra Angelico. Freiburg 1981

Herzfeld, Marie: Leonardo da Vinci der Denker, Forscher und Poet. 4. Aufl. Jena 1926

Heyck Ed.: Florenz und die Medici. Bielefeld u. Leipzig 1927

Heydenreich, Ludwig H.: Leonardo da Vinci. 2. Aufl. Basel 1953

– Die Sakralbau-Studien Leonardo da Vincis. München 1971

– Italienische Renaissance – Anfänge und Entfaltung in der Zeit von 1400 bis 1460. München 1972

Heydenreich, Ludwig H. / Passavant, Günter: Italienische Renaissance – Die großen Meister in der Zeit von 1500 bis 1540. München 1975

Hönigswald, Richard: Denker der italienischen Renaissance – Gestalten und Probleme. Basel 1938

Hoffmann, Hans: Hochrenaissance, Manierismus, Frühbarock. Zürich – Leipzig 1938

Hubala, Erich: Renaissance und Barock. Frankfurt/M. 1968

Hüttinger, Eduard: Venezianische Malerei. Zürich 1959

Jaeschke, Emil: Die Antike in der Florentiner Malerei des Quattrocento. Straßburg 1900

Jones, Royer / Penny, Nicholas: Raffael. Aus dem Englischen übers. von G. und K. E. Felten. München 1983

Kauffmann, Georg: Die Kunst des 16. Jahrhunderts. Berlin 1970

Kelen, Emery: Leonardo da Vinci, Zeichnungen. Aus dem Amerikanischen übers. von W. Höck. Köln 1979

Keller, Harald: Michelangelo – Gemälde. Neubearbeitung. Königstein i. T. 1966

– Michelangelo – Plastik, Architektur. Neubearbeitung. Königstein i. T. 1966

- (Hrsg.) Michelangelo – Zeichnungen und Dichtungen. Frankfurt/M. 1975
- Michelangelo – Bildhauer, Maler, Architekt. Frankfurt/M. 1976

Keßler, Eckhard: Das Problem des frühen Humanismus. Seine philosophische Bedeutung bei Coluccio Salutati. München 1968

Knackfuß, Heinrich: Tizian. Bielefeld und Leipzig 1897

Kriegbaum, Friedrich: Michelangelo Buonarotti – Die Bildwerke. Berlin 1940

Kristeller, Paul Oskar: La Traduzione Aristotelica nel Rinascimento. Padova 1962
- Die Philosophie des Marsilio Ficino. Frankfurt a. M. 1972
- Humanismus und Renaissance. 2 Bde. Aus dem Englischen übers. von R. Schweyen-Ott. München 1974 und 1976

Küppers, Paul Erich: Die Tafelbilder des Domenico Ghirlandajo. Straßburg 1916

Kuhn, Rudolf: Michelangelo – Die Sixtinische Decke. Berlin 1975

Lackner, Stephan: Sandro Botticelli. Mailand 1964

Landino, Cristoforo: Camaldolensische Gespräche. Aus dem Lateinischen übers. von E. Wolf. Jena 1927
- Disputationes Camaldulenses. Paris 1511 (neu herausgegeben von K. Holzkamp 1968)

Lauts, Jan: Domenico Ghirlandajo. Wien 1943

Lenzini Moriondo, Margherita: Mantegna – la Camera degli Sposi. Florenz 1965

Leonardo da Vinci: Das Buch von der Malerei. Herausgegeben, übersetzt und erläutert von H. Ludwig. Wien 1882
- Trattato della pittura. Hrsg. von R. du Fresne. Paris 1651
- Libro di pittura. Italienisch und Englisch. Übers. von A. P. McMahon. Princeton/N. J. 1956
- Quaderni d'anatomia. Christiania 1911–1916
- Il Trattato della anatomia. Hrsg. von A. Pazzini. Rom 1962–1963
- Tutti gli scritti. Hrsg. von A. Marinoni. Mailand 1952
- Les manuscrits de Leonardo da Vinci, publiés en facsimilés phototypiques, avec transcriptions littérales etc. par M. Charles Ravaisson-Mollien, Paris 1881–1891
- Codex Atlanticus. Hrsg. von der R. Accademia dei Lincei. Mailand 1894–1904
- Philosophische Tagebücher. Italienisch und Deutsch. Zusammengestellt, übersetzt und herausgegeben von G. Zamboni. Hamburg 1958
- The Codex Atlanticus. Facsimile Edition. 12 Bde. New York 1974–1977
- Zeichnungen. Bearbeitet von E. Kelen. Aus dem Amerikanischen übers. von W. Höck. Köln 1979

Lilli, Virgilio / Zampetti, Pietro: L'opera completa di Giorgione. Mailand 1966

Machiavelli, Niccolo: Geschichte von Florenz. Aus dem Italienischen übers. von A. von Reumont. Wien 1934

Manetti, Antonio di Tuccio: The life of Brunelleschi. Italienisch und Englisch. London 1970

Manetti, Giannozzo: De dignitate et excellentia hominis. Basel 1532
- Contra Iudaeos et gentes ad Alphonsum clarissimum Aragonum regem. Libri X

Martin, Alfred von: Soziologie der Renaissance. Stuttgart 1932

Medici, Lorenzo de': Opere. Hrsg. von A. Simioni. Bari 1939
- Dichtungen. Erläutert von C. Stange. Bremen 1940

Michelangelo: Handzeichnungen. Nachwort von H. Keller. Frankfurt/M. 1965

Micheletti, Emma: Raffael. Aus dem Italienischen übers. von B. Rupprecht. München 1961

Morante, Elsa / Baldini, Umberto: L'opera completa dell'Angelico. Mailand 1970

Muraro, Michelangelo / Grabar, André: Venedig und seine Kunstschätze. Aus dem Italienischen und Französischen übers. von K. G. Hemmerich. Genf 1963

Murray, Peter: Architektur der Renaissance. Aus dem Italienischen übers. von K. E. und G. Felten. Stuttgart 1975

Oertel, Robert: Fra Filippo Lippi. Wien 1942

Oppel, Horst (Hrsg.): Die schönsten Aufsätze Goethes. Recklinghausen 1948

Orlandi, Enzo (Hrsg.): Leonardo da Vinci und seine Zeit. Aus dem Italienischen übers. von E. Schindel. Wiesbaden 1965

Pacioli, Luca: De divina proportione. Venedig 1509 (ins Deutsche übers. von C. Winterberg 1896)

Pastor, Ludwig: Geschichte der Päpste im Zeitalter der Renaissance bis zum Tode Sixtus' IV. Freiburg 1889
- Geschichte der Päpste im Zeitalter der Renaissance von der Wahl Innocenz' VIII. bis zum Tode Julius' II. Freiburg 1895

Pater, Walter: Leonardo da Vinci. 2. Aufl. London 1972

Petrarca, Francesco: Brief an die Nachwelt – Gespräch über die Weltverachtung – Von seiner und vieler Leute Unwissenheit. Aus dem Lateinischen übers. von H. Hefele. Jena 1925
– Epistolae de rebus familiaribus et variae. Hrsg. von G. Fracassetti. Florenz 1859

Pico della Mirandola, Giovanni: Opera quae extant omnia. Basel 1557 (Nachdruck 1969)
– Über die Würde des Menschen. Nebst einigen Briefen und der Lebensbeschreibung Pico della Mirandolas. Übers. von H. W. Rüssel. Leipzig 1940

Piero della Francesca: De prospectiva pingendi. Hrsg. von G. Nicco Fasola. Florenz o. J.

Pignatti, Terisio: Giorgione. Aus dem Italienischen übers. von J. Schlechta. Stuttgart 1979

Planiscig, Leo: Donatello. Wien. 3. Aufl. 1939

Poggio Bracciolini, Gian Francesco: Opera omnia. Basel 1538

Poliziano, Angelo: Rime. Florenz 1929
– Tagebuch. Hrsg. von A. Wesselski. Jena 1929

Pomilio, Mario / Ottino della Chiesa, Angela: L'opera completa di Leonardo pittore. Mailand 1967

Ponente, Nello: Wer war Raffael? Aus dem Italienischen übers. von R. Böschenstein-Schäfer. Genf 1967

Pothorn, Herbert: Baustile. München 1968

Prisco, Michele / Vecchi, Pierluigi de: L'opera completa di Raffaello. Mailand 1966

Ravaisson-Mollien s. Leonardo da Vinci

Recupero, Jacopo: Michelangelo. Rom 1964

Reti, Ladislao (Hrsg.): Leonardo – Künstler, Forscher, Magier. Aus dem Englischen, Französischen und Italienischen übers. von mehreren Übersetzern. Frankfurt a. M. 1974

Reumont, Alfred von: Lorenzo de' Medici il Magnifico. 2. Aufl. Leipzig 1883

Rosci, Francesco und Graziano Antonio P.: Michelangelo und Raffael mit Botticelli, Perugino, Signorelli, Ghirlandaio und Rosselli im Vatikan. München – Berlin 1975

Rosci, Marco: Leonardo da Vinci. Aus dem Italienischen übers. von L. Baustian. Wiesbaden 1977

Rüdiger, Horst: Die Wiederentdeckung der antiken Literatur im Zeitalter der Renaissance. In: Die Textüberlieferung der antiken Literatur und der Bibel. Nachdruck des 1961 erschienenen Bandes I der

»Geschichte der Textüberlieferung der antiken und mittelalterlichen Literatur«. München 1975

Salutati, Coluccio: Epistolario. Ed. F. Novati. 4 Bde. Rom 1891–1905

Sanctis, Francesco de: Geschichte der italienischen Literatur. Bd. I: Von den Anfängen bis zur Renaissance. Stuttgart 1941

Sanminiatelli, Bino: Vita di Michelangelo. Rom 1964

Santi, Bruno: Leonardo da Vinci. Aus dem Italienischen übers. von Ch. Pommer. Florenz 1975
– Botticelli. Florenz – Königstein i. T. 1976
– Raffael. Florenz – Königstein i. T. 1977

Sartre, Jean-Paul: Ist der Existentialismus ein Humanismus? Aus dem Französischen übers. (Übersetzer nicht genannt). Zürich 1947

Savonarola, Hieronymus: Auswahl aus seinen Schriften und Predigten. Aus dem Italienischen übers. von J. Schnitzer. Jena 1928

Sciascia, Leonardo: L'opera completa di Antonello da Messina. Mailand 1967

Stützer, Herbert Alexander: Malerei der italienischen Renaissance. Köln 1979

Swoboda, Karl M.: Die Frührenaissance. Wien und München 1979

Toffanin, Giuseppe: Geschichte des Humanismus. Aus dem Italienischen übers. v. L. Sertorius. Wien 1941
– La Religione degli Umanisti. Bologna 1950
– Storia dell'Umanesimo: Voll. II: L'Umanesimo Italiano dal XIV al XVI secolo. Bologna 1964

Trapesnikoff, Trifon: Die Porträtdarstellungen der Mediceer des XV. Jahrhunderts. Straßburg 1909

Valla, Lorenzo: Opera omnia. Basel 1540 und 1543. Nachdruck mit Einleitung von E. Garin. Turin 1962

Vasari, Giorgio: Vite de' più eccellenti architetti, pittori e scultori italiani. Hrsg. von G. Milanesi. 9 Bde. Florenz 1878–1885
– Künstler der Renaissance – Lebensbeschreibungen der ausgezeichnetsten italienischen Baumeister, Maler und Bildhauer. Ausgewählt und herausgegeben von H. Siebenhüner. Leipzig 1940
– Le vite dei più eccellenti pittori, scultori e architetti. Hrsg. von L. und C. L. Ragghianti. 2 Bde. Mailand 1971

Vecchi, Pier Luigi de: Raffael, das malerische Werk. Aus dem Italienischen übers. von E. Birk und E. Schindel. Freiburg 1983

Venturi, Lionello: Botticelli. London 1938

Vitruv: Zehn Bücher über Architektur. Aus dem Lateinischen übers. v. C. Fensterbusch. Darmstadt 1964

Voigt, Georg: Die Wiederbelebung des classischen Alterthums oder Das erste Jahrhundert des Humanismus. Berlin 1859

Voragine, Jacobus de: Die Legenda aurea. Aus dem Lateinischen übers. von R. Benz. 2. Aufl. Köln und Olten 1969

Wagner, Hugo: Raffael im Bildnis. Bern 1969

Warburg, A.: Die Erneuerung der heidnischen Antike (Gesammelte Schriften Bd. 1 und 2). Leipzig 1932

Wasserman, Jack: Leonardo da Vinci. Aus dem Englischen übers. von W. Höck. Köln 1977

Wittkower, Rudolf: Grundlagen der Architektur im Zeitalter des Humanismus. Aus dem Englischen übers. von G. Lesser. München 1969

Wölfflin, Heinrich: Italien und das deutsche Formgefühl. München 1931

– Renaissance und Barock. 6. Aufl. Basel 1965

– Die klassische Kunst. 9. Aufl. Basel 1968

Wundram, Manfred: Frührenaissance. Baden-Baden 1970

– Raffael. München 1977

Young, George Frederick: Die Medici. Aus dem Englischen übers. von J. Ewers-Bumiller und L. Günther. Coburg 1946

Zürcher, Richard: Stilprobleme der italienischen Baukunst des Cinquecento. Basel 1947

Aus den Stammtafeln der Herrscherhäuser

(vgl. die Karte in der hinteren Umschlagklappe)

Ferrara

Este

Borso
(1413–1471)
1452 Herzog von Modena und Reggio
1471 Herzog von Ferrara

Ercole I.
(1431–1505)
1471–1505 Herzog von Ferrara, Modena
und Reggio
⚭ Eleonora von Aragon † 1493

Isabella
(1474–1539)
⚭ Francesco Gonzaga,
Markgraf von Mantua

Beatrice
(1475–1497)
⚭ Lodovico Sforza il Moro (1491),
Herzog von Mailand

Alfonso I.
(1476–1534)
Herzog von Ferrara 1505
Herzog von Modena 1505–1510 und 1527–1534
Herzog von Reggio 1505–1512 und 1523–1534
⚭ Anna Sforza † 1497
⚭ Lucrezia Borgia † 1519

Ercole II.
(1508–1558)
Herzog von Ferrara, Modena und Reggio
1534–1559
⚭ Renata von Frankreich † 1575

Florenz

Stammtafel der Medici

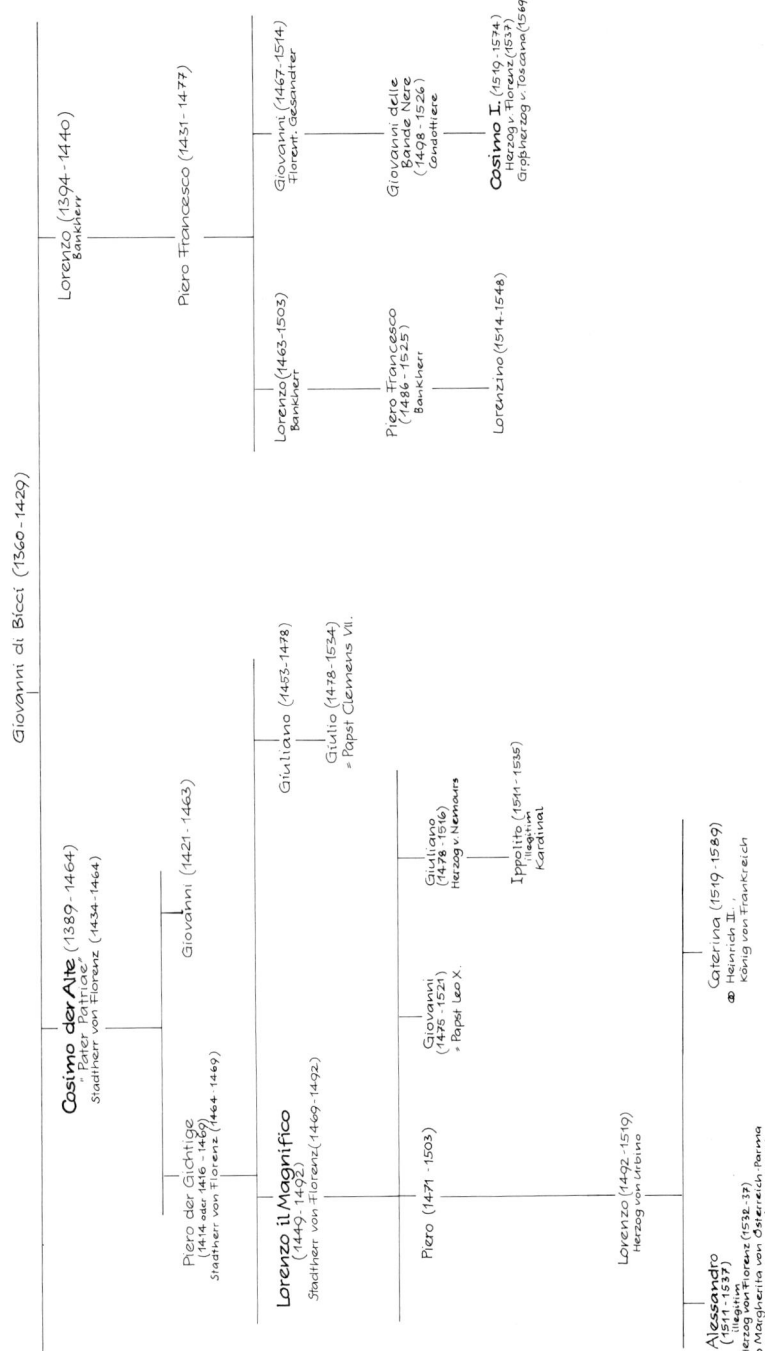

Giovanni di Bicci (1360-1429)

Cosimo der Alte (1389-1464)
„Pater Patriae"
Stadtherr von Florenz (1434-1464)

Giovanni (1421-1463)

Lorenzo (1394-1440)
Bankherr

Piero der Gichtige
(1414 oder 1416 - 1469)
Stadtherr von Florenz (1464-1469)

Lorenzo il Magnifico
(1449-1492)
Stadtherr von Florenz (1469-1492)

Giuliano (1453-1478)

Giulio (1478-1524)
= Papst Clemens VII.

Piero Francesco (1431-77)

Giovanni (1467-1514)
Florent. Gesandter

Giovanni delle
Bande Nere
(1498-1526)
Condottiere

Cosimo I. (1519-1574)
Herzog v. Florenz (1537)
Großherzog v. Toscana (1569)

Lorenzo(1463-1503)
Bankherr

Piero Francesco
(1486-1525)
Bankherr

Lorenzino (1514-1548)

Piero (1471-1503)

Giovanni
(1475 - 1521)
= Papst Leo X.

Giuliano
(1478-1516)
Herzog v. Nemours

Ippolito (1511-1535)
Kardinal

Lorenzo (1492-1519)
Herzog von Urbino

Caterina (1519-1589)
∞ Heinrich II.
König von Frankreich

Alessandro
(1511-1537)
illegitim
Herzog von Florenz (1532-37)
∞ Margherita von Österreich-Parma
Tochter Karls V.   (1522-1586)

Mantua

Gonzaga

Franceso I.
Graf von Mantua 1382–1407
⦿ Agnese Visvonti † 1391; ⦿ Margherita Malatesta † 1399
|
Gianfranceso
Graf 1407, Markgraf 1433 von Mantua † 1444
⦿ Paola Malatesta † 1449
|
Lodovico III., »der Türke«
Markgraf von Mantua 1444–1478
⦿ Barbara von Brandenburg † 1481
|
Federico I.
Markgraf von Mantua 1478–1484
|
Francesco II.
Markgraf von Mantua 1484–1519
⦿ Isabella d'Este † 1539
|
Federico II.
Markgraf 1519, Herzog 1530 von Mantua
1536 Markgraf von Montferrat † 1566

Mailand

SFORZA

Muzio Attendolo (1369-1424)

Alessandro
illegitim (1409–1473)
Linie der Herren von Pesaro

Bosio
illegitim (1411–1476)
Linie der Grafen von Santa Fiora

Francesco I.
illegitim (1401–1466)
1450 Herzog von Mailand
⦵ 1441 Bianca Maria Visconti

Galeazzo
(1444–1476)
Herzog von Mailand

Lodovico il Moro
(1452–1508)
Herzog von Mailand
1499 aus seinem Herzogtum vertrieben
1500 in französischer Gefangenschaft
Förderer von Kunst und Wissenschaft

Gian Galeazzo
legitim (1469–1494)
Herzog von Mailand

Bianca Maria
legitim (1472–1510)
⦵ 1493 Maximilian I.

Dogen von Venedig

1400–1413 Michele Steno
1414–1423 Tomaso Mocenigo
1423–1457 Francesco Foscari
1457–1462 Pasquale Malipiero
1462–1471 Cristoforo Moro
1471–1473 Nicolò Tron
1473–1474 Nicolò Marcello
1474–1476 Pietro Mocenigo
1476–1478 Andrea Vendramin
1478–1485 Giovanni Mocenigo
1485–1486 Marco Barbarigo
1486–1501 Agostino Barbarigo
1501–1521 Leonardo Loredan
1521–1523 Antonio Grimani
1523–1538 Andrea Gritti
1539–1545 Pietro Lando
1545–1553 Francesco Donà

Päpste

205. Innozenz VII., 1404–1406 (Cosma de' Migliorati)
206. Gregor XII., 1406–1415 (Angelo Correr)
207. Martin V., 1417–1431 (Oddo Colonna)
208. Eugen IV., 1431–1447 (Gabriel Condulmer)
209. Nikolaus V., 1447–1455 (Tommaso Parentucelli)
210. Calixt III., 1455–1458 (Alfonso Borgia)
211. Pius II., 1458–1464 (Enea Silvio Piccolomini)
212. Paul II., 1464–1471 (Pietro Barbo)
213. Sixtus IV., 1471–1484 (Francesco della Rovere)
214. Innozenz VIII., 1484–1492 (Giovanni Battista Cibo)
215. Alexander VI., 1492–1503 (Rodrigo Borgia)
216. Pius III., 1503 (Francesco Todeschini-Piccolomini)
217. Julius II., 1503–1513 (Giuliano della Rovere)
218. Leo X., 1513–1521 (Giovanni de' Medici)
219. Hadrian VI., 1522–1523 (Adrian von Utrecht)
220. Clemens VII., 1523–1534 (Giulio de' Medici)
221. Paul III., 1534–1549 (Alessandro Farnese)
222. Julius III., 1550–1553 (Giovanni Maria del Monte)
223. Marcellus II., 1555 (Marcello Cervini)
224. Paul IV., 1555–1559 (Giovanni Pietro Caraffa)

Verzeichnis der Abbildungen

Farbabbildungen

1 Piero della Francesca (1410/20–1492), Geburt Christi. Um 1470
Öl auf Holz, 124,4 x 122,6 cm
London, National Gallery
2 Leonardo da Vinci (1452–1519), Kopf eines Engels. Detail aus: Andrea del Verrocchio, Taufe Christi (vgl. Abb. 31). 1472–1475
Tempera und Öl auf Holz, 176,9 x 151,2 cm
Florenz, Uffizien
3 Fra Angelico (1387?–1455), Verkündigung an Maria. Zwischen 1438 und 1450
Fresko
Florenz, Kloster S. Marco
4 Sandro Botticelli (1444/45–1510), Venus. Detail aus: Geburt der Venus (vgl. Abb. 72). 1482
Tempera auf Leinwand, 175,4 x 279,6 cm
Florenz, Uffizien
5 Sandro Botticelli (1444/45–1510), Frühling. Detail aus: Primavera (vgl. Abb. 71). 1477–1478
Tempera auf Holz, 203 x 314 cm
Florenz, Uffizien
6 Sandro Botticelli (1444/45–1510), Anbetung der Könige (vgl. auch Abb. 76). Um 1475
Tempera auf Holz, 111 x 134 cm
Florenz, Uffizien
7 Sandro Botticelli (1444/45–1510), Beweinung Christi. Um 1495
Pappelholz, 140 x 207 cm
München, Alte Pinakothek
8 Benozzo Gozzoli (1420–1497), Der byzantinische Kaiser Johannes VIII. Paläologos. Aus: Zug der Heiligen Drei Könige (vgl. auch Abb. 77). 1459–1460
Fresko
Florenz, Palazzo Medici-Riccardi
9 Domenico Ghirlandaio (1449–1494), Antonio Pucci, Lorenzo de' Medici, Francesco Sassetti und Federigo Sassetti. Detail aus: Papst Honorius III. bestätigt die Regel des hl. Franziskus (vgl. Abb. 78). Ab 1482/83
Fresko
Florenz, S. Trinita
10 Leon Battista Alberti (1404–1472), S. Maria Novella, Fassade. Nach 1456. Florenz
11 Leonardo da Vinci (1452–1519), Kopf der hl. Anna. Detail aus: Anna Selbdritt (vgl. Abb. 119). Vor 1510
Öl auf Holz, 168,6 x 130,2 cm
Paris, Louvre
12 Raffael (1483–1520), Der Engel im Kerker Petri. Mittelstück aus: Petri Befreiung aus dem Gefängnis. 1513–1514. Fresko
Vatikan, Stanza d'Eliodoro
13 Filippo Lippi (1406/09–1469), Anbetung aus Camaldoli. Um 1463
Holz, 140 x 130 cm
Florenz, Uffizien
14 Raffael (1483–1520), Platon und Aristoteles. Detail aus: Die Schule von Athen (vgl. Abb. 127). 1509–1510
Fresko
Vatikan, Stanza della Segnatura
15 Raffael (1483–1520), Papst Julius II. Detail aus: Heliodors Vertreibung aus dem Tempel (vgl. Abb. 131). Um 1511–1512
Fresko
Vatikan, Stanza d'Eliodoro
16 Raffael (1483–1520), Raffael und Sodoma. Detail aus: Die Schule von Athen (vgl. Abb. 127). 1509–1510
Fresko
Vatikan, Stanza della Segnatura
17 Giorgione (1477/78–1510), Das Gewitter. 1505–1507
Öl auf Leinwand, 82 x 72 cm
Venedig, Accademia

18 Tizian (1473?–1576), Assunta (Himmelfahrt Mariä). 1516–1518
Öl auf Holz, 690 x 360 cm
Venedig, S. Maria Gloriosa dei Frari

19 Tizian (1473?–1576). Karl V. 1548
Öl auf Leinwand, 205 x 114 cm (mit Anstückung 121 cm)
München, Alte Pinakothek

Schwarzweiß-Abbildungen

1 Andrea del Castagno (1423–1457), Francesco Petrarca. Um 1450
Fresko
Florenz, S. Apollonia

2 Bernardo Rossellino (1409–1464), Grabmal des Leonardo Bruni.
Um 1446–1450
Marmor, 610 x 316 cm
Florenz, S. Croce

3 Domenico Ghirlandaio (1449–1494), Marsilio Ficino, Cristoforo Landino, Angelo Poliziano und Gentile de' Becchi (von links nach rechts).
Detail aus:
Verkündigung an Zacharias. 1486–1490
Fresko
Florenz, S. Maria Novella

4 Unbekannter Maler, Giovanni Pico della Mirandola
Florenz, Uffizien

5 Masaccio (1401–um 1428), Dreifaltigkeit. 1426–1427
Fresko, 489 x 317 cm
Florenz, S. Maria Novella

6 Masaccio (1401–um 1428), Schattenheilung des hl. Petrus. 1427
Fresko
Florenz, S. Maria del Carmine, Brancacci-Kapelle

7 Masaccio (1401–um 1428), Mittelstück aus: Die Steuerzahlung. Um 1427
Fresko
Florenz, S. Maria del Carmine, Brancacci-Kapelle

8 Masolino (1388–um 1447), Der Sündenfall. 1426–1427
Fresko
Florenz, S. Maria del Carmine, Brancacci-Kapelle

9 Paolo Uccello (1397–1475), Der Hostienverkauf. Aus dem Zyklus: Das Wunder der entweihten Hostie. Um 1465–1469
Tempera, 6 Bilder, insgesamt 43 x 351 cm
Urbino, Palazzo Ducale

10 Die perspektivische Konstruktion des Uccello-Bildes (Abb. 9)

11 Paolo Uccello (1397–1475), Perspektivische Zeichnung eines Kelches. Um 1450
34 x 24 cm
Florenz, Uffizien (Gabinetto Disegni e Stampe)

12 Paolo Uccello (1397–1475), John Hawkwood. 1436
Fresko, 820 x 515 cm
Florenz, S. Maria del Fiore

13 Andrea del Castagno (1423–1457), Dreifaltigkeit mit Hieronymus, Maria und Maria Kleophas. 1454–1455
Fresko, 300 x 179 cm
Florenz, SS. Annunziata

14 Antonio del Pollaiuolo (um 1430–1498), Herakles und Antaios. Um 1460
Tempera auf Holz, 16 x 9 cm
Florenz, Uffizien

15 Domenico Veneziano (um 1410–1461), Sacra Conversazione. Um 1442–1448
Holz, 209 x 213 cm
Florenz, Uffizien

16 Piero della Francesca (1410/20–1492), Die Königin von Saba betet das hl. Holz an. Detail aus dem Zyklus: Die Auffindung des heiligen Kreuzes. Um 1452–1460
Fresko
Arezzo, S. Francesco

17 Piero della Francesca (1410/20–1492), Der Traum Konstantins. 1455
Fresko, 329 x 190 cm
Arezzo, S. Francesco

18 Piero della Francesca (1410/20–1492), Madonna del Parto. Um 1460 Fresko, 260 x 203 cm Monterchi, Friedhofskapelle

19 Piero della Francesca (1410/20–1492), Federigo da Montefeltro. Um 1465 Holz, 47 x 33 cm. Florenz, Uffizien

20 Andrea Mantegna (1431–1506), Sacra Conversazione. 1456–1459 Tempera auf Holz, 480 x 450 cm Verona, S. Zeno

21 Andrea Mantegna (1431–1506), Musizierender Engel. Detail aus: Sacra Conversazione (vgl. Abb. 20)

22 Andrea Mantegna (1431–1506), Beweinung des toten Christus. 1480 Tempera, 66 x 81 cm Mailand, Brera

23 Andrea Mantegna (1431–1506), Maria mit Kind und Cherubim. 1485 Holz, 88 x 70 cm Mailand, Brera

24 Andrea Mantegna (1431–1506), Decken-malerei in der Camera degli Sposi. Um 1474 Fresko Mantua, Palazzo Ducale

25 Andrea Mantegna (1431–1506), Markgraf Lodovico Gonzaga und seine Gattin Barbara von Brandenburg mit Kindern und Hofleuten. Um 1474 Mantua. Palazzo Ducale, Camera degli Sposi

26 Leonardo da Vinci (1452–1519), Der hl. Hieronymus. 1480 Untermalung auf Holz, 103,2 x 75 cm Vatikan, Pinakothek

27 Leonardo da Vinci (1452–1519), Proportionskanon des Menschen. 1485–1490 Venedig, Accademia

28 Leonardo da Vinci (1452–1519), Proportionen des menschlichen Gesichts Turin, Palazzo Reale

29 Leonardo da Vinci (1452–1519), Thorax und Abdomen eines weiblichen Körpers. Aus den Anatomie-Heften. Um 1512 Windsor, Royal Library Reproduktion mit freundlicher Genehmigung Ihrer Majestät Elisabeth II., Königin von England

30 Leonardo da Vinci (1452–1519), Anatomische und künstlerische Studien Turin, Palazzo Reale

31 Andrea del Verrocchio (1436–1488), Taufe Christi. 1472–1475 Den linken Engel malte Leonardo da Vinci (vgl. Farbtafel 2) Tempera und Öl auf Holz, 176,9 x 151,2 cm Florenz, Uffizien

32 Leonardo da Vinci (1452–1519), Anbetung der Könige. 1481 Untermalung auf Holz, 246,7 x 243,5 cm Florenz, Uffizien

33 Leonardo da Vinci (1452–1519), Madonna mit Kind. Detail aus: Anbetung der Könige (vgl. Abb. 32)

34 Leonardo da Vinci (1452–1519), Skizze zu: Anbetung der Könige (vgl. Abb. 32) Feder und Bister auf Papier, 28,5 x 21,6 cm Paris, Louvre

35 Leonardo da Vinci (1452–1519), Felsgrottenmadonna. 1483–1486 Öl auf Leinwand (ursprünglich Holztafel), 198,1 x 123,2 cm Paris, Louvre

36 Leonardo da Vinci (1452–1519), Kopf Mariens. Detail aus: Felsgrottenmadonna (vgl. Abb. 35)

37 Lorenzo Ghiberti (1378–1455), Nördliche Bronzetür des Baptisteriums mit Szenen aus dem Neuen Testament. 1402–1424 Florenz

38 Lorenzo Ghiberti (1378–1455), Verkündigung an Maria. Feld der nörd-lichen Bronzetür des Baptisteriums (vgl. Abb. 37)

39 Lorenzo Ghiberti (1378–1455), Östliche Bronzetür (Paradiestür) des Baptisteriums mit Szenen aus dem Alten Testament. 1425–1452 Bronze, vergoldet Florenz

40 Lorenzo Ghiberti (1378–1455), Erschaffung von Adam und Eva, Sündenfall und Vertreibung. Erstes Feld der Paradiestür des Baptisteriums (vgl. Abb. 39)

41 Jacopo della Quercia (um 1374–1438), Sarkophag der Ilaria del Caretto. 1405 und später Marmor Lucca, Dom

42 Jacopo della Quercia (um 1374–1438), Kopf der Ilaria. Detail der Sarkophag-Figur (vgl. Abb. 41)

43 Jacopo della Quercia (um 1374–1438),
   Die Erschaffung Adams. Detail aus dem
   Relief des Hauptportals von San Petronio.
   Um 1425–1438
   Bologna
44 Donatello (1386–1466), Der hl. Georg
   (Original). Um 1416–1420
   Marmor, 209 cm hoch
   Florenz, Museo del Bargello (Kopie:
   Orsanmichele)
45 Donatello (1386–1466), Kopf des hl. Georg.
   Detail der Statue (vgl. Abb. 44)
46 Donatello (1386–1466), Relief an der Basis
   der Nische des hl. Georg (vgl. Abb. 44)
   Marmor, 39 x 120 cm
47 Donatello (1386–1466), David. Zwischen
   1430 und 1443
   Bronze, 138 cm hoch
   Florenz, Museo del Bargello
48 Donatello (1386–1466), Kopf des David.
   Detail der Bronzefigur (vgl. Abb. 47)
49 Donatello (1386–1466), Tabernakel mit
   Verkündigungsszene. Um 1435
   Kalkstein, 420 x 248 cm
   Florenz, S. Croce
50 Donatello (1386–1466), Kopf der Maria.
   Detail aus der Verkündigungsszene (vgl.
   Abb. 49)
51 Donatello (1386–1466), Reiterstandbild des
   Gattamelata (Erasmo da Nardi). 1447–1453
   Bronze, 340 cm hoch (ohne Sockel)
   Padua, vor S. Antonio
52 Donatello (1386–1466), Kopf des
   Gattamelata. Detail des Reiterstandbildes
   (vgl. Abb. 51)
53 Donatello (1386–1466), Jeremias.
   Um 1423–1426.
   Marmor, 191 cm hoch
   Florenz, Museo dell' Opera del Duomo
54 Donatello (1386–1466), Kopf des Jeremias.
   Detail der für den Dom-Campanile
   gearbeiteten Statue (vgl. Abb. 53)
55 Donatello (1386–1466), Maria Magdalena.
   Nach 1453
   Holz, 188 cm hoch
   Florenz, Museo dell' Opera del Duomo
56 Donatello (1386–1466), Kopf und Hände
   Maria Magdalenas. Oberteil der Holzfigur
   (vgl. Abb. 55)
57 Donatello (1386–1466), Detail seiner
   Sängertribüne für den Florentiner Dom.
   1433–1440

Marmor und Mosaik
Florenz, Museo dell' Opera del Duomo
58 Luca della Robbia (1399–1482), Detail
   seiner Sängertribüne für den Florentiner
   Dom. 1431–1437
   Marmor, 102 x 108 cm
   Florenz, Museo dell' Opera del Duomo
59 Luca della Robbia (1399–1482), Himmel-
   fahrt Christi. 1446
   Glasierte Terrakotta, 200 x 260 cm
   Florenz, S. Maria del Fiore
60 Andrea del Verrocchio (um 1435–1488),
   David. Zwischen 1465 und 1476
   Florenz, Museo del Bargello
61 Andrea del Verrocchio (um 1435–1488),
   Reiterstandbild des Bartolomeo Colleoni.
   1480
   Bronze, 396 cm hoch (ohne Sockel)
   Venedig, vor SS. Giovanni e Paolo
62 Andrea del Verrocchio (um 1435–1488),
   Gestalt des Colleoni. Detail des
   Reiterstandbildes (vgl. Abb. 61)
63 Leonardo da Vinci (1452–1519), Studie
   zum Reiterstandbild des Francesco Sforza.
   Um 1490
   Windsor, Royal Library
   Reproduktion mit freundlicher Genehmigung
   Ihrer Majestät Elisabeth II., Königin von
   England
64 Leonardo da Vinci (1452–1519), Studie
   zum Reiterstandbild des Gian Giacomo
   Trivulzio. Um 1511
   Windsor, Royal Library
   Reproduktion mit freundlicher Genehmigung
   Ihrer Majestät Elisabeth II., Königin von
   England
65 Leonardo da Vinci (1452–1519), Studie
   zum Reiterstandbild des Gian Giacomo
   Trivulzio. Um 1511
   Windsor, Royal Library
   Reproduktion mit freundlicher Genehmigung
   Ihrer Majestät Elisabeth II., Königin von
   England
66 Fra Angelico (1387?–1455), Das Jüngste
   Gericht. Um 1432–1435
   Tempera auf Holz, 105 x 210 cm
   Florenz, Kloster S. Marco
67 Fra Angelico (1387?–1455), Engel und
   Selige. Detail aus: Das Jüngste Gericht
   (vgl. Abb. 66)
68 Fra Angelico (1387?–1455), Grablegung
   Christi. 1438–1440

Tempera auf Pappelholz, 37 x 45,5 cm
München, Alte Pinakothek

69 Filippo Lippi (1406/09–1469), Verkündigung
an Maria. Um 1450
Pappelholz, 203 x 186 cm
München, Alte Pinakothek

70 Filippo Lippi (1406/09–1469), Madonna
mit Kind und zwei Engeln. Um 1465
Holz, 92 x 63 cm
Florenz, Uffizien

71 Sandro Botticelli (1444/45–1510),
Primavera (vgl. Farbtafel 5). 1477–1478
Tempera auf Holz, 203 x 314 cm
Florenz, Uffizien

72 Sandro Botticelli (1444/45–1510), Geburt
der Venus (vgl. Farbtafel 4). 1482
Tempera auf Leinwand, 172,5 x 278,5 cm
Florenz, Uffizien

73 Sandro Botticelli (1444/45–1510),
Verkündigung an Maria. Um 1490
Tempera auf Holz, 150 x 156 cm
Florenz, Uffizien

74 Sandro Botticelli (1444/45–1510), Die
mystische Geburt. 1500
Tempera auf Leinwand, 108,6 x 74,9 cm
London, National Gallery

75 Filippino Lippi (um 1457–1504), Die Vision
des hl. Bernhard. Um 1486
Holz, 210 x 195 cm
Florenz, Badia

76 Schematische Nachzeichnung von: Sandro
Botticelli (1444/45–1510), Anbetung der
Könige (vgl. Farbabb. 6). Um 1475
1   Cosimo de' Medici – 2   Piero de'
Medici – 3   Giovanni de' Medici –
4   Lorenzo de' Medici – 5   vermutlich
Angelo Poliziano – 6   vermutlich Giovanni
Pico della Mirandola – 7   Giuliano de'
Medici – 8   vielleicht Johannes Argyropulos
9   vielleicht Lorenzo Tornabuoni –
10   Sandro Botticelli

77 Benozzo Gozzoli (1420–1497), Lorenzo de'
Medici mit Gefolge. Detail aus: Zug der
Heiligen Drei Könige (vgl. auch Farbabb. 8).
1459–1460
Fresko
Florenz, Palazzo Medici-Riccardi

78 Domenico Ghirlandaio (1449–1494), Papst
Honorius III. bestätigt die Regel des hl.
Franziskus (vgl. Farbabb. 9). Ab 1482/83
Fresko
Florenz, S. Trinita

79 Domenico Ghirlandaio (1449–1494),
Angelo Poliziano und Giuliano de' Medici.
Detail aus: Papst Honorius III. bestätigt
die Regel des hl. Franziskus (vgl. Abb. 78)

80 Domenico Ghirlandaio (1449–1494),
Szenen aus dem Leben Johannes des
Täufers. 1486–1490
Fresko
Florenz, S. Maria Novella

81 Domenico Ghirlandaio (1449–1494), Geburt
Johannes des Täufers. 1486–1490
Fresko
Florenz, S. Maria Novella

82 Domenico Ghirlandaio (1449–1494), Geburt
Mariens. 1486–1490
Fresko
Florenz, S. Maria Novella

83 Domenico Ghirlandaio (1449–1494),
Ludovica Tornabuoni mit Florentiner
Damen. Detail aus: Geburt Mariens (vgl.
Abb. 82)

84 Domenico Ghirlandaio (1449–1494), Davide
Ghirlandaio, Tommaso Bigordi Ghirlandaio
oder Alesso Baldovinetti, Domenico
Ghirlandaio und Bastiano Mainardi. Detail
aus: Joachims Vertreibung aus dem Tempel.
1486–1490
Fresko
Florenz, S. Maria Novella

85 S. Maria del Fiore, der Dom von Florenz.
Beg. 1296, die Kuppel beg. 1420

86 Schematische Darstellung der Doppelschalen-
konstruktion der Kuppel von S. Maria del
Fiore, Florenz, erbaut von Filippo
Brunelleschi (1377–1446). Ab 1420

87 Filippo Brunelleschi (1377–1446), Ospedale
degli Innocenti (Haus der Findelkinder),
Loggia, im Zustand von 1445
Florenz

88 Filippo Brunelleschi (1377–1446),
S. Lorenzo, Alte Sakristei. 1419–1428
Florenz

89 Schematische Darstellung der Alten Sakristei
von S. Lorenzo, Florenz (vgl. Abb. 88)

90 Grundriß von S. Lorenzo, Florenz, im Jahre
1469

91 Filippo Brunelleschi (1377–1446),
S. Lorenzo, Innenraum. 1422–1469
Florenz

92 Leon Battista Alberti (1404–1472),
S. Francesco (Tempio Malatestiano).
Ab 1446. Rimini

93 Nachzeichnung des projektierten Tempio Malatestiano, wie ihn die Medaille des Matteo de' Pasti von 1450 zeigt

94 Leon Battista Alberti (1404–1472), S. Andrea, Fassade. Nach 1472 (Grundsteinlegung 1472) Mantua

95 Benedetto da Maiano (1442–1497) und Cronaca (1457–1509), Palazzo Strozzi. 1489 – nach 1500 Florenz

96 Leon Battista Alberti (1404–1472) und Bernardo Rossellino (1409–1464), Palazzo Rucellai. Ab 1446 Florenz

97 Bernardo Rossellino (1409–1464) und Pietro Paolo Porrina (gest. um 1478), Palazzo Piccolomini. Ab 1469 Siena

98 Giuliano da Sangallo (1445–1516), Palazzo Gondi. 1490–1501 Florenz

99 Giuliano da Sangallo (1445–1516), Palazzo Gondi, Hof. 1490–1501 Florenz

100 Luciano Laurana (1420/25–1479), Palazzo Ducale, Hof. Ab 1447 Urbino

101 Palazzo della Cancelleria, Hof. Ab 1483 (Meister unbekannt) Rom

102 Palazzo della Cancelleria. Ab 1483 (Meister unbekannt). Rom

103 Donato Bramante (um 1444–1514), Kloster S. Pietro in Montorio, Tempietto. 1502 Rom

104 Schematische Darstellung des Goldenen Schnitts bei Bramantes Tempietto (vgl. Abb. 103)

105 Vereinfachte Nachzeichnung von: Francesco di Giorgio Martini (1439–um 1501), Proportionsstudie für eine Säule. 2. Hälfte des 15. Jh. Federzeichnung Turin, Königliche Bibliothek

106 Vereinfachte Nachzeichnung von: Francesco di Giorgio Martini (1439–um 1501), Proportionsstudie für den Grundriß einer Kirche, bestehend aus Zentralbau und Langhaus. 2. Hälfte des 15. Jh. Federzeichnung Florenz, Nationalbibliothek

107 Rekonstruktion des Grundrisses von St. Peter, Rom, nach dem von Bramante gezeichneten Teilgrundriß

108 Nachzeichnung der projektierten Peterskirche, wie sie die Gründungsmedaille des Jahres 1506 von Cristoforo Foppa Caradosso zeigt

109 Leonardo da Vinci (1452–1519), Entwürfe für Zentralbauten. Paris, Bibliothèque de l'Institut de France

110 Leonardo da Vinci (1452–1519), Studie für eine Kirche. Um 1490 Paris, Bibliothèque de l'Institut de France

111 Cola da Caprarola und andere. S. Maria della Consolazione. Ab 1508 Todi

112 S. Maria della Consolazione, Todi. Grundriß

113 S. Maria della Consolazione, Todi. Querschnitt

114 Cola da Caprarola und andere, S. Maria della Consolazione, Altarraum. Ab 1508 Todi

115 Leonardo da Vinci (1452–1519), Abendmahl. 1495–1497 Fresko (Tempera auf Mauerwerk), 460 x 880 cm Mailand, S. Maria delle Grazie, Refektorium

116 Leonardo da Vinci (1452–1519), Judas, Petrus, Johannes. Detail aus: Abendmahl (vgl. Abb. 115)

117 Leonardo da Vinci (1452–1519), Jesus, Thomas, Jakobus d. Ä., Philippus. Detail aus: Abendmahl (vgl. Abb. 115)

118 Leonardo da Vinci (1452–1519), Mona Lisa. 1503–1507 Öl auf Holz, 76,8 x 53 cm Paris, Louvre

119 Leonardo da Vinci (1452–1519), Anna Selbdritt (vgl. Farbtafel 11). Vor 1510 Öl auf Holz, 168,6 x 130,2 cm Paris, Louvre

120 Perugino (um 1450–1523), Madonna mit Johannes dem Täufer und Sebastian. 1493 Öl auf Holz, 178 x 164 cm Florenz, Uffizien

121 Raffael (1483–1520), Krönung der Madonna. 1502–1503 Öl auf Leinwand, 267 x 163 cm Vatikan, Pinakothek

122 Raffael (1483–1520), Die Vermählung der Jungfrau Maria. 1504

Öl auf Holz, 170 x 117 cm
Mailand, Brera

123 Raffael (1483–1520), Die Madonna mit dem Stieglitz. 1507
Öl auf Holz, 107 x 77 cm
Florenz, Uffizien

124 Raffael (1484–1520), Disputà. 1509
Fresko, Basis 770 cm
Vatikan, Stanza della Segnatura

125 Raffael (1483–1520), Gestalten des Alten und des Neuen Testaments. Detail aus: Disputà (vgl. Abb. 124)

126 Raffael (1483–1520), Berühmte Männer der Kirche. Detail aus: Disputà (vgl. Abb. 124)

127 Raffael (1483–1520), Die Schule von Athen (vgl. Farbtafel 14, 16). 1509–1510
Fresko, Basis 770 cm
Vatikan, Stanza della Segnatura

128 Raffael (1483–1520), Philosophen um Platon und Aristoteles. Detail aus: Die Schule von Athen (vgl. Abb. 127)

129 Raffael (1483–1520), Parnaß. 1510–1511
Fresko, Basis 670 cm
Vatikan, Stanza della Segnatura

130 Raffael (1483–1520), Dichtergruppe. Detail aus: Parnaß (vgl. Abb. 129)

131 Raffael (1483–1520), Heliodors Vertreibung aus dem Tempel (vgl. Farbtafel 15). Um 1511–1512
Fresko, Basis 750 cm
Vatikan, Stanza d'Eliodoro

132 Raffael (1483–1520), Der himmlische Reiter und Heliodor. Detail aus: Heliodors Vertreibung aus dem Tempel (vgl. Abb. 131)

133 Raffael (1483–1520), Die Loggien. Um 1513–1519
Vatikan

134 Raffael (1483–1520), Baldassare Castiglione. 1514–1515
Öl, von Holz auf Leinwand, 82 x 66 cm
Paris, Louvre

135 Raffael (1483–1520), Papst Leo X. mit den Kardinälen Guilio de' Medici und Luigi de' Rossi. 1518–1519
Öl auf Holz, 154 x 119 cm
Florenz, Uffizien

136 Raffael, (1483–1520), Donna Velata. Um 1516.
Öl auf Holz, 65 x 64 cm
Florenz, Palazzo Pitti

137 Raffael (1483–1520), Die Sixtinische Madonna. 1513–1514

Öl auf Leinwand, 265 x 196 cm
Dresden, Gemäldegalerie

138 Raffael (1483–1520), Der wunderbare Fischzug. 1515
Gobelin nach einem Karton von 1515, 360 x 400 cm
Vatikan, Pinakothek

139 Michelangelo (1475–1564), Pietà. 1498–1501
Marmor, 175 cm hoch
Vatikan, St. Peter

140 Michelangelo (1475–1564), Kopf Christi. Detail der Pietà (vgl. Abb. 139)

141 Michelangelo (1475–1564), David. 1501–1504
Marmor, 505 cm hoch
Florenz, Accademia

142 Michelangelo (1475–1564), Kopf Davids. Detail der Statue (vgl. Abb. 141)

143 Michelangelo (1475–1564), Decke der Sixtinischen Kapelle. 1508–1512
Fresko, 1350 x 3840 cm. Vatikan

144 Michelangelo (1475–1564), Gott trennt das Licht von der Finsternis. Detail der Sixtina-Decke (vgl. Abb. 143)

145 Michelangelo (1475–1564), Gott erschafft die Welt. Detail der Sixtina-Decke (vgl. Abb. 143)

146 Michelangelo (1475–1564), Gott segnet. Detail der Sixtina-Decke (vgl. Abb. 143)

147 Michelangelo (1475–1564), Gott erschafft Adam. Detail der Sixtina-Decke (vgl. Abb. 143)

148 Michelangelo (1475–1564), Gott erschafft Eva. Detail der Sixtina-Decke (vgl. Abb. 143)

149 Michelangelo (1475–1564), Sündenfall und Vertreibung aus dem Paradies. Detail der Sixtina-Decke (vgl. Abb. 143)

150 Michelangelo (1475–1564), Sündenfall. Detail der Sixtina-Decke (vgl. Abb. 143)

151 Michelangelo (1475–1564), Vertreibung aus dem Paradies. Detail der Sixtina-Decke (vgl. Abb. 143)

152 Michelangelo (1475–1564), Der Prophet Jeremias. Detail der Sixtina-Decke (vgl. Abb. 143)

153 Michelangelo (1475–1564), Der Prophet Jonas. Detail der Sixtina-Decke (vgl. Abb. 143)

154 Michelangelo (1475–1564), Die Sibylle Persica. Detail der Sixtina-Decke (vgl. Abb. 143)

155 Michelangelo (1475–1564), Die Sibylle Delphica. Detail der Sixtina-Decke (vgl. Abb. 143)
156 Michelangelo (1475–1564), Moses. Um 1513–1516 Grabmal des Papstes Julius II. Marmor, 255 cm hoch Rom, S. Pietro in Vincoli
157 Michelangelo (1475–1564), Oberkörper des Moses. Detail der Sitzfigur (vgl. Abb. 156)
158 Pietro Lombardo (um 1435–1515), S. Maria dei Miracoli. 1481–1489 Venedig
159 Pietro Lombardo (um 1435–1515), S. Maria dei Miracoli, Innenraum. 1481–1489 Venedig
160 Mauro Coducci (1440–1504) und Tullio Lombardo (um 1455–1532), Palazzo Vendramin-Calergi. 1500–1509 Venedig
161 Antonio Rizzo (erwähnt 1465–1498), Eva. Zwischen 1484 und 1490 Höhe 204 cm Venedig, Dogenpalast
162 Gentile Bellini (um 1429–1507), Das Wunder der Kreuzesreliquie, die in den Kanal von S. Lorenzo gefallen ist. Um 1500–1503 Öl auf Leinwand, 323 x 430 cm Venedig, Accademia
163 Giovanni Bellini (um 1430–1516), Madonna mit Kind zwischen der hl. Katharina und der hl. Magdalena. 1490 Öl auf Holz, 107 x 58 cm Venedig, Accademia
164 Giovanni Bellini (um 1430–1516), Madonna mit Kind zwischen den Heiligen Petrus, Katharina, Lucia und Hieronymus. 1505 Öl auf Leinwand, von Holz übertragen, 500 x 235 cm Venedig, S. Zaccaria
165 Giovanni Bellini (um 1430–1516), Pietà. 1505 Holz, 65 x 90 cm Venedig, Accademia
166 Giovanni Bellini (um 1430–1516), Allegorie der Wahrheit oder der Klugheit. 1490 Öl auf Holz, 34 x 21 cm Venedig, Accademia
167 Giovanni Bellini (um 1430–1516), Der Doge Leonardo Loredan. 1501 Öl auf Holz, 62 x 45 cm London, National Gallery
168 Vittorio Carpaccio (1455 oder 1465–1526), Der Traum der hl. Ursula. 1490–1495 Öl auf Leinwand, 274 x 267 cm Venedig, Accademia
169 Vittore Carpaccio (1455 oder 1465–1526), Zwei Kurtisanen oder Edeldamen. Um 1504 Holz, 164 x 94 cm (beschnitten) Venedig, Civico Museo Correr
170 Giorgione (1477/78–1510). Die Alte. Nach 1507 Leinwand, 68 x 59 cm Venedig, Accademia
171 Tizian (1473?–1576), Der Zinsgroschen. 1516 Öl auf Holz, 75 x 56 cm Dresden, Gemäldegalerie
172 Tizian (1473?–1576), Madonna der Familie Pesaro. 1519–1526 Öl auf Leinwand, 478 x 268 cm Venedig, S. Maria Gloriosa dei Frari
173 Parmigianino (1503–1540), Madonna dal collo lungo (Madonna mit dem langen Hals). Um 1538–1540 Öl auf Holz, 216 x 132 cm Florenz, Uffizien
174 Michelangelo (1475–1564), Christus im Kreise der Seligen und der Heiligen. Detail aus: Das Jüngste Gericht. 1534–1541 Fresko, etwa 1483 x 1330 cm Vatikan, Sixtinische Kapelle
175 Michelangelo (1475–1564), Der sogenannte »Erwachende Sklave«. Nach 1519 Marmor, 260 cm hoch Florenz, Accademia
176 Michelangelo (1475–1564), Aurora. Allegorische Figur vom Sarkophag Lorenzo de' Medicis. Um 1531 Marmor, größte Blocklänge 195 cm Florenz, S. Lorenzo, Neue Sakristei (Medici-Kapelle)
177 Correggio (1494–1534), Die Heilige Nacht. Um 1530 Öl auf Holz, 256 x 188 cm Dresden, Gemäldegalerie
178 Andrea Palladio (1508–1580), S. Giorgio Maggiore, Fassade. Nach 1566 Venedig

Abbildungsnachweis

Florenz, Alinari Farbabb. 4, 8; Abb. 1, 2, 3, 4,
6, 9, 11, 12, 13, 14, 15, 16, 17, 18, 20, 21, 24,
25, 31, 35, 36, 37, 38, 40, 41, 42, 43, 46, 47,
48, 49, 50, 51, 52, 53, 54, 55, 56, 57, 59, 66,
71, 73, 78, 79, 80, 81, 82, 83, 84, 85, 88, 91,
95, 99, 100, 101, 102, 115, 116, 117, 119, 121,
123, 127, 129, 133, 134, 135, 136, 137, 138,
142, 146, 150, 153, 163, 164, 165, 168, 169,
171, 172, 173, 174, 175, 176, 177
Florenz, Brogi Abb. 32, 60, 67, 141, 160
Gauting bei München, Kunst-Dias Blauel
Farbabb. 19
London, National Gallery Farbabb. 1
München, Archiv des Verfassers, Farbabb. 2, 5, 7,
9, 10, 12, 13, 14, 15, 16, 18, Umschlagrückseite;
Abb. 34, 63, 64, 65, 109, 110, 140

München, Bayerische Staatsgemäldesammlungen
Abb. 68, 69
Paris, Giraudon Farbabb. 3, 6, 17
Paris, Service de documentation photographique
Farbabb. 11
Rom, Anderson Abb. 5, 7, 8, 19, 22, 23, 26, 27,
28, 29, 30, 33, 39, 44, 45, 58, 61, 62, 70, 72, 74,
75, 77, 92, 103, 111, 114, 118, 120, 122, 124,
125, 126, 128, 130, 131, 132, 143, 144, 145,
147, 148, 149, 151, 152, 154, 155, 156, 157,
158, 159, 161, 162, 166, 167, 170, 178
Rom, Musei Vaticani 139
Tübingen, Ursula Plag Abb. 10, 76, 86, 87, 89,
90, 93, 94, 96, 97, 98, 104, 105, 106, 107, 108,
112, 113, Karten in den Umschlagklappen

Zeittafel

Monumente und Kunstwerke, die in diesem Buch besprochen worden sind	Geschichte (vgl. auch die Stammtafeln der Herrscherhäuser sowie die Liste der Päpste und Dogen)
1402–1424 Ghiberti, Nördliche Bronzetür. Baptisterium, Florenz 1405 della Quercia, Sarkophag der Illaria del Caretto, Dom, Lucca	
	1410–1437 Sigismund, Sohn Karls IV., deutscher König (1433 Kaiserkrönung in Rom) 1414–1418 Konzil von Konstanz
um 1416–1420 Donatello, Hl. Georg. Museo del Bargello, Florenz ab 1419 Brunelleschi, Alte Sakristei von S. Lorenzo, Florenz Brunelleschi, Ospedale degli Innocenti, Florenz ab 1420 Brunelleschi, Florentiner Domkuppel ca. 1423–1426 Donatello, Jeremias. Museo dell' Opera del Duomo, Florenz 1426–1427 Masaccio, Dreifaltigkeit. S. Maria Novella, Florenz 1426–1428 Masolino und Masaccio. Fresken in der Brancacci-Kapelle von S. Maria del Carmine, Florenz um 1425–1438 della Quercia, Erschaffung Adams. S. Petronio, Bologna 1425–1452 Ghiberti, Paradiestür. Baptisterium, Florenz zwischen 1430 und 1443 Donatello, David. Museo del Bargello, Florenz 1431–1437 Luca della Robbia, Sängertribüne. Museo dell' Opera del Duomo, Florenz um 1432–1435 Fra Angelico, Das Jüngste Gericht. Museo di S. Marco, Florenz 1433–1440 Donatello, Sängertribüne. Museo dell' Opera del Duomo, Florenz um 1435 Donatello, Tabernakel mit Verkündigungsszene. S. Croce, Florenz 1436 Uccello, John Hawkwood. Dom, Florenz	1427 Leonardo Bruni wird zum Kanzler von Florenz berufen 1431 Amtsantritt Papst Eugens IV. 1431–1449 Konzil von Basel 1434 Cosimo de' Medici wird Gonfaloniere di giustizia und Oberhaupt der Republik Florenz

1438–1440 Fra Angelico, Grablegung Christi.
  München, Alte Pinakothek
zwischen 1438 und 1450 Fra Angelico,
  Verkündigung an Maria. Kloster S. Marco,
  Florenz
um 1442–1448 Domenico Veneziano, Sacra
  Conversazione. Uffizien, Florenz

ab 1446 Alberti, S. Francesco, Rimini
1446 Luca della Robbia, Himmelfahrt Christi.
  Dom, Florenz
um 1446–1450 Bernardo Rossellino, Grabmal
  Leonardo Bruni. S. Croce, Florenz
ab 1446 Alberti und Bernardo Rossellino,
  Palazzo Rucellai, Florenz
1447–1453 Donatello, Reiterstandbild des
  Gattamelata. Vor der Kirche S. Antonio,
  Padua
ab 1447 Laurano, Palazzo Ducale, Urbino
um 1450 Filippo Lippi, Verkündigung an Maria.
  Alte Pinakothek, München
um 1450 Castagno, Francesco Petrarca. Florenz,
  S. Apollonia
um 1452–1460 Piero della Francesca, Zyklus von
  der Auffindung des hl. Kreuzes.
  S. Francesco, Arezzo

nach 1453 Donatello, Maria Magdalena. Museo
  dell' Opera del Duomo, Florenz
1454–1455 Castagno, Dreifaltigkeit.
  SS. Annunziata, Florenz
1456–1459 Mantegna, Sacra Conversazione.
  S. Zeno, Verona
nach 1456 Alberti, Fassade von S. Maria Novella,
  Florenz

1459–1460 Gozzoli, Zug der Heiligen Drei
  Könige. Palazzo Medici-Riccardi, Florenz
um 1460 Antonio del Pollaiuolo, Herakles und
  Antaios. Uffizien, Florenz
um 1460 Piero della Francesca, Madonna del
  Parto. Friedhofskapelle Monterchi

1438 Konzil in Ferrara zur Vereinigung der
  römischen und griechischen Kirche (1439
  nach Florenz verlegt)
1438–1439 Albrecht II. von Österreich,
  Schwiegersohn Sigismunds, deutscher König
1438 Francesco Sforza tritt in den Dienst
  Mailands und heiratet 1441 die Tochter
  von Filippo Maria Visconti

1440 Anghiari-Schlacht (Sieg der Florentiner
  über die Mailänder)
1440–1493 Friedrich III., deutscher König
  (1452 in Rom zum Kaiser gekrönt)

1447 Amtsantritt von Papst Nikolaus V.

1450 Francesco Sforza wird Herzog von
  Mailand

1451 Florenz, Mailand und Genua führen Krieg
  gegen Venedig
1452–1453 Krieg in der Lombardei zwischen
  Venedig und Mailand
1453 Eroberung Konstantinopels durch die
  Türken. Ende des Oströmischen Reiches

1458 Enea Silvio Piccolomini wird Papst Pius II.
1459 Pius II. ruft ohne Erfolg zum Kreuzzug
  gegen die Türken auf

um 1463 Filippo Lippi, Anbetung aus Camaldoli. Uffizien, Florenz

um 1465 Piere della Francesca, Federigo da Montefeltro. Uffizien, Florenz
um 1465 Filippo Lippi, Madonna mit Kind und zwei Engeln. Uffizien, Florenz
zwischen 1465 und 1476 Verrocchio, David. Museo del Bargello, Florenz
um 1465–1469 Uccello, Zyklus vom Hostienfrevel. Palazzo Ducale, Urbino
ab 1469 Bernardo Rossellino und Porrina, Palazzo Piccolomini, Siena
um 1470 Piero della Francesca, Geburt Christi. London, National Gallery
nach 1472 Alberti, S. Andrea, Mantua
1472–1475 Verrocchio, Taufe Christi. Uffizien, Florenz
um 1474 Mantegna, Ausmalung der Camera degli Sposi. Palazzo Ducale, Mantua
um 1475 Botticelli, Anbetung der Könige. Uffizien, Florenz
1477–1478 Botticelli, Primavera. Uffizien, Florenz
1480 Mantegna, Beweinung des toten Christus. Brera, Mailand
1480 Verrocchio, Reiterstandbild des Colleoni. Vor der Kirche SS. Giovanni e Paolo, Venedig
1480 Leonardo da Vinci, Der hl. Hieronymus. Pinakothek, Vatikan
1481 Leonardo da Vinci, Anbetung der Könige. Uffizien, Florenz
1481–1489 Pietro Lombardo, S. Maria dei Miracoli, Venedig
1482 Botticelli, Geburt der Venus. Uffizien, Florenz
1483 Leonardo da Vinci, Felsgrottenmadonna. Louvre, Paris
ab 1482/83 Ghirlandaio, Honorius III. bestätigt die Regel des hl. Franziskus. S. Trinita, Florenz
ab 1483 Palazzo della Cancelleria, Rom
zwischen 1484 und 1490 Rizzo, Eva. Dogenpalast, Venedig
1485 Mantegna, Maria mit Kind und Cherubim. Brera, Mailand

1461 Piero de' Medici (der Gichtige) wird gonfaloniere di giustizia
1461–1483 Ludwig XI. König von Frankreich

1464 Tod Cosimo de' Medicis
1464 Piero de' Medici folgt seinem Vater Cosimo als Herr von Florenz

1469 Lorenzo de' Medici (il Magnifico) wird Herr von Florenz

1471 Amtsantritt Papst Sixtus' IV.

1478 Verschwörung der Pazzi gegen die Medici in Florenz

ab 1484 Savonarola in Florenz

1485 König Matthias Corvinus von Ungarn erobert Wien (1490 wieder befreit)

um 1486 Filippino Lippi, Die Vision des
hl. Bernhard. Badia, Florenz
ab 1489 Benedetto da Maiano und Cronaca,
Palazzo Strozzi, Florenz

1489 Venedig kommt in den Besitz von Cypern

1486–1490 Ghirlandaio, Fresken in S. Maria
Novella, Florenz
um 1490 Botticelli, Verkündigung an Maria.
Uffizien, Florenz
um 1490 Leonardo da Vinci, Studie zum
Reiterstandbild des Francesco Sforza.
Royal Library, Windsor
1490 Giovanni Bellini, Allegorie der Wahrheit
oder der Klugheit. Accademia, Venedig
1490 Giovanni Bellini, Madonna mit hl.
Katharina und hl. Magdalena. Accademia,
Venedig

1492 Entdeckung Amerikas durch Christoph
Kolumbus
1492 Tod Lorenzo de' Medicis
1492 Amtsantritt Papst Alexanders VI.
1493–1519 Maximilian I., Sohn Friedrichs III.
(seit 1486 deutscher König, seit 1493
Kaiser)

1490–1495 Carpaccio, Legende der hl. Ursula.
Accademia, Venedig
1493 Perugino, Madonna mit Johannes dem
Täufer und Sebastian. Uffizien, Florenz

1494 Italienzug Karls VIII. von Frankreich zur
Einnahme Neapels (Anjou-Erbe)

1490–1501 Giuliano da Sangallo. Palazzo Gondi,
Florenz

1494 Lodovico il Moro wird Herzog von
Mailand
1494 Vertreibung der Medici aus Florenz

um 1495 Botticelli, Beweinung Christi. Alte
Pinakothek, München
1495–1497 Leonardo da Vinci, Abendmahl.
S. Maria delle Grazie, Mailand
1498–1501 Michelangelo, Pietà, Vatikan,
St. Peter

1498 Hinrichtung Savonarolas
1499 Ludwig XII. von Frankreich erobert
Mailand und Genua

1500 Botticelli, Die mystische Geburt. National
Gallery, London
um 1500–1503 Gentile Bellini, Das Wunder der
Kreuzreliquie. Accademia, Venedig
1500–1509 Coducci und Tullio Lombardo,
Palazzo Vendramin-Calergi,
Venedig

1500–1558 Karl V. (seit 1516 König von
Spanien, 1519 Nachfolger Maximilians I.,
1530 zum Kaiser gekrönt)

1501 Giovanni Bellini, Doge Leonardo Loredan.
National Gallery, London
1501–1504 Michelangelo, David. Accademia,
Florenz
1502 Bramante. Tempietto, Rom
1502–1503 Raffael, Krönung der Madonna.
Pinakothek, Vatikan

1503 Amtsantritt Papst Julius' II.

1503–1507 Leonardo da Vinci, Mona Lisa.
Louvre, Paris
1504 Raffael, Die Vermählung der Jungfrau
Maria. Brera, Mailand
um 1504 Carpaccio, Zwei Kurtisanen oder
Edeldamen. Civico Museo Correr, Venedig

1505 Giovanni Bellini, Madonna mit Kind
zwischen den Heiligen Petrus, Katharina,
Lucia und Hieronymus. S. Zaccaria, Venedig

1505 Giovanni Bellini, Pietà. Accademia, Venedig
1505–1507 Giorgione, Das Gewitter. Accademia,
Venedig
1506 Bramante beginnt mit dem Neubau von
St. Peter, Vatikan
1507 Raffael, Madonna mit dem Stieglitz.
Uffizien, Florenz

1507 Kopernikus entwirft sein Hauptwerk
De revolutionibus orbium coelestium
(erschienen 1543)

nach 1507 Giorgione, Die Alte. Accademia,
Venedig
ab 1508 Cola da Caprarola und andere, S. Maria
della Consolazione, Todi
1508–1512 Michelangelo, Decke der Sixtinischen
Kapelle, Vatikan

1508 Heilige Liga von Cambrai (Bündnis
zwischen Papst Julius II., Kaiser
Maximilian I., Ludwig XII. von Frankreich und Ferdinand II. von Spanien)
gegen Venedig

1509 Raffael, Disputà. Stanza della Segnatura
1509–1510 Raffael, Die Schule von Athen.
Stanza della Segnatura, Vatikan
vor 1510 Leonardo da Vinci, Anna Selbdritt.
Louvre, Paris
1511 Leonardo da Vinci, Studien zum
Reiterstandbild des G. G. Trivulzio. Royal
Library, Windsor

1511 Auflösung der Heiligen Liga von Cambrai.
Dafür neue Liga von Julius II., Ferdinand II. und Venedig gegen Frankreich

1510–1511 Raffael, Parnaß. Stanza della
Segnatura, Vatikan
um 1511–1512 Raffael, Heliodors Vertreibung
aus dem Tempel. Stanza d'Eliodoro, Vatikan
1513–1514 Raffael, Befreiung Petri. Stanza
d'Eliodoro, Vatikan

1512 Rückkehr der Medici nach Florenz

1513–1514 Raffael, Sixtinische Madonna.
Gemäldegalerie, Dresden
ca. 1513–1519 Raffael, Loggien. Vatikan
1514–1515 Raffael, Baldassare Castiglione.
Louvre, Paris

1513 Amtsantritt Papst Leos X.

1515 Raffael, Der wunderbare Fischzug.
Pinakothek, Vatikan
um 1516 Raffael, Donna Velata. Palazzo Pitti,
Florenz

1515 Franz I. wird König von Frankreich

um 1513–1516 Michelangelo, Moses. S. Pietro
in Vincoli, Rom
1516 Tizian, Der Zinsgroschen. Gemäldegalerie,
Dresden
1516–1518 Tizian, Assunta (Himmelfahrt Mariä).
S. Maria Gloriosa dei Frari, Venedig

1517 Luther schlägt 95 lateinische Thesen an der
Schloßkirche zu Wittenberg an

1518–1519 Raffael, Leo X. mit Giulio de' Medici
und Luigi de' Rossi. Uffizien, Florenz
nach 1519 Michelangelo, »Erwachender Sklave«.
Accademia, Florenz

1519–1526 Tizian, Madonna der Familie Pesaro.
Venedig, S. Maria Gloriosa dei Frari

1521–1526 1. Krieg Karls V. gegen Franz I. von
Frankreich um die Herrschaft in Italien
1521 Die Türken erobern Belgrad
1521 Papst Leo X., Karl V. und die Schweiz
verbünden sich gegen Franz I. von
Frankreich
1523 Amtsantritt Papst Clemens' VII.
1525 Die Türken belagern zum ersten Mal Wien
1525 Franz I. in der Schlacht von Pavia
gefangengenommen.
1526 Vertrag von Cognac. Bündnis von
Clemens VII. mit Florenz, Mailand,
Venedig und Frankreich gegen Karl V.
1526–1529 2. Krieg Karls V. gegen Franz I.
und seine Verbündeten, zu denen Papst
Clemens VII. gehört. 1527 Sacco di Roma
(Plünderung Roms)
1527 Die Medici werden abermals aus Florenz
vertrieben, die Republik wird wieder-
hergestellt
1529 »Damenfriede« von Cambrai. Franz I.
verzichtet auf Ansprüche Frankreichs
in Italien

um 1530 Correggio, Die Heilige Nacht.
Gemäldegalerie, Dresden
um 1531 Michelangelo, Aurora. Neue Sakristei
von S. Lorenzo, Florenz
1534–1541 Michelangelo, Das Jüngste Gericht.
Sixtinische Kapelle, Vatikan

1531 Alessandro de' Medici kehrt als »capo della
Repubblica« nach Florenz zurück
1534 Amtsantritt Papst Pauls III.
1536 Franz I. erhebt Ansprüche auf mailändisches
Gebiet
3. Krieg zwischen Franz I. und Karl V.
1537 Ermordung Alessandro de' Medicis. Sein
Nachfolger wird Cosimo I.

um 1538–1540 Parmigianino, Madonna dal
collo lungo. Florenz, Uffizien
1548 Tizian, Karl V. Alte Pinakothek, München
nach 1566 Palladio, Fassade von S. Giorgio
Maggiore, Venedig

1538 Waffenstillstand von Nizza. Ende des
3. Krieges zwischen Franz I. und Karl V.

Namenverzeichnis

Acuto, Giovanni s. Hawkwood, John
Alberti, Leon Battista (1404–1472) 16 ff., 23, 52, 65, 120 (Farbtafel 10), 142 ff., 143 (Abb. 92), 144 (Abb. 94), 145, 147 (Abb. 96), 151, 153, 156, 157
Albertus Magnus 20
Alessandra (Tochter Filippo Lippis und Lucrezia Butis) 105
Alexander VI., Papst 111, 112
Alfons V. 14
Alkaios 182
Allegri, Antonio s. Correggio
Ambrogio da Milano 160
Anakreon 182
Anaxagoras 180
Angelico, Fra (Guido di Piero, Fra Giovanni, Beato Angelico; 1387?–1455) 100 ff., 102 (Abb. 66), 103 (Abb. 67), 104, 104 (Abb. 68), 105, 115 (Farbtafel 3)
Antonello da Messina (1430–1479) 232
Archimedes 180
Argyropulos, Johannes 125 (vgl. Abb. 76), 126, 127
Ariost 181
Aristipp 14
Aristoteles 12, 20, 126, 180, 181, 187 (vgl. Farbtafel 14)
Arnolfo di Cambio (um 1245–1302?) 137
Aquin, Thomas von s. Thomas von Aquin
Augustinus 10, 178
Augustus, Kaiser 55, 142, 156
Averroes 20, 180

Baldovinetti, Alesso (um 1425–1499) 127, 134 (vgl. Abb. 84), 135
Balzac, Honoré de 52
Barbara von Brandenburg 50
Barbaro, Ermolao (1454–1493) 226
Bardi, Donato di Niccolò di Betto s. Donatello
Barlaam von Kalabrien 8
Beato Angelico s. Angelico, Fra
Becchi, Gentile de' 17 (vgl. Abb. 3), 134

Bellini, Malerfamilie 44, 231 ff., 232, 233 (Abb. 162, 163), 234 (Abb. 164), 235, 235 (Abb. 165), 236 (Abb. 166), 237 (Abb. 167), 238, 240
Bellini, Gentile (1429–1507) 232, 233 (Abb. 162, 163), 238
Bellini, Giovanni (Giambellino; um 1430–1516) 44, 232, 234 (Abb. 164), 235, 235 (Abb. 165), 236 (Abb. 166), 237 (Abb. 167), 240
Bellini, Jacopo (um 1400–1470) 44, 231
Bellori, Giovanni Pietro 248
Bembo, Pietro 194, 203, 226
Benci, Antonio s. Pollaiuolo, Antonio del
Benci, Piero s. Pollaiuolo, Piero del
Bertoldo di Giovanni (um 1420–1491) 203
Bessarion 127
Bigordi Ghirlandaio, Tommaso s. Ghirlandaio, Tommaso Bigordi
Boccaccio, Giovanni 16, 181
Bonaventura (Johannes Fidanza) 179
Bonifaz IX., Papst 12
Borgia, Familie 244
Botticelli (Alessandro di Mariano Filipepi; 1444/5 bis 1510) 108 ff., 110, 111 (Abb. 73), 116 (Farbtafel 4), 117 (Farbtafel 5), 118 (Farbabb. 6), 118 (Farbabb. 7), 122 (Abb. 74), 124 ff., 125 (Abb. 76), 126, 139 (Abb. 88)
Bramante, Donato (um 1444–1514) 151, 154, 155 (Abb. 103), 156 (Abb. 104), 157, 159 (Abb. 107), 160, 162, 177, 179, 193, 251
Brancacci, Felice 24
Bregno, Andrea (1418–1506) 153
Brunelleschi, Filippo (1377–1446) 15, 24, 66, 78, 136 ff., 136 (Abb. 85), 137 (Abb. 86), 138, (Abb. 87), 141 (Abb. 91), 142, 229
Bruni, Leonardo (1369–1444) 8, 11, 13 (vgl. Abb. 2), 69
Buonvicini, Domenico 121
Buti, Lucrezia 105

Caprarola, Cola da s. Cola da Caprarola
Caradossa, Cristoforo Foppa (um 1452–1527) 159

Carpaccio, Vittore (1455 oder 1465–1526) 231 ff., 238 (Abb. 168), 239 (Abb. 169)

Carretto, Ilaria del s. Ilaria del Carretto

Casai, Tommaso di Ser Giovanni s. Masaccio

Cassiodorus 10

Castagno, Andrea del (1423–1457) 9 (Abb. 1), 28, 33 ff., 34 (Abb. 13), 50

Castiglione, Baldassare 193, 195, 197 (vgl. Abb. 134), 198, 246

Catarina (Mutter Leonardos) 58

Chalcondylas 127

Chrysoloras, Manuel (um 1350–1415) 12, 19

Cicero 10, 11, 16

Cimabue, Giovanni (um 1240–nach 1302) 100, 248

Clemens VII., Papst (Giulio de' Medici) 198

Coducci, Mauro (Codussi; 1440–1504) 229, 231

Codussi s. Coducci, Mauro

Cola da Caprarola 160, 163 (Abb. 111), 165 (Abb. 114)

Colleoni, Bartolomeo 92

Columella 14

Constantinus s. Konstantin

Corinna von Theben 182

Correggio (Antonio Allegri; 1494–1534) 251, 253 (Abb. 177)

Cosmaten 79

Cronaca (Simone del Pollaiuolo; 1457–1508) 145, 146 (Abb. 95)

Daniele da Volterra (1509–1566) 249

Dante, Alighieri 16, 179, 182

Diogenes 180

Domenico Veneziano (um 1410–1461) 33 ff., 36 (Abb. 15), 39, 127, 232

Donatello (Donato di Niccolò di Betto Bardi; 1386–1466) 33, 44, 49, 75 ff., 76 (Abb. 44), 77 (Abb. 45), 78 (Abb. 46), 79 (Abb. 47), 80 (Abb. 48), 81 (Abb. 49), 82 (Abb. 50), 83 (Abb. 51), 84 (Abb. 52), 85 (Abb. 53), 86, (Abb. 54), 87 (Abb. 55), 88 (Abb. 56), 89 (Abb. 57), 92, 140, 203

Donna Velata 198, 200 (vgl. Abb. 136)

Dostojewskij, Fjodor 22

Duns Scotus 20

Dürer, Albrecht 232

Epikur 14, 15

Ermolao Barbaro s. Barbaro, Ermolao

Eugen IV., Papst 12

Federigo da Montefeltro 42, 43 (vgl. Abb. 19), 149

Ferratini, Bartolomeo 160

Ficino, Marsilio (1433–1499) 17 (vgl. Abb. 3), 19 ff., 108, 126, 134

Fidanza, Johannes s. Bonaventura

Fiesole, Simone da s. Simone da Fiesole

Filipepi, Sandro (Alessandro di Mariano) s. Botticelli

Filipepi, Simone di Mariano 112

Fini, Tommaso di Cristofano s. Masolino

Fischel, Oskar 193

Fornarina (Geliebte Raffaels) 198

Fra Angelico s. Angelico, Fra

Francesco di Giorgione Martini (1439 – um 1501) 156, 157, 157 (Abb. 105), 158 (Abb. 106), 160

Franco, Matteo 131

Franz I. von Frankreich 172

Franziskus von Assisi 179, 244

Friedrich II. von Hohenstaufen 178

Gaius 154

Gattamelata (Erasmo da Narni) 79, 83 (vgl. Abb. 51), 84 (vgl. Abb. 52), 85, 92, 96, 99

Gellius 11

Gentile da Fabriano (vor 1370–1427) 231

Gentile da Fabriano (um 1429–1507) 231

Ghiberti, Lorenzo (1378–1455) 66 ff., 67 (Abb. 37), 68 (Abb. 38), 70 (Abb. 39), 71 (Abb. 40), 75, 76, 100, 137

Ghirlandaio, Davide 134 (vgl. Abb. 84), 135

Ghirlandaio, Domenico (1449–1494) 17 (Abb. 3), 119 (Farbabb. 9), 127 ff, 128 (Abb. 78), 129 (Abb. 79), 130 (Abb. 80), 131 (Abb. 81), 132 (Abb. 82), 133 (Abb. 83), 134 (Abb. 84), 183, 203, 240

Ghirlandaio, Tommaso Bigordi 134 (vgl. Abb. 84), 135

Giambellino s. Bellini, Giovanni

Gilio, Giovanni Andrea 248

Giorgione (1477/78–1510) 44, 190 (Farbtafel 17), 240 ff., 241 (Abb. 170)

Giovanni Acuto s. Hawkwood, John

Giovanni da Fabriano (um 1430–1516) 231

Giovanni da Udine (1487–1564) 193

Giovanni, Fra s. Angelico, Fra

Giotto di Bondone (um 1266–1337) 100, 137, 248

Goethe, Johann Wolfgang von 166

Gonzaga, Lodovico 49, 50

Gozzoli, Benozzo (1420–1497) 119 (Farbabb. 8), 126, 127, 127 (Abb. 77), 128

Gregor XI., Papst 11

Grimm, Herman 172

Guido di Piero   s. Angelico, Fra
Guidoriccio   33
Guinigi, Paolo   72

Hawkwood, John (Giovanni Acuto)   29, 32 (vgl. Abb. 12), 33, 83
Heliodor   182, 183
Heraklit   180
Hildebrand, Adolf von   250
Homer   8, 110, 182
Honorius III., Papst   128, 128 (vgl. Abb. 78), 129 (vgl. 79)
Horaz   10, 181

Ilaria del Carretto   72, 73 (vgl. Abb. 41, 42)
Innozenz III., Papst   15, 178

Jacobus de Voragine (um 1230–1298)   37, 39, 240
Jacopo della Quercia (1374–1438)   66, 72 ff., 73 (Abb. 41, 42), 74 (Abb. 43)
Johannes VIII. Paläologos   20, 119 (vgl. Farbabb. 8), 126
Joseph von Konstantinopel   20, 126
Julius II., Papst   159, 177, 179, 183, 188 (vgl. Farbtafel 15), 205, 215
Juvenal   10

Karl V.   192 (vgl. Farbtafel 19), 244, 245, 248
Knigge, Adolf Freiherr von   193
Konstantin (Constantinus), Kaiser   39, 40 (vgl. Abb. 17), 69, 159
Kopernikus, Nikolaus   248

Lactantius   16
Laetus, Pomponius   s. Pomponius Laetus
Landino, Cristoforo (1424–1504)   16 ff., 17 (vgl. Abb. 3), 134
Laurana, Luciano (1420/25–1479)   149, 151 (Abb. 100)
Le Corbusier, Charles-Edouard Jeanneret   55
Leo X., Papst (Giovanni de' Medici)   131, 198, 199 (vgl. Abb. 135)
Leonardo da Vinci (1452–1519)   28, 50 ff., 51 (Abb. 26), 53 (Abb. 27), 54 (Abb. 28), 56 (Abb. 29), 57 (Abb. 30), 60 (Abb. 32), 61 (Abb. 33), 62 (Abb. 34), 63 (Abb. 35), 64 (Abb. 36), 76, 92 ff., 96 (Abb. 63), 97 (Abb. 64), 98 (Abb. 65), 114 (Farbtafel 2), 156, 157, 160, 161 (Abb. 109), 162 (Abb. 110), 166 ff., 167 (Abb. 115, 116), 168 (Abb. 117), 169 (Abb. 118), 170 (Abb. 119), 181, 185 (Farbtafel 11), 203, 244

Leonardo Loredan   235, 237 (vgl. Abb. 167)
Leopardi, Alessandro   92
Lippi, Filippino (1457–1504)   24, 105, 108 ff., 121, 123 (Abb. 75)
Lippi, Filippo (1406/09–1469)   104 ff., 106 (Abb. 69), 107 (Abb. 70), 121, 127, 186 (Farbabb. 13)
Livius   10
Lodovico Gonzaga   s. Gonzaga, Lodovico
Lodovico il Moro   58, 93
Lombardo, Antonio (um 1458 – um 1516)   226
Lombardo, Pietro (um 1435–1515)   226, 227 (Abb. 158), 228 (Abb. 159)
Lombardo, Tullio (um 1455–1532)   226, 229 (Abb. 160), 231
Loredan, Leonardo   s. Leonardo Loredan
Ludwig XI.   124
Ludwig XII.   96
Lukanus   10
Luna, Francesco della (1373 – nach 1440)   138
Luther, Martin   110

Maiano, Benedetto da (1442–1497)   145, 146 (Abb. 95)
Mainardi, Bastiano   134 (vgl. Abb. 84), 135
Malatesta, Isotta   142
Malatesta, Sigismondo (1417–1468)   126, 142
Manetti, Giannozzo (1396–1459)   15, 16
Mantegna, Andrea (1431–1506)   42 ff., 44 (Abb. 20), 45 (Abb. 21), 46 (Abb. 22), 47 (Abb. 23), 48 (Abb. 24), 49 (Abb. 25), 231
Marc Aurel   83
Martin V., Papst   12
Martini, Simone (1280/85–1344)   33
Maruffi, Sylvestre   121
Masaccio (Tommaso di Ser Giovanni Casai; 1401 bis um 1428)   24 ff., 25 (Abb. 5), 26 (Abb. 6), 27 (Abb. 7), 33, 37, 104, 105, 108, 121, 127, 136
Masolino (Tommaso di Cristofano Fini; 1383 bis um 1447)   24, 28, 28 (Abb. 8), 121
Maximilian   96
Mazzola, Francesco   s. Parmigianino
Medici, Familie   16, 18, 20, 87, 105, 108, 110, 111, 112, 119 (vgl. Farbabb. 9), 124 ff., 125, 125 (vgl. Abb. 76), 126, 127 (vgl. Abb. 77), 128, 129 (Abb. 79), 131, 132, 134, 140, 193, 198, 199 (vgl. Abb. 135), 252 (vgl. Abb. 176)
Medici, Cosimo de' (1389–1465)   20, 105, 124, 125 (vgl. Abb. 76), 126
Medici, Ferdinando de'   87
Medici, Giovanni de' (1421–1463)   124, 125 (vgl. Abb. 76), 126
Medici, Giovanni de' (1467–1514)   108

Medici, Giovanni de' (Leo X., Papst; 1476–1521) 131

Medici, Giuliano de' (1453–1478) 110, 125, 125 (vgl. Abb. 76), 126

Medici, Giuliano de' (1478–1516) 129 (vgl. Abb. 79), 131, 132, 193

Medici, Giulio de' (Clemens VII., Papst; 1478 bis 1534) 198, 199 (vgl. Abb. 135)

Medici, Lorenzo de' (il Magnifico; 1449–1492) 18, 108, 110, 111, 119 (vgl. Farbabb. 9), 124, 125, 125 (vgl. Abb. 76), 126, 127 (vgl. Abb. 77), 128, 131, 132, 134, 198, 252 (vgl. Abb. 176)

Medici, Lorenzo de' (1463–1503) 108

Medici, Piero de' (il Gottoso; 1414 oder 1416 bis 1469) 124, 125 (vgl. Abb. 76), 126, 132

Medici, Piero de' (1471–1503) 111, 112, 131

Messina, Antonello da s. Antonello da Messina

Michelangelo (1475–1564) 28, 156, 193, 203 ff., 204 (Abb. 139), 206 (Abb. 140), 207 (Abb. 141), 210 (Abb. 143), 212 (Abb. 144), 213 (Abb. 145, 146), 214 (Abb. 147), 215 (Abb. 148), 216 (Abb. 149), 217 (Abb. 150), 218 (Abb. 151), 220 (Abb. 153), 221 (Abb. 154), 222 (Abb. 155), 223 (Abb. 156), 224 (Abb. 157), 249, 249 (Abb. 174), 250, 250 (Abb. 175), 251, 252 (Abb. 176)

Michelozzo di Bartolommeo (1396–1472) 145

Milano, Ambrogio da s. Ambrogio da Milano

Mirandola, Giovanni Pico della s. Pico della Mirandola, Giovanni

Mohammed 22

Mohammed II., Sultan 231

Mona Lapaccia (Tante Filippo Lippis) 104

Mona Lisa (Gioconda; Lisa Maria di Gherardini) 168, 169 (vgl. Abb. 118), 171

Montefeltro, Federigo da s. Federigo da Montefeltro

Murray, Peter 137, 153

Narni, Erasmo da s. Gattamelata

Nero 154

Niethammer, F. J. 11

Nikolaus V., Papst 12, 15, 159

Ovid 10

Pacioli, Luca (um 1445 bis um 1510) 55, 156, 157

Palladio, Andrea (1508–1580) 151, 154, 154 (Abb. 178)

Parmigianino (Francesco Mazzola; 1503–1540) 247 (Abb. 173), 251

Pasti, Matteo de' 142, 144 (vgl. Abb. 93)

Pastor, Ludwig 14

Paul III., Papst 226

Pazzi, Familie 125

Pellegrino Zambeccari 12

Perugino (Pietro Vanucci; um 1450–1523) 172, 173, 173 (Abb. 120), 177

Peruzzi, Baldassare (1481–1536) 159, 160

Pesaro, Familie 244, 245, 245 (vgl. Abb. 172)

Pesaro, Jacopo 244

Petrarca, Francesco (1304–1374) 8 ff., 9 (vgl. Abb. 1), 16, 19, 52, 182

Picasso, Pablo 52

Piccolomini, Enea Silvio de' (Pius II., Papst) 146

Pico della Mirandola, Giovanni (1463–1494) 19 ff., 21 (vgl. Abb. 4), 125, 125 (vgl. Abb. 76)

Piero della Francesca (1410/20–1492) 37 ff., 38 (Abb. 16), 40 (Abb. 17), 41 (Abb. 18), 43 (Abb. 19), 113 (Farbtafel 1)

Pirckheimer, Willibald 232

Pisano, Andrea 66

Pius II., Papst (Enea Silvio de' Piccolomini) 105

Platon 8, 10, 19, 20, 180, 181

Plethon, Georgios Gemistos 20, 127

Plinius 69

Plotin 20

Poggio Bracciolini (1380–1459) 11

Poliziano, Angelo (1454–1494) 17 (vgl. Abb. 3), 108, 110, 125, 125 (vgl. Abb. 76), 129 (vgl. Abb. 79), 131, 134, 226

Pollaiuolo, Antonio del (um 1430–1498) 33 ff., 35 (Abb. 14)

Pollaiuolo, Piero del 33

Pollaiuolo, Simone del s. Cronaca

Polyklet 55

Pomponius Laetus (1428–1497) 14

Porrina, Pietro Paolo (gest. um 1478) 146, 148 (Abb. 97)

Pothorn, Herbert 154

Praxiteles 76

Ptolemäus 180

Pucci, Antonio 119 (vgl. Farbabb. 9), 128

Pulci, Brüder 126

Pulci, Luigi 131

Pythagoras 20, 180

Raffael (Raffaelo Santi; 1483–1520) 28, 159, 172 ff., 174 (Abb. 121), 175 (Abb. 122), 176 (Abb. 123), 179 (Abb. 125), 180 (Abb. 126), 181 (Abb. 127), 182 (Abb. 128), 183 (Abb. 129), 184 (Abb. 130), 186 (Farbabb. 12), 187 (Farbtafel 14), 188 (Farbtafel 15), 189 (Farbtafel 16), 194 (Abb. 131), 195 (Abb. 132), 196 (Abb. 133), 197

(Abb. 134), 199 (Abb. 135), 201 (Abb. 137), 202 (Abb. 138), 244, 248
Riario, Girolamo 125
Riario, Raffaelo 153
Rizzo, Antonio (erwähnt 1465–1498) 230 (Abb. 161), 231
Robbia, Andrea della (1435–1525) 138
Robbia, Luca della (1399–1482) 44, 87, 89 ff., 90 (Abb. 58), 91 (Abb. 59)
Robusti, Jacopo s. Tintoretto
Romuald 108
Rossellino, Bernardo (1409–1464) 13 (Abb. 2), 145, 146, 147 (Abb. 96), 148 (Abb. 97), 159
Rossi, Luigi de' 198, 199 (vgl. Abb. 135)
Rousseau, Jean-Jacques (1712–1778) 15
Rucellai, Giovanni di Paolo (gest. um 1478) 146, 148 (Abb. 97)

Sabartès, Jaime 52
Sallust 10
Salutati, Coluccio (1331–1406) 11
Sangallo d. J., Antonio da (1484–1546) 159, 160
Sangallo, Giuliano da (1445–1516) 145, 147, 149 (Abb. 98), 150 (Abb. 99), 205
Santi, Giovanni 172
Santi, Raffaello s. Raffael
Sappho 182
Sartre, Jean-Paul 22, 243
Sassetti, Familie 119 (vgl. Farbabb. 9), 128, 131
Sassetti, Bartolommeo 131
Sassetti, Cosimo 131
Sassetti, Federigo 119 (vgl. Farbabb. 9), 128
Sassetti, Francesco 119 (vgl. Farbabb. 9), 128, 131
Sassetti, Galeazzo 131
Savonarola, Hieronymus (1452–1498) 110, 111, 112, 121, 124, 179
Seleukos 182
Seneca 10
Ser Piero (Vater Leonardos) 58
Sforza, Familie 14, 93, 96 (vgl. Abb. 63), 99, 126
Sforza, Bianca Maria 93
Sforza, Francesco 93, 96 (vgl. Abb. 63), 99
Sforza, Galeazzo Maria 14, 126
Sigismondo Malatesta s. Malatesta, Sigismondo
Simone da Fiesole 205
Sixtus IV., Papst 125, 153, 179, 206
Sodoma, il (Giovanni Antonio Bazzi; 1477–1549) 180
Sokrates 16, 180
Squarcione, Francesco 42
Strozzi, Familie 145

Sueton 10

Terenz 16, 181
Thomas von Aquin 20, 178
Tintoretto (Jacopo Robusti; 1518–1594) 259
Tizian (Tiziano Vecellio; 1473?–1576) 44, 191 (Farbtafel 18), 192 (Farbtafel 19), 240 ff., 242 (Abb. 171), 245
Tommaso di Cristofano Fini s. Masolino
Tommaso di Ser Giovanni Casai s. Masaccio
Torelli, Familie 240
Tornabuoni, Familie 125 (vgl. Abb. 76), 126, 132, 133 (vgl. Abb. 83), 134, 135
Tornabuoni, Giovanni 132, 134, 135
Tornabuoni, Lorenzo 125 (vgl. Abb. 76), 126
Tornabuoni, Lucrezia 132
Tornabuoni, Ludovica 133 (vgl. Abb. 83), 135
Trajan 193
Traversari, Ambrogio 16, 69
Trivulzio, Gian Giacomo 96, 97 (vgl. Abb. 64), 98 (vgl. Abb. 65), 99

Uccello, Paolo (1397–1475) 29 ff., 30 (Abb. 9, 10), 31 (Abb. 11), 32 (Abb. 12), 37, 83, 127
Udine, Giovanni da s. Giovanni da Udine

Valla, Lorenzo (1405–1457) 14
Vanucci, Pietro s. Perugino
Varro 14, 69
Vasari, Giorgio (1511–1574) 24, 29, 37, 39, 58, 69, 78, 100, 101, 104, 105, 135, 137, 168, 171, 205, 240, 243, 248
Vecellio, Tiziano s. Tizian
Vendramin, Andrea 232
Vergil 10, 182
Verrocchio, Andrea del (1436–1488) 33, 58, 59 (Abb. 31), 92 ff., 93 (Abb. 60), 94 (Abb. 61), 95 (Abb. 62), 205
Vespucci, Simonetta 110
Violante von Bayern 87
Visconti, Giangaleazzo 11
Vitruv 55, 69, 156, 157
Voragine, Jacobus de s. Jacobus de Voragine
Volterra, Daniele da s. Daniele da Volterra

Wagner, Richard 231
Weigert, Hans 249
Wittkower, Rudolf 157, 160

Young, George Frederick 126

Zarathustra (Zoroaster) 20, 180
Zeuxis 246

Von Herbert Alexander Stützer erschienen in unserem Verlag:

Malerei der Italienischen Renaissance

152 Seiten mit 40 Farbtafeln und 85 einfarbigen Abbildungen, ausgewählter Bibliographie, Register, Leinen mit Schutzumschlag (DuMont's Bibliothek Großer Maler)

»Der Kunsthistoriker Herbert A. Stützer hat den fast tollkühnen Versuch unternommen, auf 152 Seiten eine umfassende Darstellung dieses Gebietes zu leisten. Es entstand so ein gut gegliedertes, in einzelnen Kapiteln die Entwicklung der Renaissance-Malerei aufzeigendes Buch, das sich bemüht, nicht nur die einzelnen Künstlerpersönlichkeiten vorzustellen, sondern auch die zum Verständnis des Themas unerläßliche enge Verflechtung von Geschichte, Geistesgeschichte, einzelnen Auftraggebern und den vielschichtigen Beziehungen der Künstler untereinander deutlich zu machen. Auf vierzig Farbtafeln, die meist Ausschnitte oder Details aus den Gemälden oder Fresken zeigen, kommen die Schönheit der Farbe und das große technische Können der Künstler gut zum Ausdruck.« *Deutsches Ärzteblatt*

Das antike Rom

Die Stadt der sieben Hügel: Plätze, Monumente und Kunstwerke, Geschichte und Leben im alten Rom
378 Seiten mit 23 farbigen und 159 einfarbigen Abbildungen, 39 Zeichnungen und Plänen, Bibliographie, Zeittafel, 31 Seiten praktischen Reisehinweisen, Register, kartoniert (DuMont Kunst-Reiseführer)

»Wer sich genauer mit der Antike beschäftigen will, findet hier nicht nur eine exakte und kenntnisreiche Beschreibung des Sehenswerten, sondern erhält auch ein lebendiges Bild vom Leben im alten Rom und erfährt viel Interessantes über Politik, Geschichte und Kunst des römischen Weltreiches. So wird dieser Band nicht nur zu einem fast unentbehrlichen Führer, sondern er bietet auch fesselnde, ja spannende Lektüre.« *Frankfurter Allgemeine Zeitung*

Die Kunst der römischen Katakomben

180 Seiten mit 37 farbigen und 62 einfarbigen Abbildungen und Zeichnungen sowie einem Führer durch die zur Besichtigung freigegebenen Katakomben, Register, kartoniert (DuMont Taschenbücher, Band 141)

Die Kunst in den Katakomben steht am Anfang der christlichen Kunst: Stilistisch ist sie noch ganz der Tradition der Antike verhaftet, inhaltlich erscheinen auf diesen Wandmalereien jedoch zum ersten Mal die Themen, die bis ins Zeitalter des Barocks, und teilweise darüber hinaus, die christliche Malerei bestimmten. Zentrum der Katakombenkunst ist Rom, deren Geschichte erzählt wird. Vieles wurde verwüstet oder verfiel im Mittelalter; in der Renaissance setzte die Wiederentdeckung ein, im 19. Jahrhundert vollbrachten die Archäologen geradezu sensationelle Leistungen bei der Wiederherstellung der Katakomben.

Die Etrusker und ihre Welt

220 Seiten mit 11 farbigen und 129 einfarbigen Abbildungen, Literaturverzeichnis, Zeittafel, Register, kartoniert (DuMont Taschenbücher, Band 29)

»Ein besonderer Vorzug liegt in der reichen Bebilderung, die gut ausgewählt ist und manches bringt, was nicht in allen Etruskerbüchern dieser Art zu sehen ist.« *Gnomon*

Bitte beachten Sie auch folgende DuMont Reiseführer zu Italien:

Apulien – Kathedralen und Kastelle
Ein Begleiter durch das normannisch-staufische Apulien. Von Carl A. Willemsen

Elba
Ferieninsel im Tyrrhenischen Meer. Macchienwildnis, Kulturstätten, Dörfer, Mineralienfundorte. Von Almut und Frank Rother

Das etruskische Italien
Entdeckungsfahrten zu den Kunststätten und Nekropolen der Etrusker. Von Robert Hess und Elfriede Paschinger

Florenz und die Medici
Ein Begleiter durch das Florenz der Renaissance. Von My Heilmann

Ober-Italien
Kunst, Kultur und Landschaft zwischen den Oberitalienischen Seen und der Adria. Von Fritz Baumgart

Von Pavia nach Rom
Ein Reisebegleiter entlang der mittelalterlichen Kaiserstraße Italiens: Pavia, Piacenza, Parma, Lucca, San Gimignano, Siena, Viterbo, Rom. Von Werner Goez

Rom
Kunst und Kultur der ›Ewigen Stadt‹ in mehr als 1000 Bildern. Von Leonard von Matt und Franco Barelli

»Richtig reisen«: Rom
Von Birgit Kraatz

Sardinien
Geschichte – Kultur – Landschaft. Entdeckungsreisen auf einer der schönsten Inseln im Mittelmeer. Von Rainer Pauli

Sizilien
Insel zwischen Morgenland und Abendland. Sikaner/Sikuler, Karthager/Phönizier, Griechen, Römer, Araber, Normannen und Staufer. Von Klaus Gallas

Südtirol
Begegnungen nördlicher und südlicher Kunsttradition in der Landschaft zwischen Brenner und Salurner Klause. Von Walter Pippke und Ida Pallhuber

Toscana
Das Hügelland und die historischen Stadtzentren. Pisa, Lucca, Pistoia, Prato, Arezzo, Siena, San Gimignano, Volterra. Von Klaus Zimmermanns

Venedig – Geschichte und Kunst
Erlebnis einer einzigartigen Stadt. Von Marianne Langewiesche

Alle Bände mit vielen, zum Teil farbigen Abbildungen; dazu Zeichnungen, Karten, Grundrisse, praktische Reisehinweise